개정2판
8급~4급
대비용

하나를 알면 열을 깨치는

원리한자

쓰기노트

박홍균 지음

하나를 알면 열을 깨치는 원리한자 쓰기노트

개정2판 1쇄 발행 2024년 9월 30일

지은이 박홍균

펴낸곳 도서출판 이비컴

펴낸이 강기원
마케팅 박선왜
일러스트 유재헌

주   소 (02560) 서울시 동대문구 고산자로 34길 70, 431호
대표 전화 (02) 2254-0658   팩스 (02) 2254-0634
전자우편 bookbee@naver.com

등록번호 제 6-0596호(2002.4.9)

ISBN 978-89-6245-230-3 03700

오감(五感)으로 완성하는 쓰기 연습의 힘!

《하나를 알면 열을 깨치는 원리한자》 개정판을 출간하면서, 쓰기연습까지 할 수 있으면 좋겠다는 의견이 많아 부수글자 120자로 1,000자(급수한자 8급~4급 대응)를 써볼 수 있는 한자 쓰기연습용 책을 만들었습니다.

이는 한자뿐만 아니라 암기가 필요한 모든 공부에는 쓰기가 필수이기 때문입니다. 제 기존 '원리한자' 책에도 강조하였듯이 '기억'은 뇌에 기록을 남기는 것입니다. 또한 이런 기록은 사람의 감각을 통해서 오는 자극, 즉 오감(시각, 청각, 미각, 후각, 촉각)으로 만들어집니다. 글을 쓰면서 읽으면 시각, 청각, 촉각을 통해 뇌에 선명하게 기록을 남길 수 있기 때문에, 빨리 그리고 오래 기억할 수 있습니다. 따라서 한자 공부는 쓰면서 읽는 것이 가장 효과적인 공부법입니다.

쓰기연습용 책은 서점에 이미 많이 나와 있습니다. 그러나 이 쓰기연습 책은 기존 쓰기연습 책과는 달리, 대부분의 한자가 2개의 구성요소로 이루어진 회의문자나 형성문자이기 때문에, 이러한 구성요소로 나누어 써보고, 다시 이러한 구성요소로부터 한자가 만들어진 원리를 익힐 수 있도록 한 것이 다른 책들과의 두드러진 차이점입니다. 또한 상형문자를 실제로 그려 봄으로써, 한자가 만들어진 원리를 쉽게 이해할 수 있도록 하였습니다. 특히, 이러한 구성은 호붕우(好朋友) 한자 학원을 운영하셨던 정영자 선생님께서 학생들에게 직접 한자를 가르치면서 쌓은 경험에서 얻어진 학습 성과의 결과로 조언해주셨고, 이 조언에 따라 만들어졌음을 밝힙니다. 이에 다시 한번 감사드립니다.

－《하나를 알면 열을 깨치는 원리한자》 저자 박홍균

원리를 생각하면서 쓰기

세상 모든 것에는 원리가 있어요. 한자를 만든 사람들도 아무렇게나 만든
것이 아니라 나름의 원리를 갖고 만들었어요. 따라서 이런 원리를 이해하면서
한자를 써보면 훨씬 쉽게 익힐 수 있습니다.

부수글자 120자의 주제를 자연,
사람, 생활로 구분하였습니다.

급수와 부수, 획수,
한자의 편방(좌, 우 구성
한자)을 설명합니다.
또한 활용 한자어도
익힐 수 있습니다.

理	王 구슬 옥	理	
다스릴 리	里 마을 리	다스릴 리	

6급 / 玉,王 / 11획 　(옥의 결을) 다스릴 리 | 구슬 옥(王/玉) + 마을 리(里) 　　　　이성(理性)

寶	貝 조개 패 缶 장군 부	寶	
보배 보		보배 보	

4II급 / 宀 / 20획 　(옥이) 보배 보 | 집 면(宀) + 구슬 옥(王/玉) + 조개 패(貝) + 장군 부(缶) →보 　보배(寶貝)

珍	王 구슬 옥 彡 숱많을 진	珍	
보배 진		보배 진	

4급 / 玉,王 / 9획 　(옥으로 만든) 보배 진 | 구슬 옥(王/玉) + 숱 많을 진(彡) 　　　진주(珍珠)

環	王 구슬 옥 睘 둥근옥 환	環	
고리 환		고리 환	

4급 / 玉,王 / 17획 　(옥으로 만든) 고리/반지 환 | 구슬 옥(王/玉) + 둥근옥 환(睘) 　　금환(金環)

120자에 해당하는 대표
부수글자의 상형문자와
생성 원리를 담아
이해가 빠르고
정확합니다.

黃 누를 황	黃 상형문자 그려보기	黃	
		누를 황	

6급 / 黃 / 12획 　누를 황 | 옛 중국의 귀족들이 허리에 차는 누런 색 옥 장신구의 모습을 본떠 만든 글자입니다. 　황토(黃土)

廣	厂 집 엄 黃 누를 황	廣	
넓을 광		넓을 광	

5급 / 广 / 15획 　넓을 광 | 집 엄(广) + 누를 황(黃) → 광 　　　　　광야(廣野)

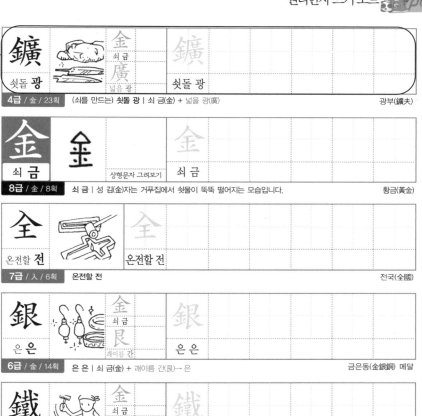

제시된 부수를 담고
있는 한자들입니다.
어떤 글자와 함께
만들어졌는지
쪼개서, 그리고
연상그림을 보며
익힐 수 있습니다.

鑛
쇳돌 광

金
쇠 금
廣
넓을 광

鑛
쇳돌 광

4급 / 金 / 23획 | (쇠를 만드는) **쇳돌 광** | 쇠 금(金) + 넓을 광(廣) | 광부(鑛夫)

金
쇠 금
8급 / 金 / 8획

상형문자 그려보기

金
쇠 금

쇠 금 | 성 김(金)자는 거푸집에서 쇳물이 뚝뚝 떨어지는 모습입니다. | 황금(黃金)

全
온전할 전
7급 / 入 / 6획

全
온전할 전

온전할 전 | 전국(全國)

銀
은 은
6급 / 金 / 14획

金
쇠 금
艮
괘이름 간

銀
은 은

은 은 | 쇠 금(金) + 괘이름 간(艮)→ 은 | 금은동(金銀銅) 메달

鐵
쇠 철
5급 / 金 / 21획

金
쇠 금
戴
큰창 질

鐵
쇠 철

쇠 철 | 쇠 금(金) + 큰창 질(戴) | 철강(鐵鋼)

대표 훈음(구리 동)과
같은 소리를 내는
소리글자와 뜻글자로
구성됩니다.

銅
구리 동
4II급 / 金 / 14획

金
쇠 금
同
같을 동

銅
구리 동

구리 동 | 쇠 금(金) + 같을 동(同) | 동상(銅像)

차 례

첫째 마당

땅짚고 헤엄치는 쑥쑥 원리한자

둘째 마당

자연과 관련한 한자

셋째 마당

사람과 관련한 한자

넷째 마당

생활과 관련한 한자

땅짚고 헤엄치는
쓱쓱 원리한자

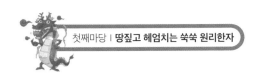
1 한자 속의 숨은 원리

한자 공부를 위해서는 한자가 만들어진 원리를 알아야 합니다. 옆의 그림은 옛날 우리나라의 서당에서 한자를 배우고 있는 모습입니다.

"하늘 천, 따 지, 검을 현, 누를 황, 집 우, 집 주~"

무조건 외워야하고, 외우지 못하면 회초리로 종아리를 맞았어요. 이렇게 무작정 외우는 방식은 흡사 덧셈을 배우는 데 있어서, 1+1=2, 1+2=3, 1+3=4, 1+4=5, 1+5=6... 등처럼 모두 외어서 덧셈을 배우겠다는 생각과 같습니다.

하지만, 세상의 모든 것에는 원리라는 것이 있어요. 한자를 만든 사람도 한자를 아무렇게나 대충 만든 것이 아니라 나름의 원리를 갖고 만들었습니다. 즉, 덧셈의 원리를 알고 나면 어떤 숫자도 더할 수 있는 것처럼, 한자를 만든 원리를 이해하고 나면 한자도 훨씬 쉽게 배울 수 있습니다. 따라서 한자를 배우기 전에 먼저 한자가 만들어진 원리를 알아보도록 하겠습니다.

물건 모양을 본떠 그림으로 그린 상형문자

옛날 중국에서 처음으로 사용한 글자는 물건 모양을 본떠 그린 그림이었습니다.
산봉우리가 3개 나란히 있는 모양을 본떠 만든 뫼 산(山)자, 강이 흘러가는 모양을 본떠 만든
내 천(川)자와 같은 글자가 그러한 예입니다. 참고로 뫼 산은 메 산이라고도 씁니다.

뫼 산(山)의 변천 과정　　　　　내 천(川)의 변천 과정

이와 같이 물건의 모양을 본떠 만든 문자를 상형문자(象形文字)라고 부릅니다. 한자
상형(象:코끼리 상 形:형상 형)을 말 그대로 해석하면'코끼리의 형상'입니다. 따라서
상형문자는 코끼리와 같은 물체의 형상을 그대로 본떠 만든 글자입니다. 이러한 상형문자는
원래 물건의 모습을 떠올
려서 배운다면 쉽게 외울
수 있습니다. 하지만 이렇게
해서 배울 수 있는 한자는
기껏해야 300여 자 정도로,
한자 전체의 1%밖에 되지
않습니다.

 알고가요!

> **한자의 상형(象:코끼리 상 形:형상 형)이란?** 있는 그대로 해석하면 '코끼리의
> 형상'입니다. 따라서 상형문자는 코끼리와 같은 물체의 형상을 그대로 본떠
> 만든 글자입니다.

'끝', '밑', '위', '아래'처럼 물건이 아닌
말은 어떻게 썼을까?

'끝', '밑', '위', '아래'와 같은 글자는
물 건이 아니기 때문에 본떠 만들
모양이 없습니다. 그래서 이런 글자는
물건 모양 대신 기호를 사용하여
만들었습니다. 예를 들어 '끝'이라는
글자는, 나 무 목(木)자 맨 위에 一과

같은 기호를 넣어 끝이라는 뜻의 말(末)자를 만들었습니다. 즉, 나무의 맨 꼭대기 끝이라는
뜻입니다. 또 '밑'이라는 글자는 뿌리의 모습을 본떠 만든 성씨(뿌리) 씨(氏)자 밑에 一과
같은 기 호를 넣어 밑 저(氐)자를 만들었습니다. 즉, 나무뿌리 아래라는 뜻입니다.

이처럼 상형문자에 기호를 덧붙여 만든 글자를 지사문자(指事文字)라고 부릅니다. 또 위
상(上), 아래 하(下), 오목할 요(凹), 볼록할 철(凸) 등은 기호만으로 만들었는 데, 이러한
글자들이 지사문자입니다. 지사(指:가리킬 지 事:일 사)를 말 그대로 해석하면 '일을
가리킨다'는 뜻입니다. 일은 코끼리처럼 보거나 만질 수 있는 물체가 아니므로 지사문자는
보거나 만질 수 없는 것들을 나타내는 글자입니다. 이러한 지사문자도 상형문자와
마찬가지로 만들어진 과정을 생각하면서 외우면 비교적 외우기가 쉽습니다. 하지만
지금까지 알려진 지사문자는 전부 130자 밖에 되지 않습니다.

 알고가요!

> **지사(指:가리킬 지 事:일 사)란?** '일을 가리킨다'는 뜻입니다. 일은 코끼리처럼
> 보거나 만 질 수 있는 물체가 아닙니다. 따라서 지사문자는 보거나 만질 수 없는
> 것들을 나타내는 글자입니다.

두 개의 글자를 모아서 새로운 글자를 만들다

'글자를 만드는데 더 좋은 방법이 없을까'생각하던 중국 사람들은 새로운 방법을 생각해냈습니다. 바로 지사문자나 상형문자를 여러 개 모아서 새로운 글자를 만드는 방법입니다. 예를 들어, '사람(人/亻)이 나무(木) 아래에서 쉬고 있다'는 의미로, 사람 인(人/亻)자와 나무 목(木)자를 모아서 쉴 휴(休)자를 만든 것입니다.

이와 같은 글자를 회의문자(會意文字)라고 부릅니다. 회의(會:모을 회 意:뜻 의)를 말 그대로 해석하면 '뜻을 모은다'라는 의미입니다. 따라서 회의문자는 뜻을 가진 여러 가지 글자가 모여 만든 글자 입니다. 이 회의문자도 1,000여 개 정도로 전체 한자의 2~3% 정도 밖에 되지 않습니다.

회의(會:모을 회 意:뜻 의)란? '뜻을 모은다'라는 뜻입니다. 따라서 회의문자는 뜻을 가진 여러 가지 글자가 모여 만들어진 글자입니다.

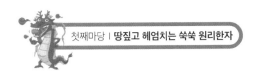

뜻과 소리를 나타내는 글자를 더해 새 글자를 만들다

회의문자는 뜻은 쉽게 이해되나, 글자의 소리는 원래 합쳐지는 글자로부터 알 수 없다는
단점이 있습니다. 앞서 설명한 쉴 휴(休)자는 사람 인(人/亻)자와 나무 목(木) 자와는 전혀
다른 소리가 납니다. 그런 이유로 생각해낸 것이 뜻을 나타내는 글자와 소리를 나타내는
글자를 합쳐 새로운 글자를 만드는 방법이었습니다. 다음은 이러한 글자를 만드는 예입니다.

- 입 구(口) + [쌀 포(包)] = 고함지를 포(咆) : 입(口)으로 고함을 지릅니다.
- 물 수(水) + [쌀 포(包)] = 거품 포(泡) : 물(水)에서 거품이 생깁니다.
- 먹을 식(食) + [쌀 포(包)] = 배부를 포(飽) : 먹으니까(食) 배가 부릅니다.

위에서 꺾쇠 괄호[　] 안에 들어 있는 글자가 소리를 나타내는 글자입니다.

이와 같이 뜻을 나타내는 글자와 소리를 나타내는 글자가 합쳐져서 만들어지는 글자를
형성문자(形聲文字)라고 부릅니다. 형성(形:모양 형 聲:소리 성)을 말 그대로 해석하면
'모양과 소리'라는 의미입니다. 따라서 형성문자는 뜻을 나타내는 모양 (形)과 소리(聲)가
합쳐져 만들어진 글자입니다.

알고가요!

'형성(形:모양 형 聲:소리 성)이란? '모양과 소리'라는 뜻입니다. 따라서
형성문자는 뜻을 나타내는 모양(形)과 소리(聲)가 합쳐져 만들어진 글자입니다.

형성문자는 뜻도 쉽게 이해되고, 소리도 쉽게 알 수 있다는 장점이 있습니다. 다른 예를 보면, 옛날 사람들은 날씨와 관련한 모든 것들이 비(雨)와 연관 있다고 생각하였습니다.

- 비 우(雨) + [이를 운(云)] = 구름 운(雲)
- 비 우(雨) + [길 로(路)] = 이슬 로(露)
- 비 우(雨) + [서로 상(相)] = 서리 상(霜)

한자의 97%를 차지하는 형성문자

형성문자는 전체 한자 중 약 97%를 차지합니다. 하지만 보통 우리가 사용하는 2,000여 자의 한자 중 20~30%(약 500자 정도)는 앞에서 설명한 상형문자이거나 회의문자이고, 나머지 70~80%가 형성문자입니다.

형성문자는 뜻도 이해가 쉽고, 소리도 쉽게 알 수 있기 때문에, 앞의 글자처럼 무조건 암기하지 않고 비교적 쉽게 공부할 수 있습니다. 따라서 이 형성문자를 잘 이해하면 한자 실력이 금방 늘 수 있습니다. 뜻과 소리의 결합으로 이루어진 형성문자를 자세히 들여다보면, 소리를 내는 글자가 뜻도 겸하고 있는 경우도 종종 있습니다. 아래의 예를 보면 이런 사실을 알 수 있습니다.

- 수건 건(巾) + [없을 막(莫)] = 장막 막(幕) : 안을 볼 수 없게 드리워진 큰 수건이 장막입니다.
- 물 수(水) + [없을 막(莫)] = 사막 막(漠) : 사막에는 물이 없습니다.
- 집 면(宀) + [없을 막(莫)] = 쓸쓸할 막(寞) : 집에 아무도 없으니 쓸쓸합니다.

2 한자를 쉽게 암기하는 방법

한자에도 알파벳 같은 것이 있을까?

영어를 공부하려면 맨 먼저 알파벳 ABC를 알아야 합니다. 영어에서는 알파벳이 합쳐져 글자를 이룹니다. 또한 한글을 배우려면 ㄱㄴㄷ을 배워야 합니다.

그렇다면 한자에도 영어의 ABC나 한글의 ㄱㄴㄷ이 있을까요?
물론 있답니다. 한자에서는 이러한 글자를 부수(部首)라고 부릅니다. 한자를 보면 제각기 다른 글자처럼 보이지만, 한자의 97%는 이러한 부수가 합쳐져 한 글자를 이룹니다.

영어 알파벳은 26자, 한글 자모음은 24자이지만, 한자 부수는 모두 214자나 됩니다. 하지만 이 214자는 대부분이 상형문자이기 때문에 물건의 모습을 머리 속에 떠 올리면서 외우면 쉽게 익힐 수 있습니다.
또한 이러한 부수가 몇 개 합쳐지면 지사문자나 회의문자, 혹은 형성문자가 됩니다. 따라서 한자를 배우기 위해서는 반드시 부수를 배워야 합니다.

영어의 알파벳은 26자나 되기 때문에 많은 표현이 가능하지요~

저... 한자의 알파벳에 해당하는 부수는 214자 올시다...

한자를 어렵다고 생각하는 이유는 이러한 부수를 공부 하지 않고 한자를 배우기 때문입니다. 자음과 모음을 배우지 않고 한글을 모 두 외우려면 한글이 얼마나 어려울지 상상해보세요.

부수가 가지고 있는 원래의 뜻도 함께 외우자

모든 부수는 뜻과 소리를 가집니다. 예를 들어 '흙 토(土)'자는 '흙'이라는 뜻과 '토'라는 소리를 함께 외어야 합니다. 하지만 부수의 뜻이, 처음 만들었을 때의 뜻과 달라진 글자들도 있습니다. 가령, 부수 글자 중에 손톱 조(爪), 또 우(又), 왼손 좌(屮), 돼지머리 계(彐)자는 모두 손 모습을 본떠 만든 글자로, 처음 만들었을 때에는 모두 '손'이라는 뜻을 가 졌습니다.

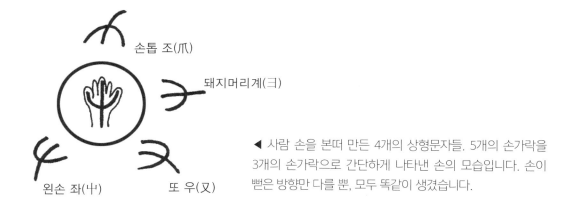

손톱 조(爪)

돼지머리계(彐)

왼손 좌(屮)

또 우(又)

◀ 사람 손을 본떠 만든 4개의 상형문자들. 5개의 손가락을 3개의 손가락으로 간단하게 나타낸 손의 모습입니다. 손이 뻗은 방향만 다를 뿐, 모두 똑같이 생겼습니다.

이들 부수 글자가 다른 글자 속에 들어가면, 대부분의 경우 처음 만들어졌을 때의 뜻을 나타냅니다. 예를 들어, 물건을 받는다는 의미의 '받을 수(受)'자를 보면 '손톱 조(爪)'자와 '또 우(又)'자가 아래위로 들어가 있습니다. 즉 한 손(爪)으로 주고 다른 손(又)으로 받는 모습입니다. '잡을 병(秉)'자는 '벼 화(禾)'자와 '돼지머리머리 계(彐)'자가 합쳐진 글자인데, 벼(禾)를 손(彐)으로 잡고 있는 모습입니다. 따라서 부수를 배울 때에는 부수가 가지고 있는 어원의 뜻도 함께 외워야 합니다.

영어보다 배우기 쉬운 원리 한자

한자를 배우는 사람들은 대부분 한자는 외우기가 어렵다고 생각합니다. 하지만 한자가 만들어진 원리를 생각하면서 외우면 영어 단어보다 훨씬 쉽게 외울 수 있습니 다. 왜 한자가 영어보다 배우기가 쉬운지 살펴보겠습니다.

영어에서의 BOOK은 '책'을 뜻합니다. BOOK을 분리해 보면 B,O,O,K와 같이 4개의 글자가 됩니다. 이 4개의 글자는 책과는 아무런 상관이 없습니다. 따라서 BOOK은 그냥 책이라고 무작정 외어야 합니다.

그러면 한자는 어떨까요? 가령, 한자 중에서 해(解)자는 '풀다', '나누다', '분리하다'는 뜻을 가지고 있습니다. 이 글자는 뿔 각(角)+칼 도(刀)+소 우(牛)자로 이루어져 있습니다. 이 글자를 만든 옛 중국 사람은, "소(牛)의 뿔(角)을 칼(刀)로 잘라 분리 한다"는 뜻으로 만들었습니다. 또, 구름 운(雲)자는 비 우(雨)자와 이를 운(云)자가 합쳐져 만들어진 글자입니다. 즉, 비 우(雨)자는 뜻을 나타내고(구름에서 비가 생기니까요), 이를 운(云)자는 소리를 나타냅니다. 이렇게 한자를 외우면 쉽게 한자를 암기할 수 있습니다.

한자를 암기하는 방법

대부분의 한자는 한자의 알파벳격인 부수로 이루어져 있습니다. 그래서 한자를 외울 땐 무작정 외울 것이 아니라, 한자를 이루는 부수와 만들어진 원리를 이해해서 외우면 쉽게 익힐 수 있습니다. 한자가 만들어진 원리는 앞서 설명했지만, 매우 중요하기 때문에 한번 더 살펴보겠습니다.

17

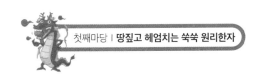

- **상형문자** : 물건 모양을 본떠 만든 글자로서, 한자의 부수는 대부분 상형문자

  예 : 뫼 산(山), 내 천(川), 눈 목(目), 귀 이(耳)

- **지사문자** : 물건 모양을 본떠 만들 수 없는 글자를 만들기 위해 기호를 사용하여 만든

  글자. 예 : 끝 말(末), 밑 저( ), 위 상(上), 아래 하(下), 오목할 요(凹), 볼록할 철(凸)

- **회의 문자** : 글자 몇 개가 모여서 만들어진 글자로서, 새로운 뜻을 가지고 있음.

  예 : 풀 해(解), 쉴 휴(休), 수풀 림(林), 논 답(畓), 믿을 신(信)

- **형성문자** : 뜻을 나타내는 글자와 소리를 나타내는 글자가 합쳐져 만들어진 글자

  예 : 고함지를 포(咆), 거품 포(泡), 배부를 포(飽), 구름 운(雲), 이슬 로(露), 서리 상(霜)

위 예에서 나오는 글자와 각각의 글자를 이루고 있는 부수를 머리 속에 떠올리면서 한번 외어 보세요. 한자를 외우기가 영어 단어를 외우기보다 훨씬 쉽다는 것을 느낄 수 있습니다.

머리 속에서는 어떻게 기억될까?

위에서 제시한 방식으로 한자를 외운다면, 무작정 암기하는 방식보다 훨씬 빠르게 한자를 외울 수 있습니다. 하지만 암기를 빨리 할 수 있다고 하더라도, 여전히 암기는 해야 합니다. 그렇다면 어떻게 암기 하는 것이 가장 효율적일까요?

외운다는 것은 뇌에 기록을 남기는 것입니다. 이러한 기록은 인간의 다섯 가지 감각(시각-보기, 청각-듣기, 미각-맛보기, 후각-냄새 맡기, 촉각-만지기)을 통해 뇌로 들어오는 자극에 의해서 만들어집니다. 즉, 우리가 암기를 하기 위해서는 보거나, 듣거나, 맛보거나, 냄새를 맡거나, 만져봐야 한다는 것입니다.

자극이 강하면 오랫동안 기억한다

어릴 때 기억 중에서 좀처럼 잊혀지지 않는 것이 있습니다. 그런 기억들의 공통적인 것은 자극이 강했기 때문입니다. 이와 같이 암기를 할 때, 자극을 강하게 주면 줄수록 오랫동안 기억됩니다. 자극을 강하게 줄 수 있는 방법으로는,

첫째, 집중하는 것입니다. 집중한다는 것은 암기하는 동안 다른 생각이나 다른데 신경 쓰지 않음으로써, 암기하려는 자극만 뇌에 들어오게 한다는 의미입니다. 공부할 때 노래를 듣거나 주위가 시끄러우면 집중력이 떨어지기는 이유는 이미 과학적으로 증명된 사실입니다.

둘째, 눈에 들어오는 자극 외에 다른 감각기관의 자극도 함께 이용하는 것입니다. 즉, 눈으로 보면서 동시에 귀로 들으면서(즉 입으로 말하면서), 손으로 써가면서 암기하면(즉 촉각을 이용하면) 더욱 자극이 커집니다. 이중에서도 손으로 써보는 것이 가장 자극이 강하기 때문에, 암기를 위해서는 손으로 직접 써보는 것이 가장 좋습니다.

마지막으로 반복입니다. 학자들에 의하면 빨리 기억하기 위한 가장 좋은 방법은 같은 자극을 반복하는 것이라고 합니다. 아직 제대로 말을 깨치지 못한 아이들도 TV에서 나오는 동요를 쉽게 따라 할 수 있는 비결이 바로 반복 효과입니다. 따라서 한자를 잘 암기하기 위해서는(다른 모든 공부도 마찬 가지!) 반복해서 보고, 읽고, 쓰는 것입니다.

요약하자면, 집중해서 책을 눈으로 보고, 입으로 말하며, 손으로 써가면서, 반복 암기한다면 짧은 시간에 가장 큰 효과를 얻을 수 있습니다. 사실 이런 이야기는 누구나 아는 당연한 이야기지만 공부에는 다른 왕도(王道)가 없습니다.

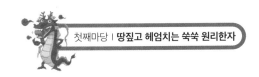
3 한자를 쓰는 기본 순서

한자를 쓰는 순서를 필순이라고 합니다. 필순은 일반적으로 10가지 원칙이 있습니다. 하지만 어떤 한자는 이러한 10가지의 원칙에 맞지 않는 것도 있습니다. 그래서 책이나 사전마다 필순이 조금 다를 수 있습니다. 한자 시험에서 필순 문제는 한자를 제대로 쓰도록 유도하는 데 목적이 있으므로, 여러 가지 필순이 있는 글자를 억지로 출제하지는 않습니다. 여기에서는 한자어문회에서 권장하는 필순을 엄선하여 소개합니다.

■ 필순의 10가지 원칙

1. 위에서 아래로 쓴다.
　(예) 석 삼(三), 말씀 언(言)

三 :　一 二 三

2. 왼쪽에서 오른쪽으로 쓴다.
　(예) 내 천(川), 고을 주(州), 마음 심(心)

川 :　丿 丿丨 川

州 :　丶 丿 丿 州 州 州

心 :　丶 心 心 心

◆ 반드시 필(必) : 마음 심(心)자를 쓴 후 삐침(丿)을 쓰면 안된다.

必 :　丶 丿 必 必 必

3. 가로와 세로 획이 겹칠 때 가로 획을 먼저 쓴다.

(예) 열 십(十), 끝 말(末), 우물 정(井), 함께 공(共), 역사 사(史), 동녘 동(東)

十 :　一 十
井 :　一 二 丰 井

4. 삐침(丿)과 파임이 겹칠 때 삐침을 먼저 쓴다.

(예) 사귈 교(交), 본받을 효(效), 아비 부(父), 놓을 방(放)

效 :　丶 一 亠 六 亥 交 教 教 效 效

5. 좌와 우가 대칭일 때 가운데를 먼저 쓴다.

(예) 작을 소(小), 물 수(水), 길 영(永), 얼음 빙(氷), 즐길 락(樂)자의 윗부분, 실 사(糸)자의
아래 부분

小 :　亅 小 小
樂 :　丿 亻 竹 白 白 伯 細 細 細 細 絲 樂 樂 樂

◆ 아닐 부(不), 불 화(火)자는 대칭이지만 가운데를 먼저 쓰지 않는다.

不 :　一 丆 才 不
火 :　丶 丶 丷 少 火

6. 상하나 좌우로 가운데를 꿰뚫는 글자는 가장 먼저 쓴다.

(예) 가운데 중(中), 펼 신(申), 일 사(事), 수레 차(車), 평평할 평(平), 날 출(出)

出 :　丨 屮 屮 出 出

21

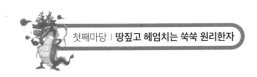

◆ 동녘 동(東), 묶을 속(束), 나무 목(木), 열매 과(果)자 등은 아래의 八자를 가장 나중에 쓴다.

東 : 一 一 一 一 一 一 一 東

(예) 어미 모(母), 子(아들 자), 女(여자 녀)자 등은 좌우로 꿰뚫는 글자(-)는 가장 나중에 쓴다.

母 : 乚 乃 乃 母 母

7. 둘러싼 자는 가장자리부터 쓴다.
   (예) 들을 문(聞), 같을 동(同), 두루 주(周), 바람 풍(風)

聞 : 丨 丨 ㅣㅣ 門 門 門 門 門 門 門 聞
風 : 丿 几 几 凡 凨 凬 風 風 風

8. 맨 아래 가로획은 맨 나중에 쓴다.
   (예) 선비 사(土), 밭 전(田), 國(나라 국), 날 생(生), 마을 리(里)

國 : 丨 冂 冂 冂 同 同 国 國 國 國 國

9. 변은 먼저, 받침(辶 ,廴)은 나중에 쓴다.
   (예) 길 도(道), 가까울 근(近), 멀 원(遠), 세울 건(建), 끌 연(延)

建 : 一 一 크 크 글 聿 聿 建 建

10. 오른쪽 위에 있는 점은 나중에 찍는다.
   (예) 이룰 성(成),대신할 대(代), 개 견(犬), 굳셀 무(武)

成 : 丿 厂 厂 成 成 成

◆ 사람 자(者)자와 도읍 도(都)자의 점은 날 일(日)자보다 먼저 쓴다.

者 : 一 十 土 耂 耂 孝 者 者 者

■ 필순 틀리기 쉬운 글자

아래에 나오는 한자들은 위의 10가지 원칙에 적용되기 힘든 글자입니다. 따라서 종종 필순을 틀리게 쓸 가능성이 큰 글자입니다.

1. 붉을 적(赤), 또 역(亦)자의 아래와 대할 대(對), 업 업(業)자 위는 중간 두 획을 먼저 쓴다.

赤 : 一 十 土 푸 亐 亦 赤
業 : 丨 丨 丨丨 业 业 业 业 业 丵 丵 業 業

2. 왼 좌(左), 벗 우(友), 있을 재(在)자는 가로 획(一)을, 오른쪽 우(右), 있을 유(有) 자는 삐침(丿)을 먼저 쓴다.

左 : 一 ナ 犬 左
右 : 丿 ナ 大 右 右

3. 성씨 씨(氏), 백성 민(民), 옷 의(衣), 긴 장(長) 자의 마지막 두 획에서 삐침(丿)을 먼저 쓴다.

氏 : 一 厂 斤 氏
衣 : 丶 一 亠 亠 衣 衣

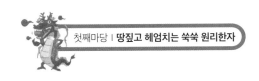

4. 비수 비(匕), 견줄 비(比), 북녘 북(北), 될 화(化) 자의 마지막 두 획에서 삐침(丿)을 먼저 쓴다.

比 : 一 ヒ ヒ 比

5. 구분할 구(區), 신하 신(臣), 뱀 사(巳), 빛 색(色), 고을 읍(邑)자에 들어가는 ㄴ은 가장 나중에 쓴다.

臣 : 一 丁 丏 굽 굽 臣
色 : 丿 ク 夕 夕 夕 色

6. 절구 구(臼), 배울 학(學), 깨달을 각(覺), 줄 여(與)자의 첫 획인 삐침(丿)은 별도의 획이다.

學 : 丿 ſ ⺊ ⺊ ⺊ 臼 臼 臼 臼 臼 臼 臼 學 學 學

7. 그칠 지(止), 바를 정(正), 정할 정(定), 이 시(是)자의 필순도 주의해야 한다.

正 : 一 丁 下 疋 正

8. 길 장(長), 말 마(馬), 새 조(鳥)자의 필순도 주의해야 한다.

長 : I 「 r F 乒 틑 長 長
馬 : I 「 F F 巨 馬 馬 馬 馬 馬
鳥 : 丿 ſ 竹 仲 户 自 鳥 鳥 鳥 鳥 鳥

9. 풀 초(草)자 머리의 필순은 여러 가지가 있습니다만, 여기에서는 한국어문회에서 권장하는 필순을 소개한다.

草 : 丶 丨 卄 丗 丗 芇 苩 苩 草 草

10. 기타 : 해 년(年), 올 래(來), 헤아릴 료(料), 병 병(病), 대 세(世), 악할 악(惡), 밤 야(夜),
허물 죄(罪), 날 비(飛)

年 : ノ ト ト ㅌ ㅌ 年

來 : 一 ㄱ ㄱ ㄱ ㄲ 來 來 來

料 : ` ` 一 半 半 米 米 米 料 料

病 : ` 一 广 广 广 疒 疒 病 病 病

世 : 一 ┼ ┼ ┼ 世

惡 : 一 ㄱ 一 一 ㅏ 亞 亞 亞 惡 惡 惡

夜 : ` 一 广 广 疒 夜 夜 夜

罪 : ` 冂 冂 罒 罒 罒 罪 罪 罪 罪 罪

飛 : ㄟ ㄟ ㄟ 飞 飞 飛 飛 飛 飛

■ 획수 틀리기 쉬운 글자

한자를 쓸 때 획수 틀리기 쉬운 글자를 모아 보았습니다. 실제로 써보면서 획수를
익혀봅시다.

- 걸을 착 변형(辶, 책받침) : 4획
- 길게 걸을 인(廴) : 3획
- 언덕 부 변형(阝, 좌부변), 고을 읍 변형(阝, 우부방) : 3획
- 견줄 비(比) : 4획

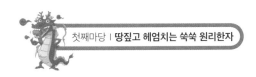
- 옳을 가(可) : 5획

可 : 一 丁 丅 叮 可

- 훌륭할 위(偉) : 11획

偉 : 丿 亻 亻 仁 仲 倖 偉 偉 偉 偉

- 귀 이(耳) : 6획

耳 : 一 丁 丌 丌 丌 耳

 알고가요!

한자를 빨리 바르게 외우는 방법

1) 외우려는 한자가 어떤 글자로 이루어져 있는지 살펴보고 만들어진 원리를 이해합니다.
예) 밝을 명(明)자는 날 일(日)자와 달 월(月)자로 이루어져 있고, 해(日)와 달(月)이 합쳐져
밝다는 의미가 생겼다는 속뜻을 먼저 이해합니다.

2) 한자의 훈과 음을 가급적 큰 소리로 읽습니다.
예) '밝을 명'을 큰 소리로 읽습니다. 만약 도서관이나 학교에서 공부한다면 입 속에서 중얼거려
봅니다.

3) 큰 소리로 읽는 동시에 손으로 글을 써 봅니다.
예) '밝을 명'이라고 큰 소리로 읽으면서 손으로 明자를 쓰는 동안 '밝을 명'을 반복해 읽습니다.

4) 읽고 쓰는 것은 보지 않고 쓸 수 있을 때까지 반복합니다.

5) 다음 날, 위의 1~4번을 반복합니다.

자연

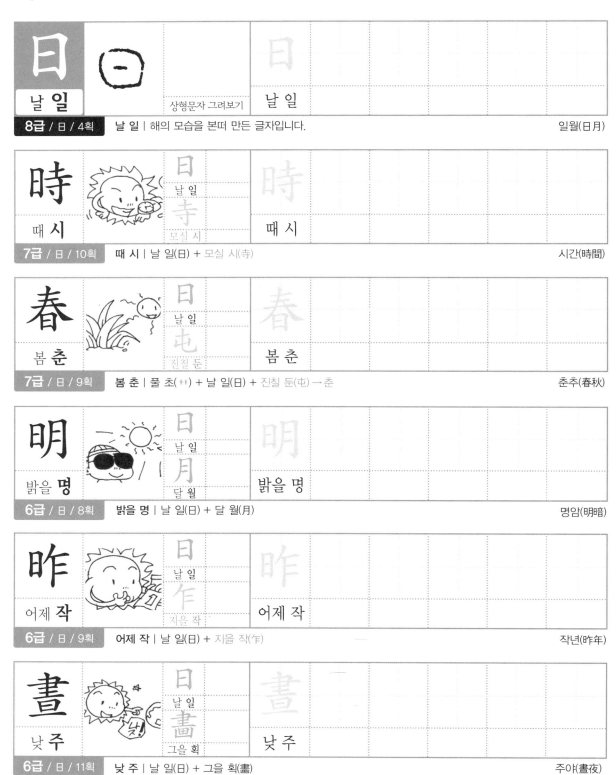

日 날 일	상형문자 그려보기	날 일	

8급 / 日 / 4획 　날 일 | 해의 모습을 본떠 만든 글자입니다. 　　　　　　　　　　일월(日月)

時 때 시	날 일 / 모실 시	때 시	

7급 / 日 / 10획 　때 시 | 날 일(日) + 모실 시(寺) 　　　　　　　　　　시간(時間)

春 봄 춘	날 일 / 진칠 둔	봄 춘	

7급 / 日 / 9획 　봄 춘 | 풀 초(艹) + 날 일(日) + 진칠 둔(屯) → 춘 　　　　춘추(春秋)

明 밝을 명	날 일 / 달 월	밝을 명	

6급 / 日 / 8획 　밝을 명 | 날 일(日) + 달 월(月) 　　　　　　　　　　명암(明暗)

昨 어제 작	날 일 / 지을 작	어제 작	

6급 / 日 / 9획 　어제 작 | 날 일(日) + 지을 작(乍) 　　　　　　　　　　작년(昨年)

晝 낮 주	날 일 / 그을 획	낮 주	

6급 / 日 / 11획 　낮 주 | 날 일(日) + 그을 획(畫) 　　　　　　　　　　주야(晝夜)

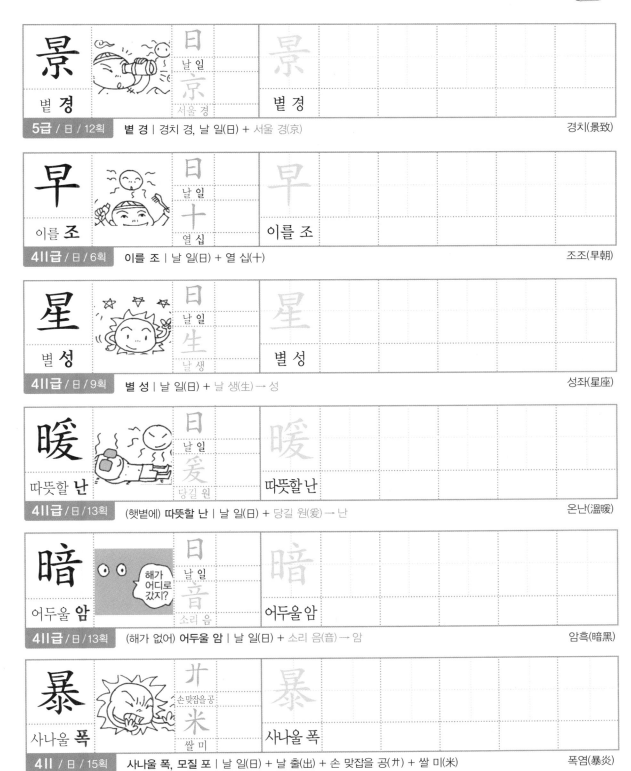

景		日 날 일	景					
볕 **경**		京 서울 경	볕 경					
5급 / 日 / 12획		**볕 경** | 경치 경, 날 일(日) + 서울 경(京)					경치(景致)	

早		日 날 일	早					
이를 **조**		十 열 십	이를 조					
4II급 / 日 / 6획		**이를 조** | 날 일(日) + 열 십(十)					조조(早朝)	

星		日 날 일	星					
별 **성**		生 날 생	별 성					
4II급 / 日 / 9획		**별 성** | 날 일(日) + 날 생(生) → 성					성좌(星座)	

暖		日 날 일	暖					
따뜻할 **난**		爰 당길 원	따뜻할 난					
4II급 / 日 / 13획		(햇볕에) **따뜻할 난** | 날 일(日) + 당길 원(爰) → 난					온난(溫暖)	

暗		日 날 일	暗					
어두울 **암**		音 소리 음	어두울 암					
4II급 / 日 / 13획		(해가 없어) **어두울 암** | 날 일(日) + 소리 음(音) → 암					암흑(暗黑)	

暴		廾 손 맞잡을 공	暴					
사나울 **폭**		米 쌀 미	사나울 폭					
4II / 日 / 15획		**사나울 폭, 모질 포** | 날 일(日) + 날 출(出) + 손 맞잡을 공(廾) + 쌀 미(米)					폭염(暴炎)	

29

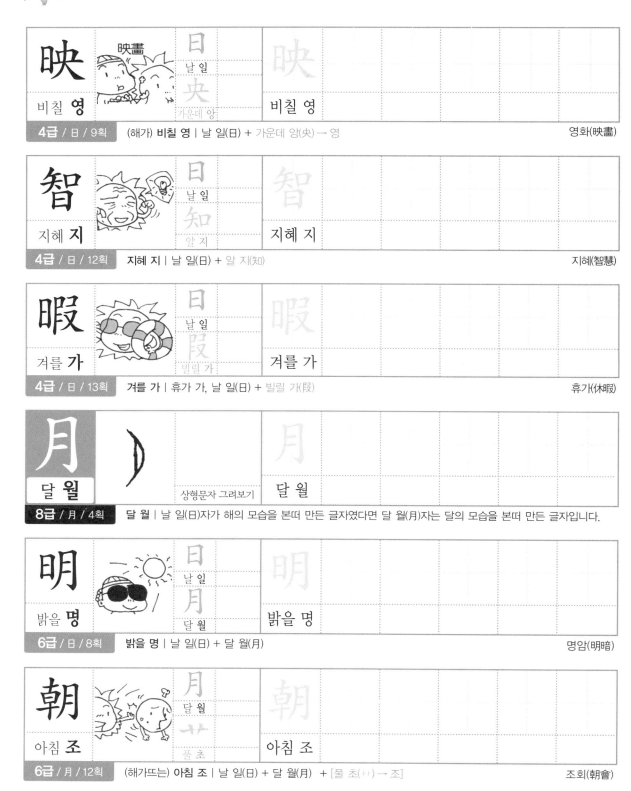

映 비칠 **영**

映畫

日 날 일
央 가운데 앙

映 비칠 영

4급 / 日 / 9획   (해가) **비칠 영** | 날 일(日) + 가운데 앙(央) → 영   영화(映畫)

智 지혜 **지**

日 날 일
知 알 지

智 지혜 지

4급 / 日 / 12획   **지혜 지** | 날 일(日) + 알 지(知)   지혜(智慧)

暇 겨를 **가**

日 날 일
叚 빌릴 가

暇 겨를 가

4급 / 日 / 13획   **겨를 가** | 휴가 가, 날 일(日) + 빌릴 가(叚)   휴가(休暇)

月 달 **월**

) 상형문자 그려보기

月 달 월

8급 / 月 / 4획   **달 월** | 날 일(日)자가 해의 모습을 본떠 만든 글자였다면 달 월(月)자는 달의 모습을 본떠 만든 글자입니다.

明 밝을 **명**

日 날 일
月 달 월

明 밝을 명

6급 / 日 / 8획   **밝을 명** | 날 일(日) + 달 월(月)   명암(明暗)

朝 아침 **조**

月 달 월
艹 풀 초

朝 아침 조

6급 / 月 / 12획   (해가뜨는) **아침 조** | 날 일(日) + 달 월(月) + [풀 초(艹) → 조]   조회(朝會)

望		壬 줄기 정	望	
바랄 **망**		亡 망할 망	바랄 망	

5급 / 月 / 11획 | (달을) **바랄 망** | 달 월(月) + 줄기 정(壬) + 망할 망(亡) | 전망대(展望臺)

朗		月 달 월	朗	
밝을 **랑**		良 어질 량	밝을 랑	

5급 / 月 / 11획 | (달이) **밝을 랑** | 달 월(月) + 어질 량(良) → 랑 | 명랑(明朗)

期		月 달 월	期	
기약할 **기**		其 그 기	기약할 기	

5급 / 月 / 12획 | **기약할 기** | 달 월(月) + 그 기(其) | 기약(期約)

夕			夕	
저녁 석		상형문자 그려보기	저녁 석	

7급 / 夕 / 3획 | **저녁 석** | 달의 모습을 본떠 만든 글자이나 이후 저녁이란 의미가 생겼습니다. | 서양(西洋)

外		卜 점 복	外	
바깥 **외**		夕 저녁 석	바깥 외	

8급 / 夕 / 5획 | **바깥 외** | (점이) 벗어날 외, 점 복(卜) + 저녁 석(夕) | 내외(内外)

名		夕 저녁 석	名	
이름 **명**		口 입 구	이름 명	

7급 / 口 / 6획 | (입으로 부르는) **이름 명** | 저녁 석(夕) + 입 구(口) | 성명(姓名)

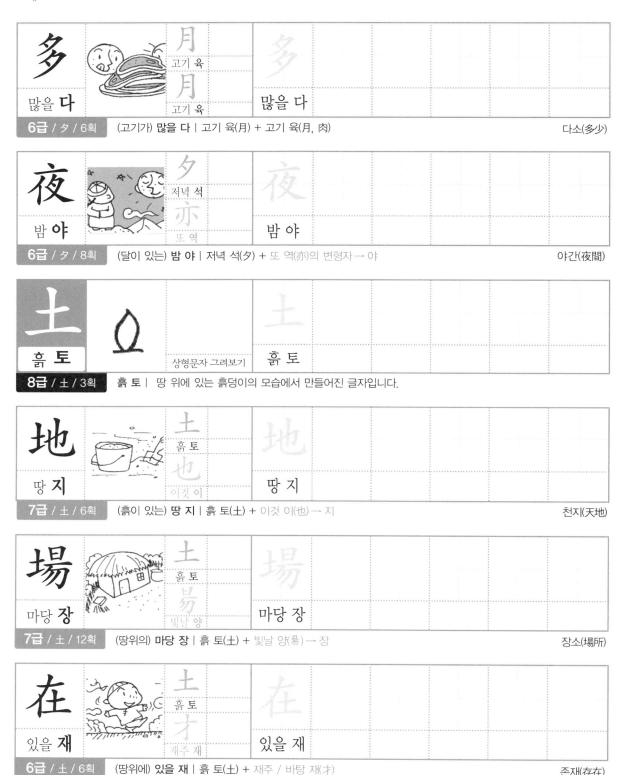

多
많을 다
6급 / 夕 / 6획   (고기가) **많을 다** | 고기 육(月) + 고기 육(月, 肉)   다소(多少)

月 고기 육
月 고기 육
많을 다

夜
밤 야
6급 / 夕 / 8획   (달이 있는) **밤 야** | 저녁 석(夕) + 또 역(亦)의 변형자 → 야   야간(夜間)

夕 저녁 석
亦 또 역
밤 야

土
흙 토
8급 / 土 / 3획   **흙 토** | 땅 위에 있는 흙덩이의 모습에서 만들어진 글자입니다.

상형문자 그려보기
흙 토

地
땅 지
7급 / 土 / 6획   (흙이 있는) **땅 지** | 흙 토(土) + 이것 이(也) → 지   천지(天地)

土 흙 토
也 이것 이
땅 지

場
마당 장
7급 / 土 / 12획   (땅 위의) **마당 장** | 흙 토(土) + 빛날 양(昜) → 장   장소(場所)

土 흙 토
昜 빛날 양
마당 장

在
있을 재
6급 / 土 / 6획   (땅 위에) **있을 재** | 흙 토(土) + 재주 / 바탕 재(才)   존재(存在)

土 흙 토
才 재주 재
있을 재

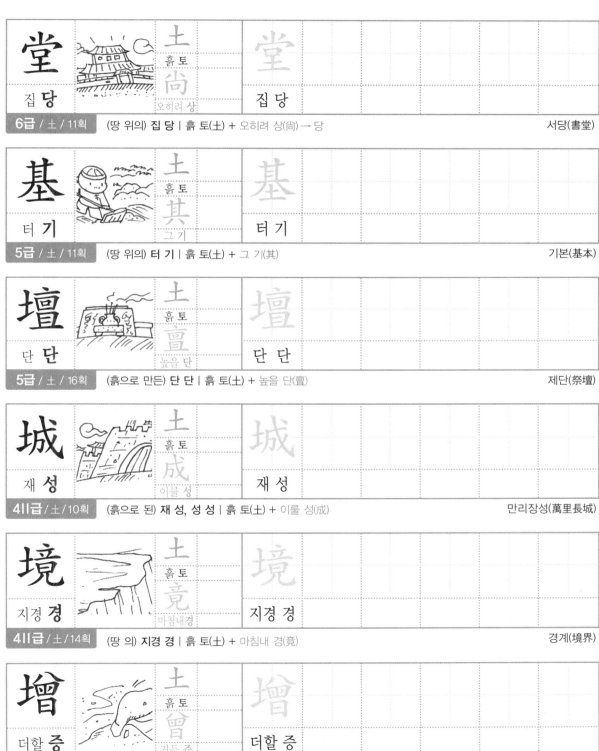

堂		土 흙 토 尚 오히려 상	堂			
집 당			집 당			

6급 / 土 / 11획 | (땅 위의) **집 당** | 흙 토(土) + 오히려 상(尚) → 당 | 서당(書堂)

基		土 흙 토 其 그 기	基			
터 기			터 기			

5급 / 土 / 11획 | (땅 위의) **터 기** | 흙 토(土) + 그 기(其) | 기본(基本)

壇		土 흙 토 亶 높을 단	壇			
단 단			단 단			

5급 / 土 / 16획 | (흙으로 만든) **단 단** | 흙 토(土) + 높을 단(亶) | 제단(祭壇)

城		土 흙 토 成 이룰 성	城			
재 성			재 성			

4II급 / 土 / 10획 | (흙으로 된) **재 성, 성 성** | 흙 토(土) + 이룰 성(成) | 만리장성(萬里長城)

境		土 흙 토 竟 마침내 경	境			
지경 경			지경 경			

4II급 / 土 / 14획 | (땅 의) **지경 경** | 흙 토(土) + 마침내 경(竟) | 경계(境界)

增		土 흙 토 曾 거듭 증	增			
더할 증			더할 증			

4II급 / 土 / 15획 | (흙을) **더할 증** | 흙 토(土) + 거듭 증(曾) | 증가(增加)

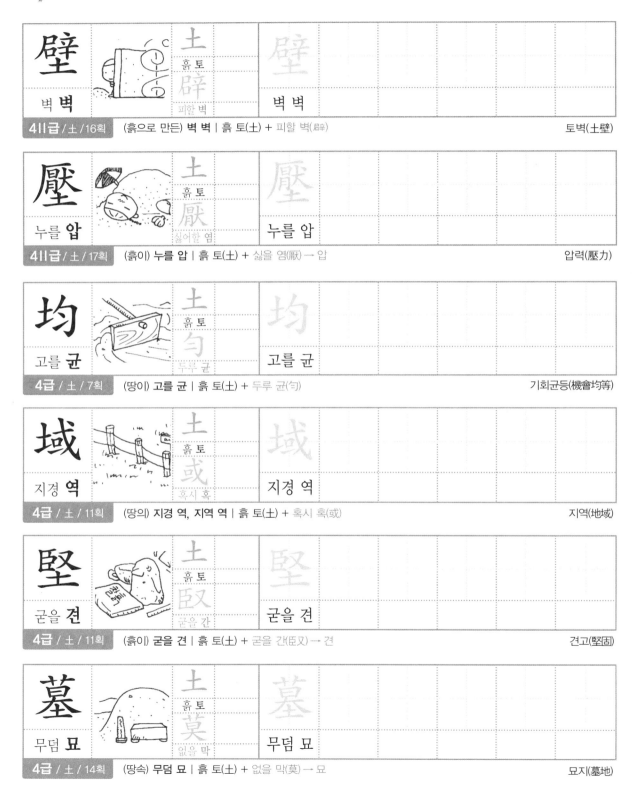

壁 벽 **벽**	土 흙 토 辟 피할 벽	壁 벽 벽			
4II급 / 土 / 16획	(흙으로 만든) **벽 벽** | 흙 토(土) + 피할 벽(辟)				토벽(土壁)

壓 누를 **압**	土 흙 토 厭 싫어할 염	壓 누를 압			
4II급 / 土 / 17획	(흙이) **누를 압** | 흙 토(土) + 싫을 염(厭) → 압				압력(壓力)

均 고를 **균**	土 흙 토 勻 두루 균	均 고를 균			
4급 / 土 / 7획	(땅이) **고를 균** | 흙 토(土) + 두루 균(勻)				기회균등(機會均等)

域 지경 **역**	土 흙 토 或 혹시 혹	域 지경 역			
4급 / 土 / 11획	(땅의) **지경 역, 지역 역** | 흙 토(土) + 혹시 혹(或)				지역(地域)

堅 굳을 **견**	土 흙 토 臤 굳을 간	堅 굳을 견			
4급 / 土 / 11획	(흙이) **굳을 견** | 흙 토(土) + 굳을 간(臤) → 견				견고(堅固)

墓 무덤 **묘**	土 흙 토 莫 없을 막	墓 무덤 묘			
4급 / 土 / 14획	(땅속) **무덤 묘** | 흙 토(土) + 없을 막(莫) → 묘				묘지(墓地)

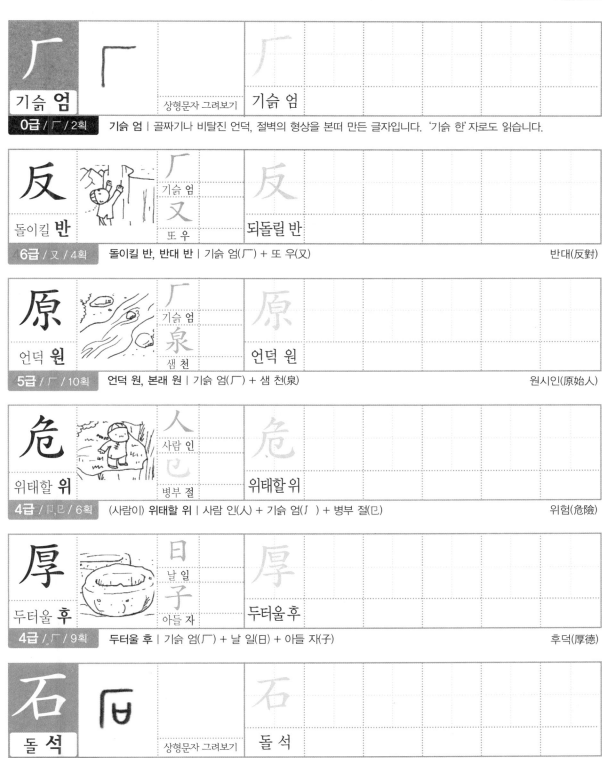

厂
기슭 엄

상형문자 그려보기 | 기슭 엄

0급 / 厂 / 2획 | **기슭 엄** | 골짜기나 비탈진 언덕, 절벽의 형상을 본떠 만든 글자입니다. '기슭 한'자로도 읽습니다.

反
돌이킬 **반**

厂 기슭 엄
又 또 우

되돌릴 반

6급 / 又 / 4획 | **돌이킬 반, 반대 반** | 기슭 엄(厂) + 또 우(又) | 반대(反對)

原
언덕 **원**

厂 기슭 엄
泉 샘 천

언덕 원

5급 / 厂 / 10획 | **언덕 원, 본래 원** | 기슭 엄(厂) + 샘 천(泉) | 원시인(原始人)

危
위태할 **위**

人 사람 인
卩 병부 절

위태할 위

4급 / 卩,㔾 / 6획 | (사람이) **위태할 위** | 사람 인(人) + 기슭 엄(丆) + 병부 절(㔾) | 위험(危險)

厚
두터울 **후**

日 날 일
子 아들 자

두터울 후

4급 / 厂 / 9획 | **두터울 후** | 기슭 엄(厂) + 날 일(日) + 아들 자(子) | 후덕(厚德)

石
돌 석

상형문자 그려보기 | 돌 석

6급 / 石 / 5획 | **돌 석** | 절벽(厂)에서 떨어진 바위(口)의 모습이나 혹은 땅 속에 묻혀 있는 돌들이 절벽 옆으로
드러나 보이는 모습입니다.

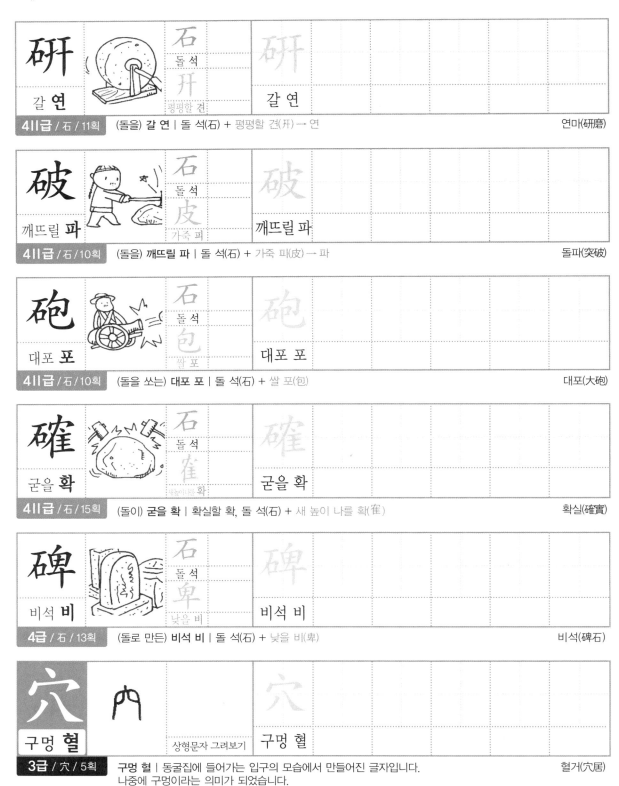

研 갈 **연**		石 돌 석 / 开 평평할 견	研 / 갈 연

4II급 / 石 / 11획 | (돌을) **갈 연** | 돌 석(石) + 평평할 견(开) → 연 | 연마(研磨)

破 깨뜨릴 **파**		石 돌 석 / 皮 가죽 피	破 / 깨뜨릴 파

4II급 / 石 / 10획 | (돌을) **깨뜨릴 파** | 돌 석(石) + 가죽 피(皮) → 파 | 돌파(突破)

砲 대포 **포**		石 돌 석 / 包 쌀 포	砲 / 대포 포

4II급 / 石 / 10획 | (돌을 쏘는) **대포 포** | 돌 석(石) + 쌀 포(包) | 대포(大砲)

確 굳을 **확**		石 돌 석 / 隺 새 높이 나를 확	確 / 굳을 확

4II급 / 石 / 15획 | (돌이) **굳을 확** | 확실할 확, 돌 석(石) + 새 높이 나를 확(隺) | 확실(確實)

碑 비석 **비**		石 돌 석 / 卑 낮을 비	碑 / 비석 비

4급 / 石 / 13획 | (돌로 만든) **비석 비** | 돌 석(石) + 낮을 비(卑) | 비석(碑石)

穴 **구멍 혈**		상형문자 그려보기	穴 / 구멍 혈

3급 / 穴 / 5획 | **구멍 혈** | 동굴집에 들어가는 입구의 모습에서 만들어진 글자입니다. 나중에 구멍이라는 의미가 되었습니다. | 혈거(穴居)

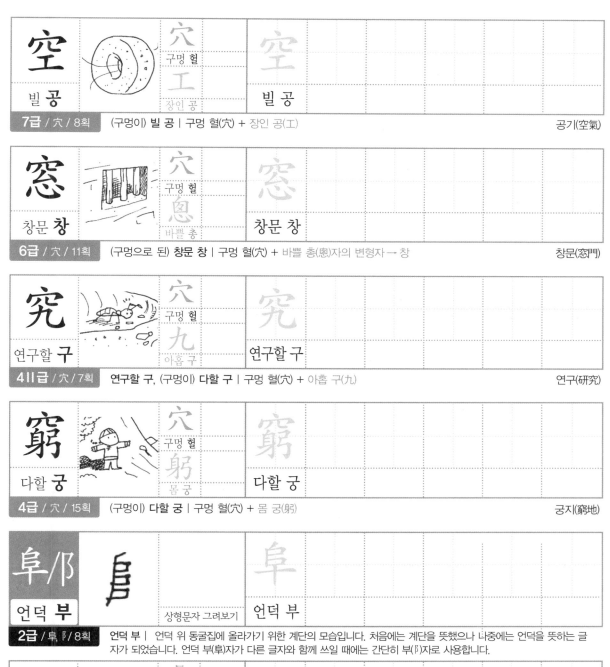

空 빌 공		穴 구멍 혈 工 장인 공	空 빌 공

7급 / 穴 / 8획 　(구멍이) **빌 공** | 구멍 혈(穴) + 장인 공(工)　　　　　　　　　　　　공기(空氣)

窓 창문 창		穴 구멍 혈 悤 바쁠 총	窓 창문 창

6급 / 穴 / 11획 　(구멍으로 된) **창문 창** | 구멍 혈(穴) + 바쁠 총(悤)자의 변형자 → 창　　　　　　창문(窓門)

究 연구할 구		穴 구멍 혈 九 아홉 구	究 연구할 구

4II급 / 穴 / 7획 　**연구할 구, (구멍이) 다할 구** | 구멍 혈(穴) + 아홉 구(九)　　　　　　연구(研究)

窮 다할 궁		穴 구멍 혈 躬 몸 궁	窮 다할 궁

4급 / 穴 / 15획 　(구멍이) **다할 궁** | 구멍 혈(穴) + 몸 궁(躬)　　　　　　　　　　　궁지(窮地)

阜/阝 언덕 부		상형문자 그려보기	阜 언덕 부

2급 / 阜, 阝 / 8획 　**언덕 부** | 언덕 위 동굴집에 올라가기 위한 계단의 모습입니다. 처음에는 계단을 뜻했으나 나중에는 언덕을 뜻하는 글자가 되었습니다. 언덕 부(阜)자가 다른 글자와 함께 쓰일 때에는 간단히 부(阝)자로 사용합니다.

陽 볕 양		阝 언덕 부 昜 빛날 양	陽 볕 양

6급 / 阜, 阝 / 12획 　(언덕의) **볕 양** | 언덕 부(阝) + 빛날 양(昜)　　　　　　　　　　양지(陽地)

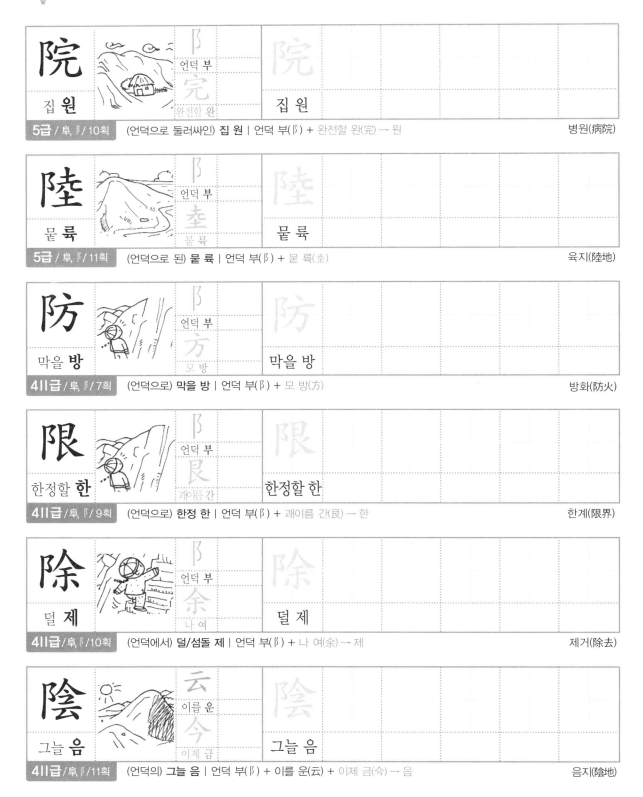

院

집 **원**

5급 / 阜, 阝 / 10획 　(언덕으로 둘러싸인) 집 원 | 언덕 부(阝) + 완전할 완(完) → 원　　　　　병원(病院)

陸

뭍 **륙**

5급 / 阜, 阝 / 11획 　(언덕으로 된) 뭍 륙 | 언덕 부(阝) + 뭍 륙(坴)　　　　　육지(陸地)

防

막을 **방**

4II급 / 阜, 阝 / 7획 　(언덕으로) 막을 방 | 언덕 부(阝) + 모 방(方)　　　　　방화(防火)

限

한정할 **한**

4II급 / 阜, 阝 / 9획 　(언덕으로) 한정 한 | 언덕 부(阝) + 괘이름 간(艮) → 한　　　　　한계(限界)

除

덜 **제**

4II급 / 阜, 阝 / 10획 　(언덕에서) 덜/섬돌 제 | 언덕 부(阝) + 나 여(余) → 제　　　　　제거(除去)

陰

그늘 **음**

4II급 / 阜, 阝 / 11획 　(언덕의) 그늘 음 | 언덕 부(阝) + 이를 운(云) + 이제 금(今) → 음　　　　　음지(陰地)

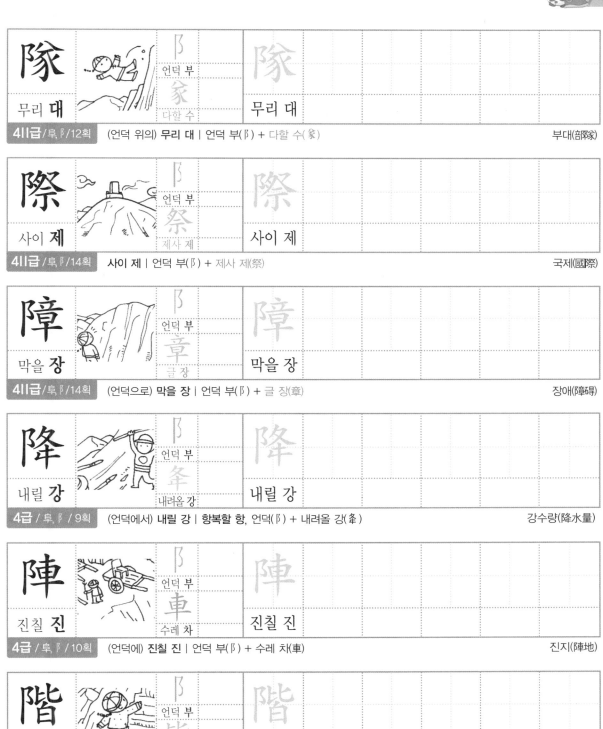

隊	무리 대	阝 언덕 부 豕 다할 수	隊 무리 대

4II급/阜,阝/12획　(언덕 위의) **무리 대** | 언덕 부(阝) + 다할 수(豕)　부대(部隊)

際	사이 제	阝 언덕 부 祭 제사 제	際 사이 제

4II급/阜,阝/14획　**사이 제** | 언덕 부(阝) + 제사 제(祭)　국제(國際)

障	막을 장	阝 언덕 부 章 글 장	障 막을 장

4II급/阜,阝/14획　(언덕으로) **막을 장** | 언덕 부(阝) + 글 장(章)　장애(障碍)

降	내릴 강	阝 언덕 부 夅 내려올 강	降 내릴 강

4급/阜,阝/9획　(언덕에서) **내릴 강** | 항복할 항, 언덕(阝) + 내려올 강(夅)　강수량(降水量)

陣	진칠 진	阝 언덕 부 車 수레 차	陣 진칠 진

4급/阜,阝/10획　(언덕에) **진칠 진** | 언덕 부(阝) + 수레 차(車)　진지(陣地)

階	섬돌 계	阝 언덕 부 皆 다 개	階 섬돌 계

4II급/阜,阝/12획　(언덕의) **섬돌 계** | 언덕 부(阝) + 다 개(皆) → 계　계단(階段)

險			
험할 **험**		阝 언덕 부 / 僉 다 첨	험할 험

4급 / 阜, 阝 / 16획 　　(언덕이) **험할 험** | 언덕 부(阝) + 다 첨(僉) → 험　　　　　　　　　　험담(險談)

隱			
숨을 **은**		阝 언덕 부 / 㥯 숨길 은	숨을 은

4급 / 阜, 阝 / 17획 　　(언덕에) **숨을 은** | 언덕 부(阝) + 숨길 은(㥯)　　　　　　　　　　은닉(隱匿)

山			
메 산		상형문자 그려보기	메 산

8급 / 山 / 3획 　　메 산 | 봉우리가 3개인 산의 모습을 본떠 만든 글자입니다.　　　　　　　하산(下山)

島			
섬 도		山 메 산 / 鳥 새 조	섬 도

5급 / 山 / 10획 　　(산처럼 생긴) **섬 도** | 메 산(山) + 새 조(鳥) → 도　　　　　　　다도해(多島海)

仙			
신선 **선**		人 사람 인 / 山 메 산	신선 선

5급 / 人, 亻 / 5획 　　(산에 사는) **신선 선** | 사람 인(人) + 메 산(山)　　　　　　　　신선(神仙)

炭			
숯 **탄**		山 메 산 / 灰 재 회	숯 탄

5급 / 火, 灬 / 9획 　　(산의) **숯 탄** | 메 산(山) + 재 회(灰)　　　　　　　　　　석탄(石炭)

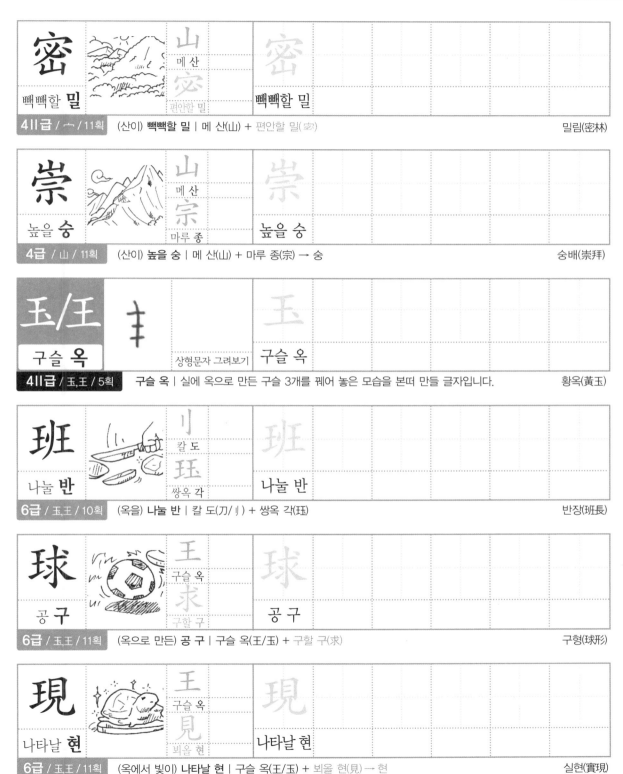

密		山 메 산	密	
빽빽할 **밀**		宓 편안할 밀	빽빽할 밀	

4II급 / 宀 / 11획 ㅣ (산이) 빽빽할 밀 ㅣ 메 산(山) + 편안할 밀(宓) ㅤㅤㅤㅤㅤㅤㅤㅤㅤㅤㅤㅤ밀림(密林)

崇		山 메 산	崇	
높을 **숭**		宗 마루 종	높을 숭	

4급 / 山 / 11획 ㅣ (산이) 높을 숭 ㅣ 메 산(山) + 마루 종(宗) → 숭 ㅤㅤㅤㅤㅤㅤㅤㅤㅤㅤ숭배(崇拜)

玉/王			玉	
구슬 옥		상형문자 그려보기	구슬 옥	

4II급 / 玉,王 / 5획 ㅤ 구슬 옥 ㅣ 실에 옥으로 만든 구슬 3개를 꿰어 놓은 모습을 본떠 만들 글자입니다. ㅤㅤㅤㅤ황옥(黃玉)

班		刂 칼 도	班	
나눌 **반**		珏 쌍옥 각	나눌 반	

6급 / 玉,王 / 10획 ㅣ (옥을) 나눌 반 ㅣ 칼 도(刀/刂) + 쌍옥 각(珏) ㅤㅤㅤㅤㅤㅤㅤㅤㅤㅤㅤㅤ반장(班長)

球		王 구슬 옥	球	
공 **구**		求 구할 구	공 구	

6급 / 玉,王 / 11획 ㅣ (옥으로 만든) 공 구 ㅣ 구슬 옥(王/玉) + 구할 구(求) ㅤㅤㅤㅤㅤㅤㅤㅤ구형(球形)

現		王 구슬 옥	現	
나타날 **현**		見 뵈울 현	나타날 현	

6급 / 玉,王 / 11획 ㅣ (옥에서 빛이) 나타날 현 ㅣ 구슬 옥(王/玉) + 뵈울 현(見) → 현 ㅤㅤㅤ실현(實現)

41

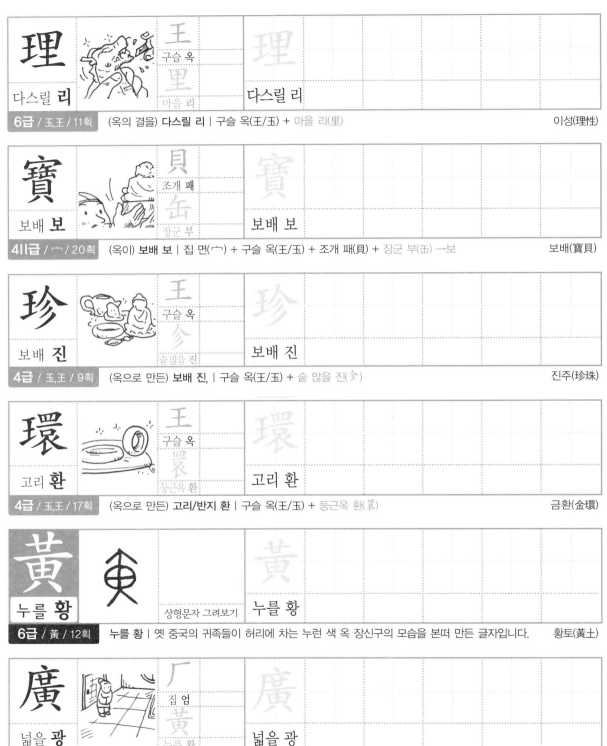

理 다스릴 **리**		王 구슬 옥 / 里 마을 리	理 / 다스릴 리	
6급 / 玉,王 / 11획	(옥의 결을) **다스릴 리**	구슬 옥(王/玉) + 마을 리(里)		이성(理性)
寶 보배 **보**		貝 조개 패 / 缶 장군 부	寶 / 보배 보	
4II급 / 宀 / 20획	(옥이) **보배 보**	집 면(宀) + 구슬 옥(王/玉) + 조개 패(貝) + 장군 부(缶) → 보		보배(寶貝)
珍 보배 **진**		王 구슬 옥 / 㐱 숱많을 진	珍 / 보배 진	
4급 / 玉,王 / 9획	(옥으로 만든) **보배 진**,	구슬 옥(王/玉) + 숱 많을 진(㐱)		진주(珍珠)
環 고리 **환**		王 구슬 옥 / 睘 둥근옥 환	環 / 고리 환	
4급 / 玉,王 / 17획	(옥으로 만든) **고리/반지 환**	구슬 옥(王/玉) + 둥근옥 환(睘)		금환(金環)
黃 **누를 황**		상형문자 그려보기	黃 / 누를 황	
6급 / 黃 / 12획	**누를 황**	누를 황	옛 중국의 귀족들이 허리에 차는 누런 색 옥 장신구의 모습을 본떠 만든 글자입니다.	황토(黃土)
廣 넓을 **광**		厂 집 엄 / 黃 누를 황	廣 / 넓을 광	
5급 / 厂 / 15획	**넓을 광**	집 엄(广) + 누를 황(黃) → 광		광야(廣野)

鑛
쇳돌 광
金 쇠 금
廣 넓을 광
쇳돌 광

4급 / 金 / 23획　(쇠를 만드는) **쇳돌 광** | 쇠 금(金) + 넓을 광(廣)　　광부(鑛夫)

金
쇠 금
상형문자 그려보기
쇠 금

8급 / 金 / 8획　**쇠 금** | 성 김(金)자는 거푸집에서 쇳물이 뚝뚝 떨어지는 모습입니다.　　황금(黃金)

全
온전할 전
온전할 전

7급 / 入 / 6획　**온전할 전**　　전국(全國)

銀
은 은
金 쇠 금
艮 괘이름 간
은 은

6급 / 金 / 14획　**은 은** | 쇠 금(金) + 괘이름 간(艮)→은　　금은동(金銀銅) 메달

鐵
쇠 철
金 쇠 금
䥫 큰창 질
쇠 철

5급 / 金 / 21획　**쇠 철** | 쇠 금(金) + 큰창 질(䥫)　　철강(鐵鋼)

銅
구리 동
金 쇠 금
同 같을 동
구리 동

4II급 / 金 / 14획　**구리 동** | 쇠 금(金) + 같을 동(同)　　동상(銅像)

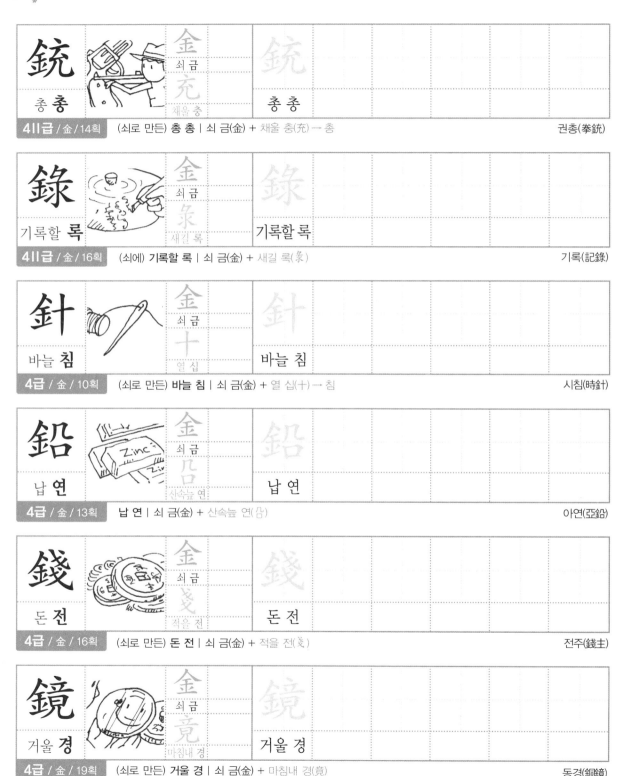

銃 총 **총**

4II급 / 金 / 14획 | (쇠로 만든) **총 총** | 쇠 금(金) + 채울 충(充) → 총 | 권총(拳銃)

金
쇠 금
充
채울 충

銃
총 총

錄 기록할 **록**

4II급 / 金 / 16획 | (쇠에) **기록할 록** | 쇠 금(金) + 새길 록(泉) | 기록(記錄)

金
쇠 금
泉
새길 록

錄
기록할 록

針 바늘 **침**

4급 / 金 / 10획 | (쇠로 만든) **바늘 침** | 쇠 금(金) + 열 십(十) → 침 | 시침(時針)

金
쇠 금
十
열 십

針
바늘 침

鉛 납 **연**

4급 / 金 / 13획 | **납 연** | 쇠 금(金) + 산속늪 연(㕣) | 아연(亞鉛)

金
쇠 금
㕣
산속늪 연

鉛
납 연

錢 돈 **전**

4급 / 金 / 16획 | (쇠로 만든) **돈 전** | 쇠 금(金) + 적을 전(戔) | 전주(錢主)

金
쇠 금
戔
적을 전

錢
돈 전

鏡 거울 **경**

4급 / 金 / 19획 | (쇠로 만든) **거울 경** | 쇠 금(金) + 마침내 경(竟) | 동경(銅鏡)

金
쇠 금
竟
마침내 경

鏡
거울 경

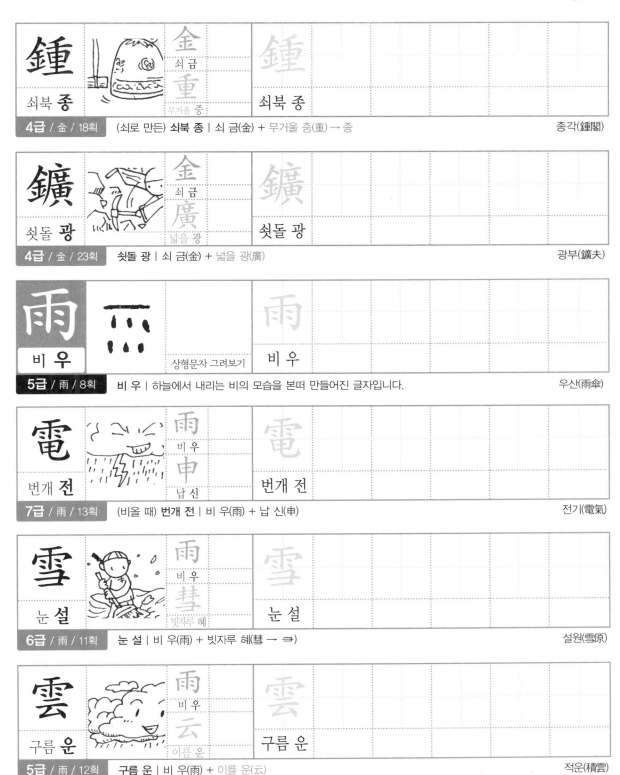

鍾 쇠북 종		金 쇠 금 重 무거울 중	鍾 쇠북 종

4급 / 金 / 18획 · (쇠로 만든) **쇠북 종** │ 쇠 금(金) + 무거울 중(重) → 종 · 종각(鍾閣)

鑛 쇳돌 광		金 쇠 금 廣 넓을 광	鑛 쇳돌 광

4급 / 金 / 23획 · **쇳돌 광** │ 쇠 금(金) + 넓을 광(廣) · 광부(鑛夫)

雨 비 우		상형문자 그려보기	雨 비 우

5급 / 雨 / 8획 · 비 우 │ 하늘에서 내리는 비의 모습을 본떠 만들어진 글자입니다. · 우산(雨傘)

電 번개 전		雨 비 우 申 납 신	電 번개 전

7급 / 雨 / 13획 · (비올 때) **번개 전** │ 비 우(雨) + 납 신(申) · 전기(電氣)

雪 눈 설		雨 비 우 彗 빗자루 혜	雪 눈 설

6급 / 雨 / 11획 · 눈 설 │ 비 우(雨) + 빗자루 혜(彗 → ⺕) · 설원(雪原)

雲 구름 운		雨 비 우 云 이를 운	雲 구름 운

5급 / 雨 / 12획 · **구름 운** │ 비 우(雨) + 이를 운(云) · 적운(積雲)

申 납 신	납 신

4II급 / 申 / 5획 납 신 | 원숭이 신 | 번개의 모습을 본떠 만든 글자로 | 원숭이와는 전혀 상관이 없습니다.

冫 얼음 빙	상형문자 그려보기 얼음 빙

0급 / 冫 / 2획 얼음 빙 | 부수로 사용되는 얼음 빙(冫)자는 얼음 결정의 모습을 본떠 만든 글자입니다.

冬 겨울 동	얼음 빙 / 천천히걸을 쇠 겨울 동

7급 / 冫 / 5획 (얼음이 어는) 겨울 동 | 얼음 빙(冫) + 천천히걸을 쇠(夂) 동지(冬至)

冷 찰 랭	令 하여금 령 / 冫 얼음 빙 찰 랭

5급 / 冫 / 7획 (얼음이) 찰 랭 | 하여금 령(令) → 랭 + 얼음 빙(冫) 냉장고(冷藏庫)

寒 찰 한	宀 집 면 / 冫 얼음 빙 찰 한

5급 / 宀 / 12획 (얼음처럼) 찰 한 | 집 면(宀) + 볏짚 + 사람 인(人) + 얼음 빙(冫) 한파(寒波)

氷 얼음 빙	水 물 수 / 丶 점 주 얼음 빙

5급 / 水 / 5획 얼음 빙 | 물 수(水) + 점 주(丶) 빙과(氷菓)

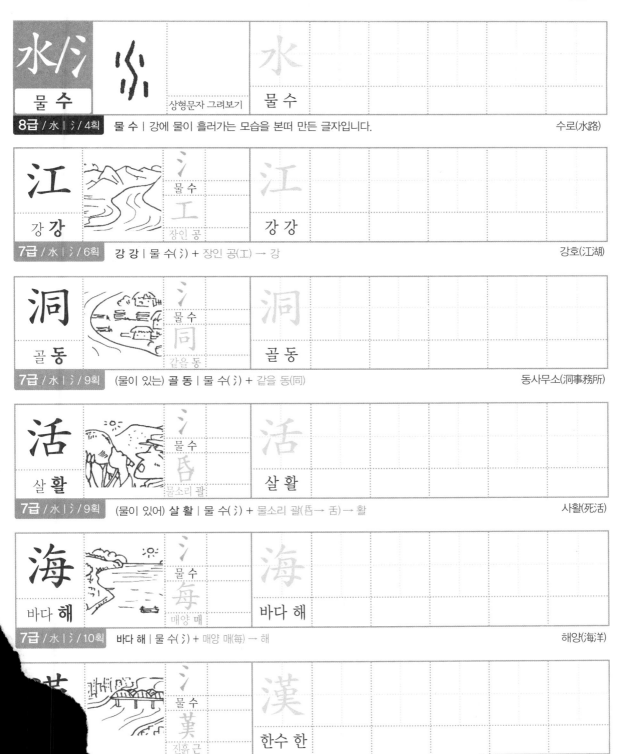

水/氵
물 수

상형문자 그려보기

水
물 수

8급 / 水 丨 氵 / 4획 　물 수 | 강에 물이 흘러가는 모습을 본떠 만든 글자입니다. 　　　　　　수로(水路)

江
강 **강**

氵
물 수
工
장인 공

江
강 강

7급 / 水 丨 氵 / 6획 　**강 강** | 물 수(氵) + 장인 공(工) → 강 　　　　　　강호(江湖)

洞
골 **동**

氵
물 수
同
같을 동

洞
골 동

7급 / 水 丨 氵 / 9획 　(물이 있는) **골 동** | 물 수(氵) + 같을 동(同) 　　　　　　동사무소(洞事務所)

活
살 **활**

氵
물 수
昏
물소리 괄

活
살 활

7급 / 水 丨 氵 / 9획 　(물이 있어) **살 활** | 물 수(氵) + 물소리 괄(昏→舌) → 활 　　　　　　사활(死活)

海
바다 **해**

氵
물 수
每
매양 매

海
바다 해

7급 / 水 丨 氵 / 10획 　**바다 해** | 물 수(氵) + 매양 매(每) → 해 　　　　　　해양(海洋)

漢

氵
물 수
茣
진흙 근

漢
한수 한

한 | 물 수(氵) + 진흙 근(茣) → 한 　　　　　　한강(漢江)

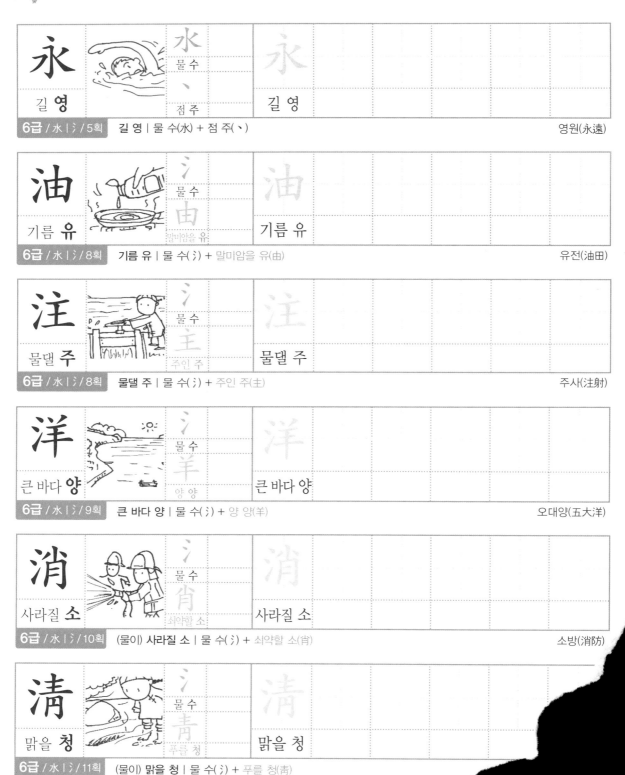

永
물 수 水
、
점 주
길 **영**
길 영

6급 / 水 | 氵 / 5획 　길 영 | 물 수(水) + 점 주(、)　　　　　　　　　　　　　　　　　　　영원(永遠)

油
물 수 氵
由
말미암을 유
기름 **유**
기름 유

6급 / 水 | 氵 / 8획 　기름 유 | 물 수(氵) + 말미암을 유(由)　　　　　　　　　　　　　　　유전(油田)

注
물 수 氵
主
주인 주
물댈 **주**
물댈 주

6급 / 水 | 氵 / 8획 　물댈 주 | 물 수(氵) + 주인 주(主)　　　　　　　　　　　　　　　　　주사(注射)

洋
물 수 氵
羊
양 양
큰 바다 **양**
큰 바다 양

6급 / 水 | 氵 / 9획 　큰 바다 양 | 물 수(氵) + 양 양(羊)　　　　　　　　　　　　　　　오대양(五大洋)

消
물 수 氵
肖
쇠약할 소
사라질 **소**
사라질 소

6급 / 水 | 氵 / 10획 　(물이) 사라질 소 | 물 수(氵) + 쇠약할 소(肖)　　　　　　　　　　　소방(消防)

清
물 수 氵
青
푸를 청
맑을 **청**
맑을 청

6급 / 水 | 氵 / 11획 　(물이) 맑을 청 | 물 수(氵) + 푸를 청(青)

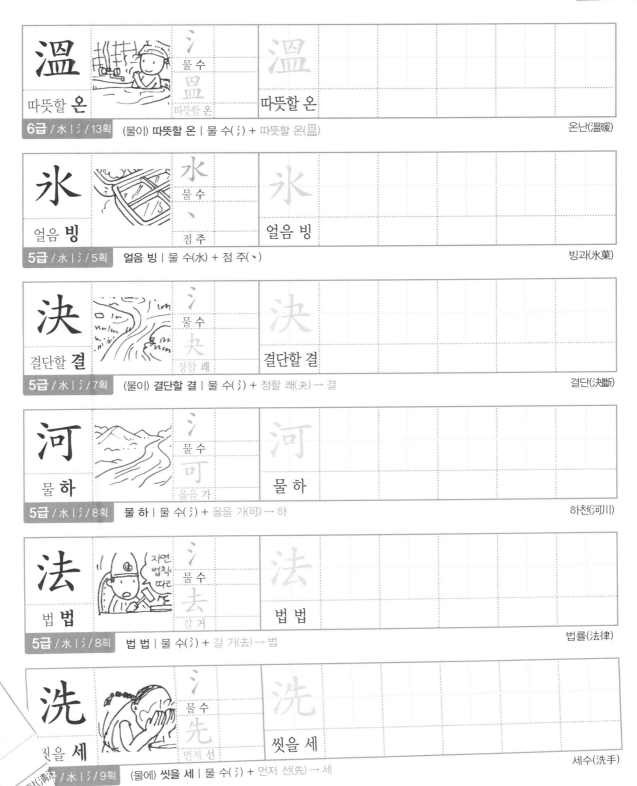

溫		氵 물 수 溫 따뜻할 온	溫 따뜻할 온	
따뜻할 **온**		皿		

6급 / 水丨氵/ 13획   (물이) **따뜻할 온** ㅣ 물 수(氵) + 따뜻할 온(皿)   온난(溫暖)

氷		水 물 수 丶 점 주	氷 얼음 빙
얼음 **빙**			

5급 / 水丨氵/ 5획   **얼음 빙** ㅣ 물 수(水) + 점 주(丶)   빙과(氷菓)

決		氵 물 수 夬 정할 쾌	決 결단할 결
결단할 **결**			

5급 / 水丨氵/ 7획   (물이) **결단할 결** ㅣ 물 수(氵) + 정할 쾌(夬) → 결   결단(決斷)

河		氵 물 수 可 옳을 가	河 물 하
물 **하**			

5급 / 水丨氵/ 8획   **물 하** ㅣ 물 수(氵) + 옳을 가(可) → 하   하천(河川)

法		氵 물 수 去 갈 거	法 법 법
법 **법**			

5급 / 水丨氵/ 8획   **법 법** ㅣ 물 수(氵) + 갈 거(去) → 법   법률(法律)

洗		氵 물 수 先 먼저 선	洗 씻을 세
씻을 **세**			

청탁(淸濁) / 水丨氵/ 9획   (물에) **씻을 세** ㅣ 물 수(氵) + 먼저 선(先) → 세   세수(洗手)

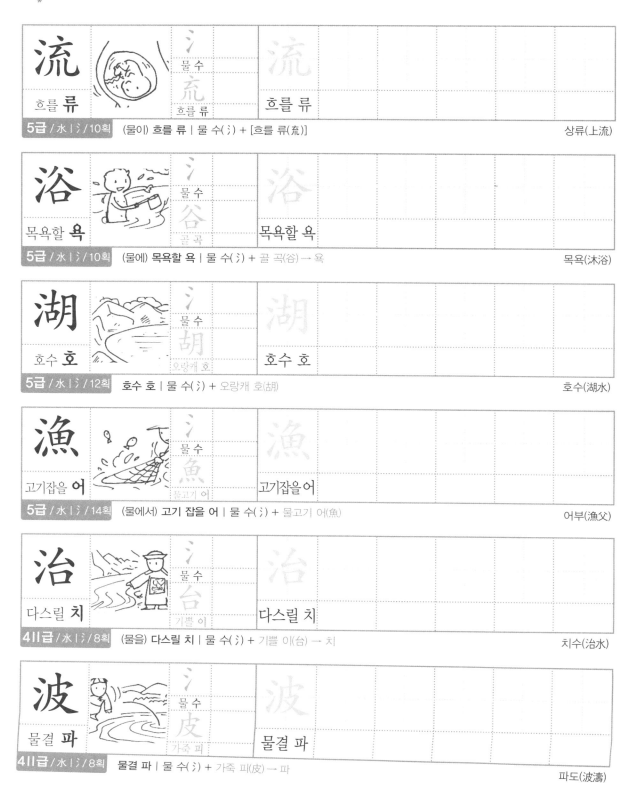

流
흐를 **류**
ㅣ 물 수
ㅣ 流
흐를 류
흐를 류

5급 / 水 l 氵 / 10획 　(물이) **흐를 류** ㅣ 물 수(氵) + [흐를 류(㐬)]　　　　　　　　상류(上流)

浴
목욕할 **욕**
ㅣ 물 수
ㅣ 谷
골 곡
목욕할 욕

5급 / 水 l 氵 / 10획 　(물에) **목욕할 욕** ㅣ 물 수(氵) + 골 곡(谷) → 욕　　　　　목욕(沐浴)

湖
호수 **호**
ㅣ 물 수
ㅣ 胡
오랑캐 호
호수 호

5급 / 水 l 氵 / 12획 　**호수 호** ㅣ 물 수(氵) + 오랑캐 호(胡)　　　　　　　　호수(湖水)

漁
고기잡을 **어**
ㅣ 물 수
ㅣ 魚
물고기 어
고기잡을 어

5급 / 水 l 氵 / 14획 　(물에서) **고기 잡을 어** ㅣ 물 수(氵) + 물고기 어(魚)　　　　어부(漁父)

治
다스릴 **치**
ㅣ 물 수
ㅣ 台
기쁠 이
다스릴 치

4II급 / 水 l 氵 / 8획 　(물을) **다스릴 치** ㅣ 물 수(氵) + 기쁠 이(台) → 치　　　　치수(治水)

波
물결 **파**
ㅣ 물 수
ㅣ 皮
가죽 파
물결 파

4II급 / 水 l 氵 / 8획 　**물결 파** ㅣ 물 수(氵) + 가죽 피(皮) → 파　　　　　　　파도(波濤)

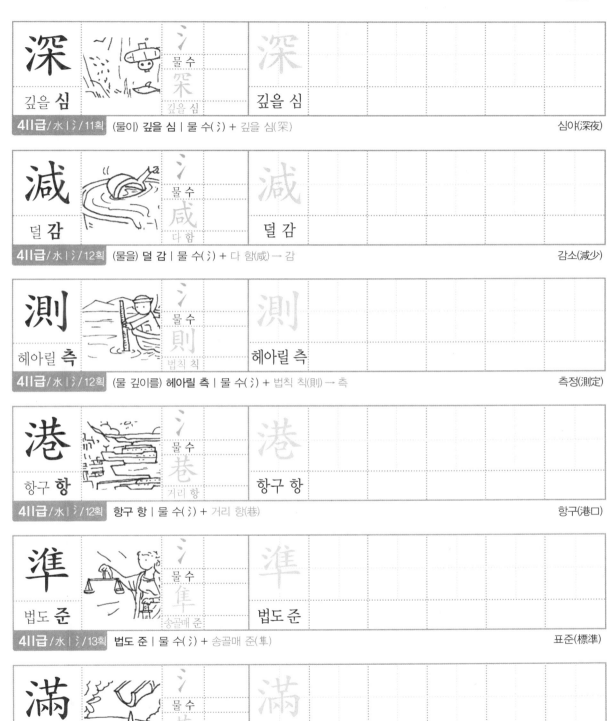

深
깊을 심
깊을 심
深
깊을 심
4II급 / 水 | 氵 / 11획　(물이) 깊을 심 | 물 수(氵) + 깊을 심(罙)
심야(深夜)

减
덜 감
다 함
덜 감
减
덜 감
4II급 / 水 | 氵 / 12획　(물을) 덜 감 | 물 수(氵) + 다 함(咸) → 감
감소(減少)

測
헤아릴 측
법칙 칙
헤아릴 측
測
헤아릴 측
4II급 / 水 | 氵 / 12획　(물 깊이를) 헤아릴 측 | 물 수(氵) + 법칙 칙(則) → 측
측정(測定)

港
항구 항
거리 항
항구 항
港
항구 항
4II급 / 水 | 氵 / 12획　항구 항 | 물 수(氵) + 거리 항(巷)
항구(港口)

準
법도 준
송골매 준
법도 준
準
법도 준
4II급 / 水 | 氵 / 13획　법도 준 | 물 수(氵) + 송골매 준(隼)
표준(標準)

滿
찰 만
평평할 만
찰 만
滿
찰 만
4II급 / 水 | 氵 / 14획　(물이) 찰 만 | 물 수(氵) + 평평할 만(㒼)
만족(滿足)

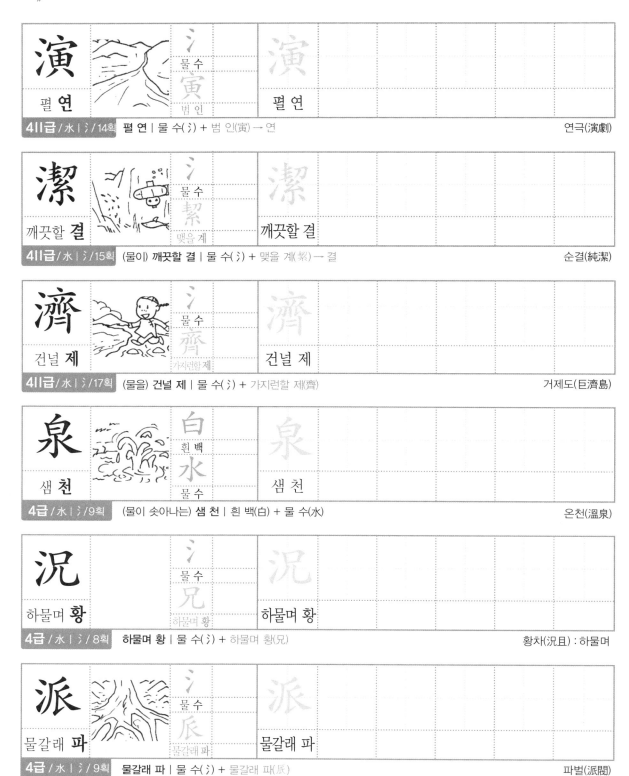

演	氵 물 수 / 寅 범 인	펼 **연**
펼 **연**		

4II급 / 水 | 氵 / 14획　**펼 연** | 물 수(氵) + 범 인(寅) → 연　　　　연극(演劇)

潔	氵 물 수 / 絜 맺을 계	깨끗할 **결**
깨끗할 **결**		

4II급 / 水 | 氵 / 15획　(물이) **깨끗할 결** | 물 수(氵) + 맺을 계(絜) → 결　　　　순결(純潔)

濟	氵 물 수 / 齊 가지런할 제	건널 **제**
건널 **제**		

4II급 / 水 | 氵 / 17획　(물을) **건널 제** | 물 수(氵) + 가지런할 제(齊)　　　　거제도(巨濟島)

泉	白 흰 백 / 水 물 수	샘 **천**
샘 **천**		

4급 / 水 | 氵 / 9획　(물이 솟아나는) **샘 천** | 흰 백(白) + 물 수(水)　　　　온천(溫泉)

況	氵 물 수 / 兄 하물며 황	하물며 **황**
하물며 **황**		

4급 / 水 | 氵 / 8획　**하물며 황** | 물 수(氵) + 하물며 황(兄)　　　　황차(況且) : 하물며

派	氵 물 수 / 辰 물갈래 파	물갈래 **파**
물갈래 **파**		

4급 / 水 | 氵 / 9획　**물갈래 파** | 물 수(氵) + 물갈래 파(辰)　　　　파벌(派閥)

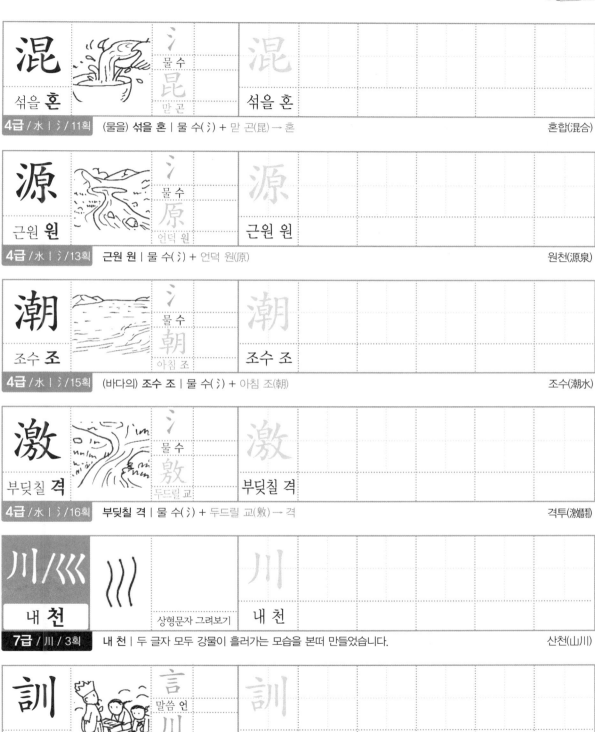

混
섞을 **혼**
氵
물 수
昆
맏 곤

混
섞을 **혼**

4급 / 水 | 氵 / 11획　(물을) 섞을 혼 | 물 수(氵) + 맏 곤(昆) → 혼　　　혼합(混合)

源
근원 **원**
氵
물 수
原
언덕 원

源
근원 **원**

4급 / 水 | 氵 / 13획　근원 원 | 물 수(氵) + 언덕 원(原)　　　원천(源泉)

潮
조수 **조**
氵
물 수
朝
아침 조

潮
조수 **조**

4급 / 水 | 氵 / 15획　(바다의) 조수 조 | 물 수(氵) + 아침 조(朝)　　　조수(潮水)

激
부딪칠 **격**
氵
물 수
敫
두드릴 교

激
부딪칠 **격**

4급 / 水 | 氵 / 16획　**부딪칠 격** | 물 수(氵) + 두드릴 교(敫) → 격　　　격투(激鬪)

川/巛
내 **천**

상형문자 그려보기

川
내 천

7급 / 川 / 3획　내 천 | 두 글자 모두 강물이 흘러가는 모습을 본떠 만들었습니다.　　　산천(山川)

訓
가르칠 **훈**
言
말씀 언
川
내 천

訓
가르칠 **훈**

6급 / 言 / 10획　**가르칠 훈** | 말씀 언(言) + 내 천(川)→훈　　　훈장(訓長)

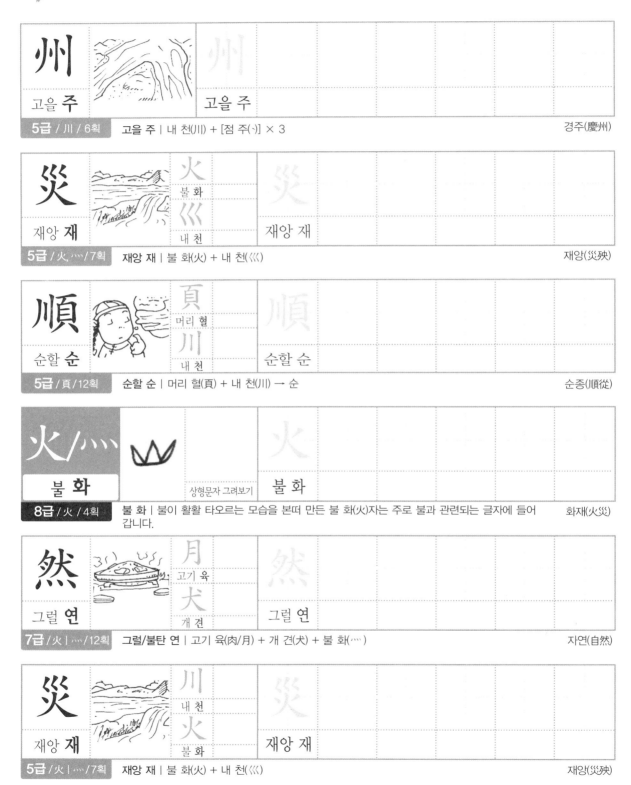

州		州					
고을 **주**		고을 주					

5급 / 川 / 6획 | 고을 주 | 내 천(川) + [점 주(丶)] × 3 　　　　　　　　　　　　　　 경주(慶州)

災		火 불화 / 巛 내천	災				
재앙 **재**			재앙 재				

5급 / 火,灬 / 7획 | 재앙 재 | 불 화(火) + 내 천(巛) 　　　　　　　　　　　　　　　　 재앙(災殃)

順		頁 머리 혈 / 川 내천	順				
순할 **순**			순할 순				

5급 / 頁 / 12획 | 순할 순 | 머리 혈(頁) + 내 천(川) → 순 　　　　　　　　　　　　 순종(順從)

火/灬			火				
불 화	상형문자 그려보기	불 화					

8급 / 火 / 4획 | 불 화 | 불이 활활 타오르는 모습을 본떠 만든 불 화(火)자는 주로 불과 관련되는 글자에 들어　 화재(火災)
갑니다.

然		月 고기 육 / 犬 개 견	然				
그럴 **연**			그럴 연				

7급 / 火,灬 / 12획 | 그럴/불탄 연 | 고기 육(肉/月) + 개 견(犬) + 불 화(灬) 　　　　　 자연(自然)

災		川 내천 / 火 불화	災				
재앙 **재**			재앙 재				

5급 / 火,灬 / 7획 | 재앙 재 | 불 화(火) + 내 천(巛) 　　　　　　　　　　　　　　　　 재앙(災殃)

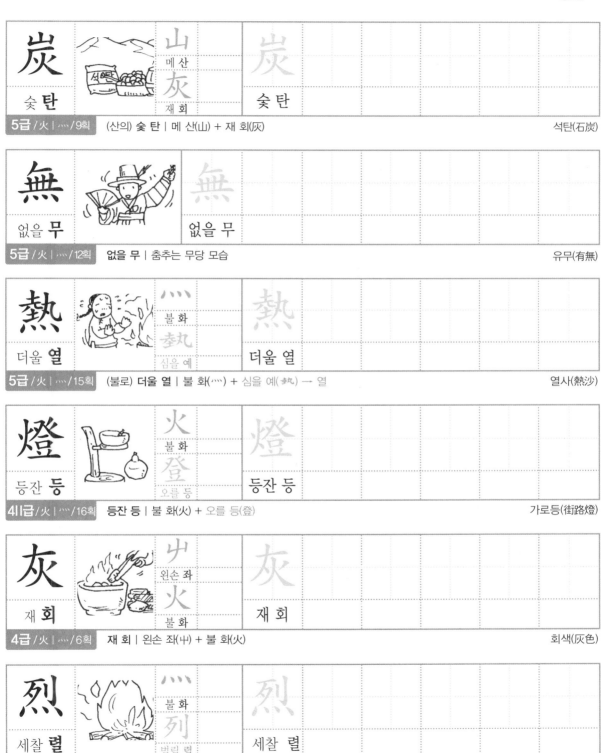

炭
숯 **탄**

山 메 산
灰 재 회

炭
숯 탄

5급 /火| ⺣ /9획　(산의) 숯 탄 | 메 산(山) + 재 회(灰)　석탄(石炭)

無
없을 **무**

無
없을 무

5급 /火| ⺣ /12획　없을 무 | 춤추는 무당 모습　유무(有無)

熱
더울 **열**

⺣ 불 화
埶 심을 예

熱
더울 열

5급 /火| ⺣ /15획　(불로) 더울 열 | 불 화(⺣) + 심을 예(埶) → 열　열사(熱沙)

燈
등잔 **등**

火 불 화
登 오를 등

燈
등잔 등

4Ⅱ급 /火| ⺣ /16획　등잔 등 | 불 화(火) + 오를 등(登)　가로등(街路燈)

灰
재 **회**

屮 왼손 좌
火 불 화

灰
재 회

4급 /火| ⺣ /6획　재 회 | 왼손 좌(屮) + 불 화(火)　회색(灰色)

烈
세찰 **렬**

⺣ 불 화
列 벌릴 렬

烈
세찰 렬

4급 /火| ⺣ /10획　(불이) 뜨거울/세찰 렬 | 불 화(⺣) + 벌릴 렬(列)　열사(烈士)

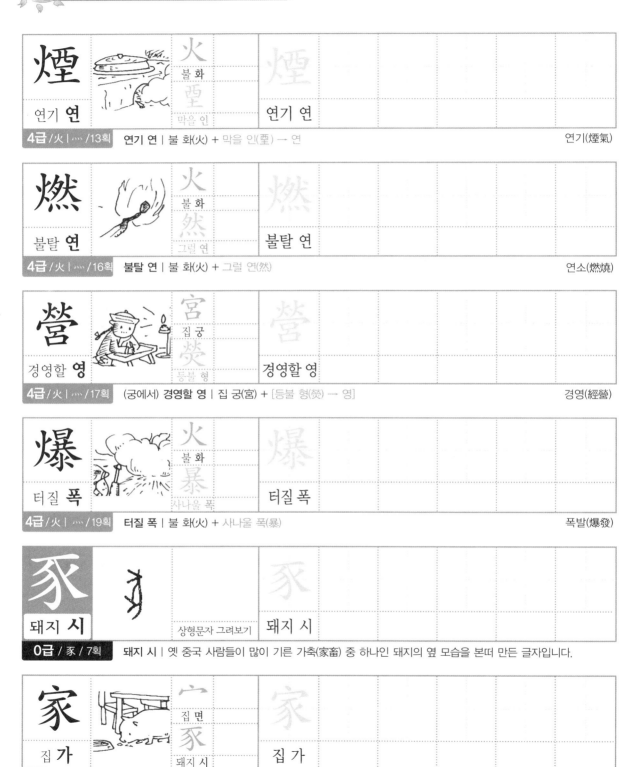

煙 연기 **연**	火 불 화 / 垔 막을 인	煙 연기 연	
4급/火 丨灬/13획	**연기 연**	불 화(火) + 막을 인(垔) → 연	연기(煙氣)

燃 불탈 **연**	火 불 화 / 然 그럴 연	燃 불탈 연	
4급/火 丨灬/16획	**불탈 연**	불 화(火) + 그럴 연(然)	연소(燃燒)

營 경영할 **영**	宮 집 궁 / 熒 등불 형	營 경영할 영	
4급/火 丨灬/17획	(궁에서) **경영할 영**	집 궁(宮) + [등불 형(熒) → 영]	경영(經營)

爆 터질 **폭**	火 불 화 / 暴 사나울 폭	爆 터질 폭	
4급/火 丨灬/19획	**터질 폭**	불 화(火) + 사나울 폭(暴)	폭발(爆發)

豕 **돼지 시**	상형문자 그려보기	豕 돼지 시	
0급/豕/7획	**돼지 시**	옛 중국 사람들이 많이 기른 가축(家畜) 중 하나인 돼지의 옆 모습을 본떠 만든 글자입니다.	

家 집 **가**	宀 집 면 / 豕 돼지 시	家 집 가	
7급/宀/10획	(돼지가 있는) **집 가**	집 면(宀) + 돼지 시(豕)	가축(家畜)

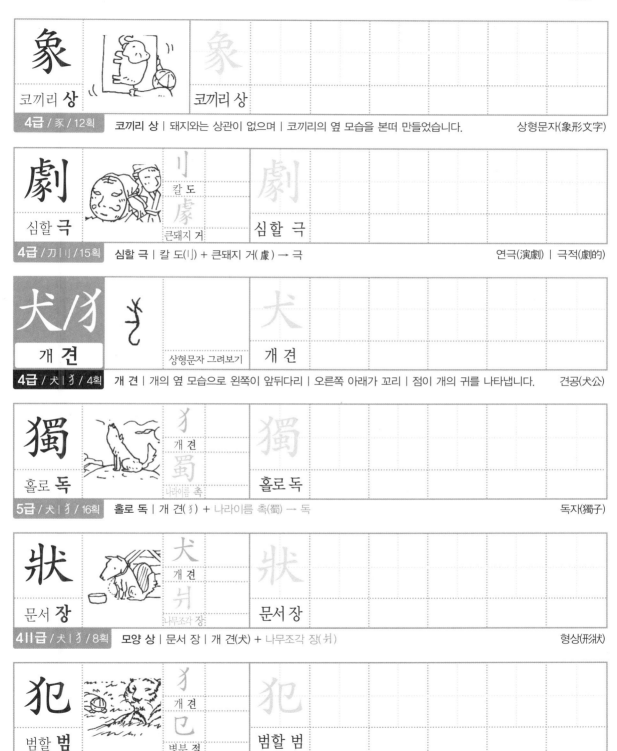

象
코끼리 상
코끼리 상

4급 / 豕 / 12획 | **코끼리 상** | 돼지와는 상관이 없으며 | 코끼리의 옆 모습을 본떠 만들었습니다. | 상형문자(象形文字)

劇
심할 극
刂 칼 도
虡 큰돼지 거
심할 극

4급 / 刀｜刂 / 15획 | **심할 극** | 칼 도(刂) + 큰돼지 거(虡) → 극 | 연극(演劇) | 극적(劇的)

犬/犭
개 견
상형문자 그려보기
개 견

4급 / 犬｜犭 / 4획 | **개 견** | 개의 옆 모습으로 왼쪽이 앞뒤다리 | 오른쪽 아래가 꼬리 | 점이 개의 귀를 나타냅니다. | 견공(犬公)

獨
홀로 독
犭 개 견
蜀 나라이름 촉
홀로 독

5급 / 犬｜犭 / 16획 | **홀로 독** | 개 견(犭) + 나라이름 촉(蜀) → 독 | 독자(獨子)

狀
문서 장
犬 개 견
爿 나무조각 장
문서 장

4II급 / 犬｜犭 / 8획 | **모양 상** | 문서 장 | 개 견(犬) + 나무조각 장(爿) | 형상(形狀)

犯
범할 범
犭 개 견
㔾 병부 절
범할 범

4급 / 卩｜㔾 / 5획 | **범할 범** | 개 견(犭) + 병부 절(㔾) | 침범(侵犯)

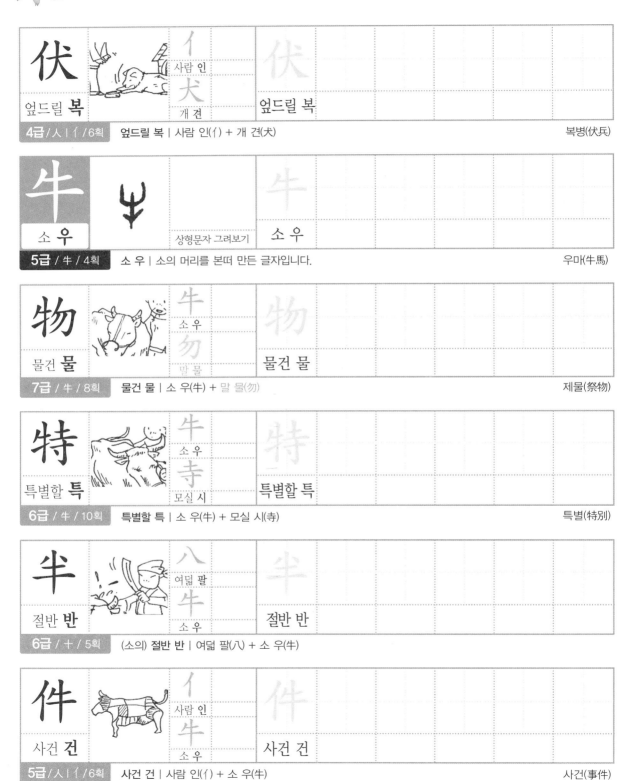

伏		亻 사람 인	伏				
엎드릴 **복**		犬 개 견	엎드릴 복				

4급 / 人 | 亻 / 6획 ‖ **엎드릴 복** | 사람 인(亻) + 개 견(犬) 　　　　　　　　　　　　　　　　　　　복병(伏兵)

牛 소 우		상형문자 그려보기	牛 소 우				

5급 / 牛 / 4획 ‖ **소 우** | 소의 머리를 본떠 만든 글자입니다. 　　　　　　　　　　　　　　　　　우마(牛馬)

物		牛 소 우	物				
물건 **물**		勿 말 물	물건 물				

7급 / 牛 / 8획 ‖ **물건 물** | 소 우(牛) + 말 물(勿) 　　　　　　　　　　　　　　　　　　　　제물(祭物)

特		牛 소 우	特				
특별할 **특**		寺 모실 시	특별할 특				

6급 / 牛 / 10획 ‖ **특별할 특** | 소 우(牛) + 모실 시(寺) 　　　　　　　　　　　　　　　　　특별(特別)

半		八 여덟 팔	半				
절반 **반**		牛 소 우	절반 반				

6급 / 十 / 5획 ‖ (소의) **절반 반** | 여덟 팔(八) + 소 우(牛)

件		亻 사람 인	件				
사건 **건**		牛 소 우	사건 건				

5급 / 人 | 亻 / 6획 ‖ **사건 건** | 사람 인(亻) + 소 우(牛) 　　　　　　　　　　　　　　　　　사건(事件)

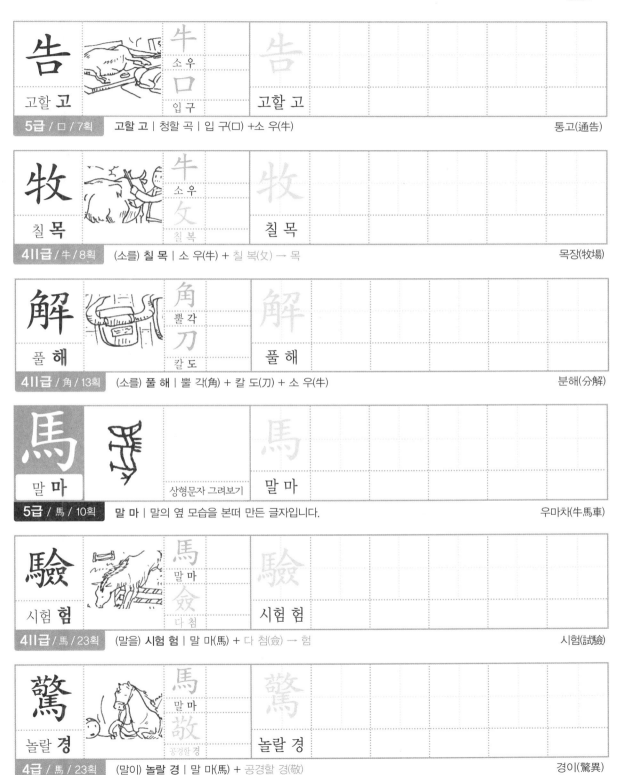

告
고할 고
5급 / 口 / 7획 | 고할 고 | 청할 곡 | 입 구(口) +소 우(牛) | 牛 소 우 / 口 입 구 | 告 고할 고 | 통고(通告)

牧
칠 목
4II급 / 牛 / 8획 | (소를) 칠 목 | 소 우(牛) + 칠 복(攵) → 목 | 牛 소 우 / 攵 칠 복 | 牧 칠 목 | 목장(牧場)

解
풀 해
4II급 / 角 / 13획 | (소를) 풀 해 | 뿔 각(角) + 칼 도(刀) + 소 우(牛) | 角 뿔 각 / 刀 칼 도 | 解 풀 해 | 분해(分解)

馬
말 마
상형문자 그려보기
5급 / 馬 / 10획 | 말 마 | 말의 옆 모습을 본떠 만든 글자입니다. | 馬 말 마 | 우마차(牛馬車)

驗
시험 험
4II급 / 馬 / 23획 | (말을) 시험 험 | 말 마(馬) + 다 첨(僉) → 험 | 馬 말 마 / 僉 다 첨 | 驗 시험 험 | 시험(試驗)

驚
놀랄 경
4급 / 馬 / 23획 | (말이) 놀랄 경 | 말 마(馬) + 공경할 경(敬) | 馬 말 마 / 敬 공경한 경 | 驚 놀랄 경 | 경이(驚異)

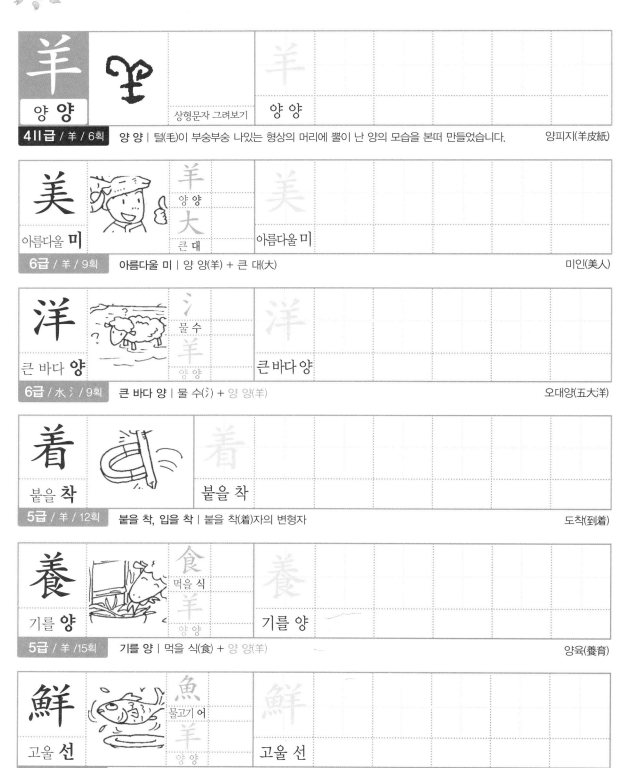

羊	상형문자 그려보기	羊 양 양

양 양

4Ⅱ급 / 羊 / 6획   양 양 | 털(毛)이 부숭부숭 나있는 형상의 머리에 뿔이 난 양의 모습을 본떠 만들었습니다.   양피지(羊皮紙)

美	羊 양 양 / 大 큰 대	美 아름다울 미

아름다울 **미**

6급 / 羊 / 9획   아름다울 미 | 양 양(羊) + 큰 대(大)   미인(美人)

洋	氵 물 수 / 羊 양 양	洋 큰 바다 양

큰 바다 **양**

6급 / 水氵 / 9획   큰 바다 양 | 물 수(氵) + 양 양(羊)   오대양(五大洋)

着		着 붙을 착

붙을 **착**

5급 / 羊 / 12획   붙을 착, 입을 착 | 붙을 착(着)자의 변형자   도착(到着)

養	食 먹을 식 / 羊 양 양	養 기를 양

기를 **양**

5급 / 羊 /15획   기를 양 | 먹을 식(食) + 양 양(羊)   양육(養育)

鮮	魚 물고기 어 / 羊 양 양	鮮 고울 선

고울 **선**

5급 / 魚 / 17획   고울 선 | 물고기 어(魚) + 양 양(羊) → 선   조선(朝鮮), 신선(新鮮)

善
착할 선
5급 / 口 / 12획 　착할 선 | 양 양(羊) + 말씀 언(言) → 선
羊 양 양
言 말씀 언
善 착할 선
선악(善惡)

義
옳을 의
4II급 / 羊 / 13획 　옳을 의 | 양 양(羊) + 나 아(我)
羊 양 양
我 나 아
義 옳을 의
의리(義理)

群
무리 군
4급 / 羊 / 13획 　무리 군 | 양 양(羊) + 임금 군(君)
羊 양 양
君 임금 군
群 무리 군
군집(群集)

樣
모양 양
4급 / 木 / 15획 　모양 양 | 나무 목(木) + 길 영(永) + [양 양(羊)]
木 나무 목
永 길 영
樣 모양 양
모양(模樣)

鹿
사슴 록
3급 / 鹿 / 11획 　사슴 록 | 사슴의 모습을 본떠 만든 글자입니다.
상형문자 그려보기
鹿 사슴 록
녹각(鹿角)

慶
경사 경
4II급 /心,忄/ 15획 　경사 경 | 마음 심(心) + 사슴 록(鹿) + 천천히걸을 쇠(夊)
心 마음 심
夊 천천히걸을 쇠
慶 경사 경
경사(慶事)

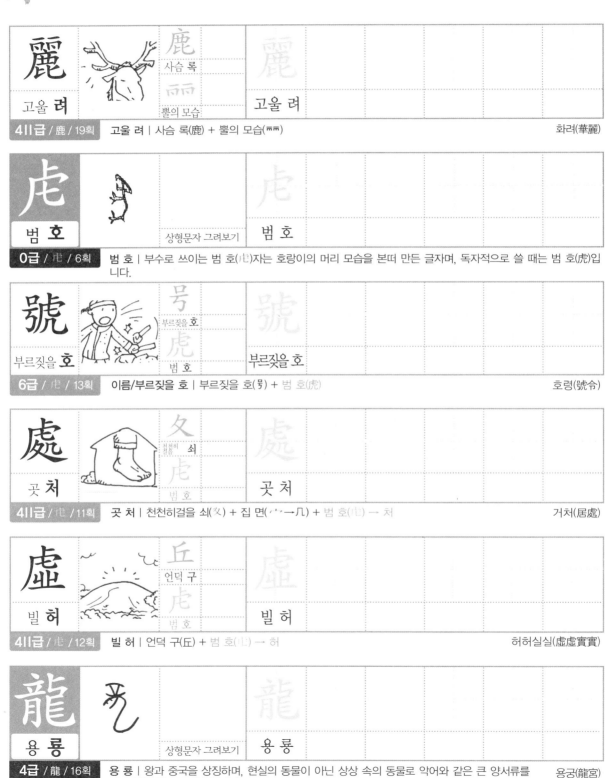

麗		鹿 사슴 록	麗
고울 려		雨 뿔의 모습	고울 려

4II급 / 鹿 / 19획 　고울 려 | 사슴 록(鹿) + 뿔의 모습(丽)　　　　　화려(華麗)

虍			虍
범 호		상형문자 그려보기	범 호

0급 / 虍 / 6획 　범 호 | 부수로 쓰이는 범 호(虍)자는 호랑이의 머리 모습을 본떠 만든 글자며, 독자적으로 쓸 때는 범 호(虎)입니다.

號		号 부르짖을 호	號
부르짖을 호		虎 범 호	부르짖을 호

6급 / 虍 / 13획 　이름/부르짖을 호 | 부르짖을 호(号) + 범 호(虎)　　　　　호령(號令)

處		夂 천천히걸을 쇠	處
곳 처		虍 범 호	곳 처

4II급 / 虍 / 11획 　곳 처 | 천천히걸을 쇠(夂) + 집 면(宀→几) + 범 호(虍) → 처　　　　　거처(居處)

虛		丘 언덕 구	虛
빌 허		虍 범 호	빌 허

4II급 / 虍 / 12획 　빌 허 | 언덕 구(丘) + 범 호(虍) → 허　　　　　허허실실(虛虛實實)

龍			龍
용 룡		상형문자 그려보기	용 룡

4급 / 龍 / 16획 　용 룡 | 왕과 중국을 상징하며, 현실의 동물이 아닌 상상 속의 동물로 악어와 같은 큰 양서류를 본떠 만든 것으로 추측합니다.　　　　　용궁(龍宮)

魚 물고기 어		상형문자 그려보기	물고기 어	

5급 / 魚 / 11획 　물고기 어 | 물고기의 옆 모습을 본떠 만든 글자입니다. 　　　　　　　　　　　　　어물(魚物)

漁 고기 잡을 어		물 수 氵 / 魚 물고기 어	고기잡을 어	

5급 / 水 氵 / 14획 　고기잡을 어 | 물 수(氵) + 물고기 어(魚) 　　　　　　　　　　　　　　　　　　어부(漁父)

鮮 고울 선		魚 물고기 어 / 羊 양 양	고울 선	

5급 / 魚 / 17획 　고울 선 | 물고기 어(魚) + 양 양(羊) → 선 　　　　　　　　　　　　조선(朝鮮), 신선(新鮮)

辰 별 진		상형문자 그려보기	별 진	

3II급 / 辰 / 7획 　별 진, 때 신 | 입을 벌린 조개의 조갯살이 나와 있는 모습을 본떠 만든 글자입니다. 　　일월성신(日月星辰)

農 농사 농		曲 굽을 곡 / 辰 별 진	농사 농	

7급 / 辰 / 13획 　농사 농 | 수풀 림(林 → 曲) + 별 진(辰) 　　　　　　　　　　　　　　사농공상(士農工商)

貝 조개 패		상형문자 그려보기	조개 패	

3급 / 貝 / 7획 　조개 패 | 마노조개의 모습을 본떠 만들었습니다.

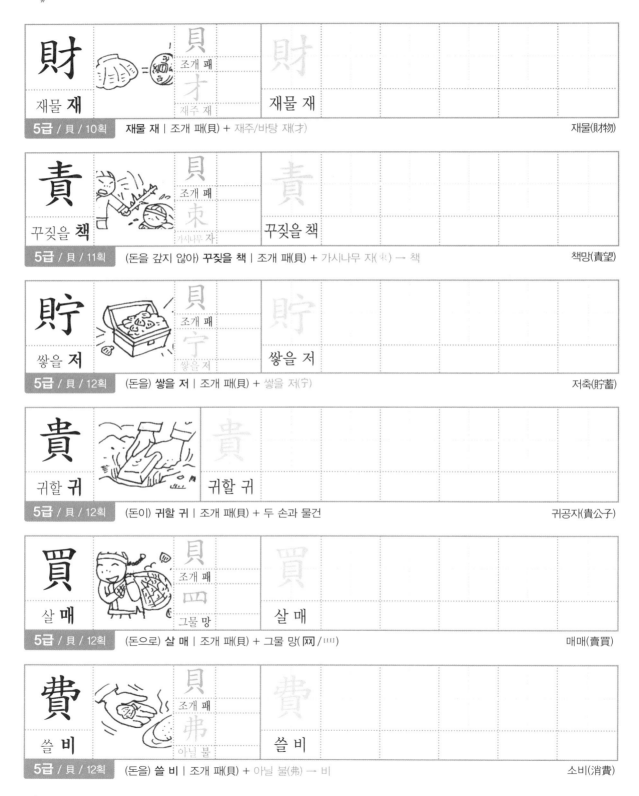

財
재물 재
5급 / 貝 / 10획
조개 패
才
재주 재
재물 재
재물 재 | 조개 패(貝) + 재주/바탕 재(才)
재물(財物)

責
꾸짖을 책
5급 / 貝 / 11획
조개 패
朿
가시나무 자
꾸짖을 책
(돈을 갚지 않아) 꾸짖을 책 | 조개 패(貝) + 가시나무 자(朿) → 책
책망(責望)

貯
쌓을 저
5급 / 貝 / 12획
조개 패
宁
쌓을 저
쌓을 저
(돈을) 쌓을 저 | 조개 패(貝) + 쌓을 저(宁)
저축(貯蓄)

貴
귀할 귀
5급 / 貝 / 12획
귀할 귀
(돈이) 귀할 귀 | 조개 패(貝) + 두 손과 물건
귀공자(貴公子)

買
살 매
5급 / 貝 / 12획
조개 패
四
그물 망
살 매
(돈으로) 살 매 | 조개 패(貝) + 그물 망(网/罒)
매매(賣買)

費
쓸 비
5급 / 貝 / 12획
조개 패
弗
아닐 불
쓸 비
(돈을) 쓸 비 | 조개 패(貝) + 아닐 불(弗) → 비
소비(消費)

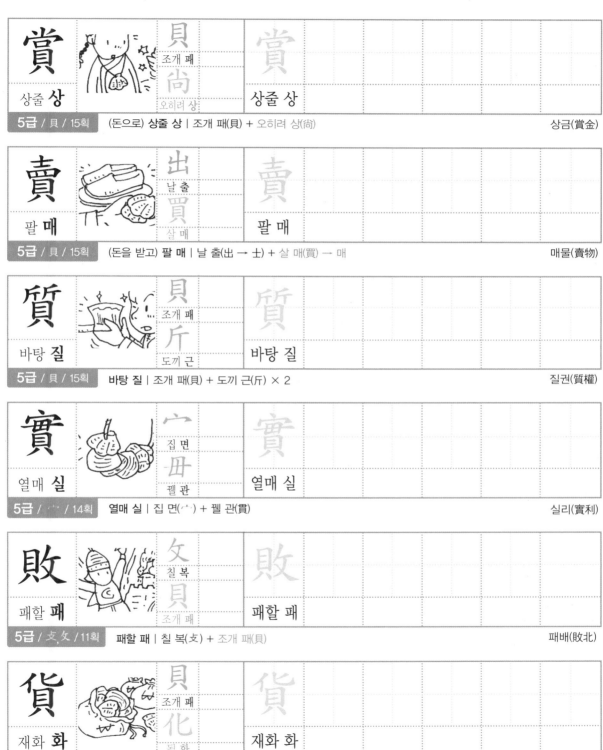

賞		貝 조개 패	賞				
상줄 **상**		尙 오히려 상	상줄 상				
5급 / 貝 / 15획	(돈으로) 상줄 상 | 조개 패(貝) + 오히려 상(尙)					상금(賞金)	

賣		出 날 출	賣				
팔 **매**		買 살 매	팔 매				
5급 / 貝 / 15획	(돈을 받고) 팔 매 | 날 출(出 → 士) + 살 매(買) → 매					매물(賣物)	

質		貝 조개 패	質				
바탕 **질**		斤 도끼 근	바탕 질				
5급 / 貝 / 15획	바탕 질 | 조개 패(貝) + 도끼 근(斤) × 2					질권(質權)	

實		宀 집 면	實				
열매 **실**		毌 꿸 관	열매 실				
5급 / 宀 / 14획	열매 실 | 집 면(宀) + 꿸 관(毌)					실리(實利)	

敗		攴 칠 복	敗				
패할 **패**		貝 조개 패	패할 패				
5급 / 攴,攵 / 11획	패할 패 | 칠 복(攴) + 조개 패(貝)					패배(敗北)	

貨		貝 조개 패	貨				
재화 **화**		化 될 화	재화 화				
4II급 / 貝 / 11획	재화 화 | 조개 패(貝) + 될 화(化)					재화(財貨)	

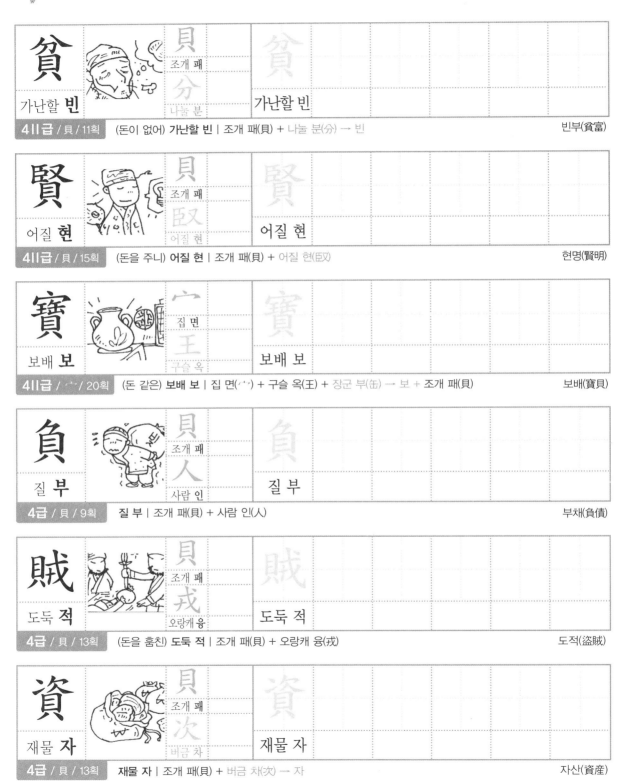

貧		貝 조개 패	貧	
가난할 **빈**		分 나눌 분	가난할 빈	

4II급 / 貝 / 11획 　(돈이 없어) **가난할 빈** | 조개 패(貝) + 나눌 분(分) → 빈　　　　　　　　　　　　빈부(貧富)

賢		貝 조개 패	賢	
어질 **현**		臤 어질 현	어질 현	

4II급 / 貝 / 15획 　(돈을 주니) **어질 현** | 조개 패(貝) + 어질 현(臤)　　　　　　　　　　　　현명(賢明)

寶		宀 집 면 / 王 구슬 옥	寶	
보배 **보**			보배 보	

4II급 / 宀 / 20획 　(돈 같은) **보배 보** | 집 면(宀) + 구슬 옥(王) + 장군 부(缶) → 보 + 조개 패(貝)　　보배(寶貝)

負		貝 조개 패	負	
질 **부**		人 사람 인	질 부	

4급 / 貝 / 9획 　질 부 | 조개 패(貝) + 사람 인(人)　　　　　　　　　　　　　　　부채(負債)

賊		貝 조개 패	賊	
도둑 **적**		戎 오랑캐 융	도둑 적	

4급 / 貝 / 13획 　(돈을 훔친) **도둑 적** | 조개 패(貝) + 오랑캐 융(戎)　　　　　　　　도적(盜賊)

資		貝 조개 패	資	
재물 **자**		次 버금 차	재물 자	

4급 / 貝 / 13획 　**재물 자** | 조개 패(貝) + 버금 차(次) → 자　　　　　　　　　　　　자산(資産)

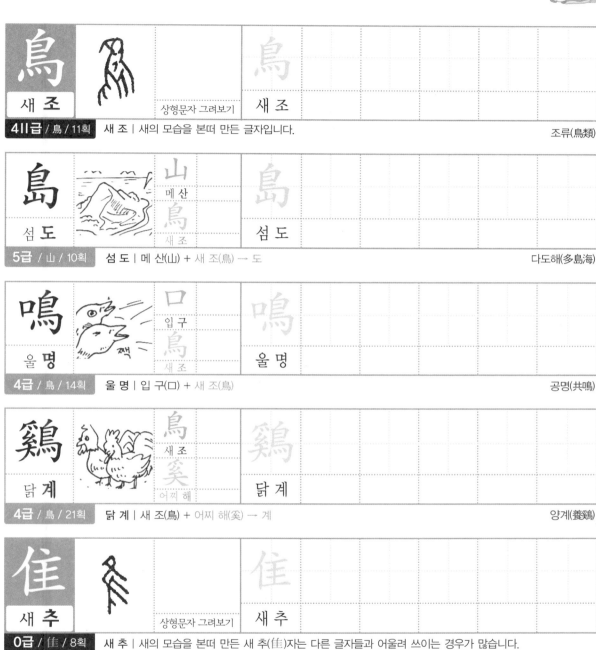

			鳥			
鳥 새 조		상형문자 그려보기	새 조			

4Ⅱ급 / 鳥 / 11획　　새 조 | 새의 모습을 본떠 만든 글자입니다.　　　　　　　　　　　　조류(鳥類)

島 섬 도		山 메 산 鳥 새 조	島 섬 도			

5급 / 山 / 10획　　섬 도 | 메 산(山) + 새 조(鳥) → 도　　　　　　　　　　　　다도해(多島海)

鳴 울 명		口 입 구 鳥 새 조	鳴 울 명			

4급 / 鳥 / 14획　　울 명 | 입 구(口) + 새 조(鳥)　　　　　　　　　　　　공명(共鳴)

鷄 닭 계		鳥 새 조 奚 어찌 해	鷄 닭 계			

4급 / 鳥 / 21획　　닭 계 | 새 조(鳥) + 어찌 해(奚) → 계　　　　　　　　　　　　양계(養鷄)

隹 새 추		상형문자 그려보기	隹 새 추			

0급 / 隹 / 8획　　새 추 | 새의 모습을 본떠 만든 새 추(隹)자는 다른 글자들과 어울려 쓰이는 경우가 많습니다.

集 모일 집		木 나무 목 隹 새 추	集 모일 집			

6급 / 隹 / 12획　　(새 세 마리가) 모일 집 | 나무 목(木) + 새 추(隹)　　　　　　　　　　　　집합(集合)

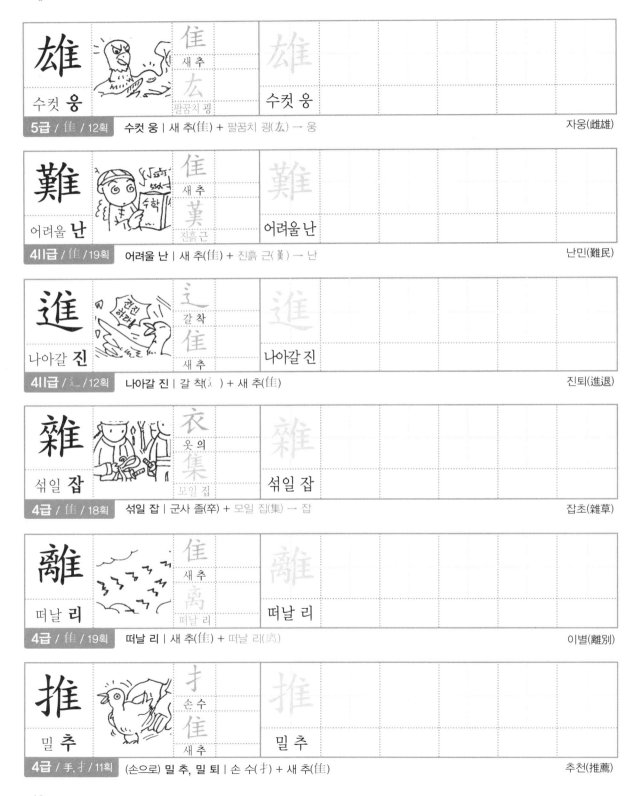

雄 수컷 웅

佳 새 추
厷 팔꿈치 굉

雄 수컷 웅

5급 / 佳 / 12획　수컷 웅 | 새 추(佳) + 팔꿈치 굉(厷) → 웅　　　자웅(雌雄)

難 어려울 난

佳 새 추
菫 진흙 근

難 어려울 난

4Ⅱ급 / 佳 / 19획　어려울 난 | 새 추(佳) + 진흙 근(菫) → 난　　　난민(難民)

進 나아갈 진

辶 갈 착
佳 새 추

進 나아갈 진

4Ⅱ급 / 辶 / 12획　나아갈 진 | 갈 착(辶) + 새 추(佳)　　　진퇴(進退)

雜 섞일 잡

衣 옷 의
集 모일 집

雜 섞일 잡

4급 / 佳 / 18획　섞일 잡 | 군사 졸(卒) + 모일 집(集) → 잡　　　잡초(雜草)

離 떠날 리

佳 새 추
离 떠날 리

離 떠날 리

4급 / 佳 / 19획　떠날 리 | 새 추(佳) + 떠날 리(离)　　　이별(離別)

推 밀 추

扌 손 수
佳 새 추

推 밀 추

4급 / 手,扌 / 11획　(손으로) 밀 추, 밀 퇴 | 손 수(扌) + 새 추(佳)　　　추천(推薦)

飛 날 비		상형문자 그려보기	飛 날 비			
4II급 / 飛 / 9획	날 비	날개를 편 새				비행(飛行)

非 아닐 비		상형문자 그려보기	非 아닐 비			
4급 / 非 / 8획	아닐 비	좌우로 편 두 날개				시비(是非)

羽 깃 우		상형문자 그려보기	羽 깃 우			
3급 / 羽 / 6획	깃 우	새와 관련 있는 글자 중 깃 우(羽)자는 새의 깃털 모습을 본떠 만든 글자입니다.				우모(羽毛)

習 익힐 습		羽 깃 우 / 白 흰 백	習 익힐 습			
6급 / 羽 / 11획	익힐 습	깃 우(羽) + 흰 백(白)				습관(習慣)

虫 벌레 충		상형문자 그려보기	虫 벌레 충			
0급 / 虫 / 6획	벌레 충	곤충의 모습이 아닌 뱀의 모습을 본떠 만든 글자로, 벌레 훼(虫)자도 됩니다.				

風 바람 풍		虫 벌레 충 / 凡 무릇 범	風 바람 풍			
6급 / 風 / 9획	바람 풍	벌레 충(虫) + 무릇 범(凡)				풍우(風雨)

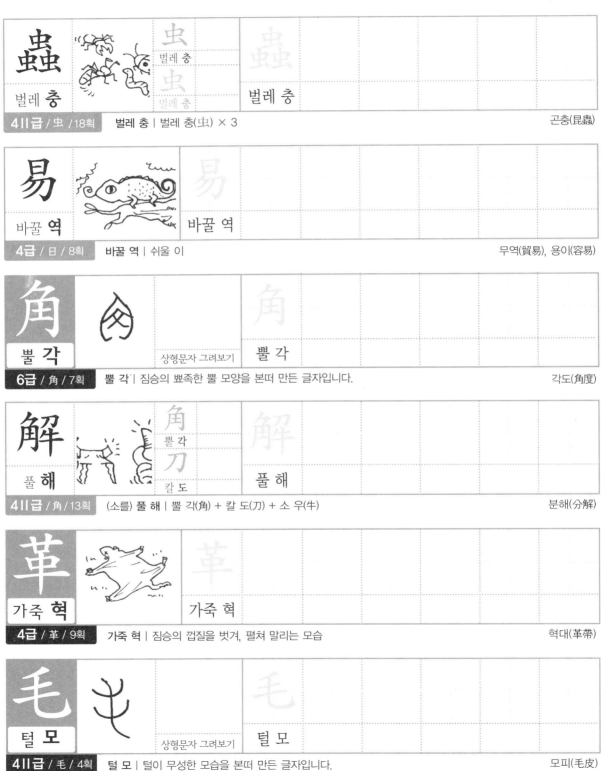

蟲		虫 벌레 충	蟲		
		虫 벌레 충	벌레 충		
벌레 **충**					
4II급 / 虫 / 18획	벌레 충 | 벌레 충(虫) × 3				곤충(昆蟲)

易			易		
			바꿀 역		
바꿀 **역**					
4급 / 日 / 8획	바꿀 역 | 쉬울 이				무역(貿易), 용이(容易)

角			角		
뿔 각		상형문자 그려보기	뿔 각		
6급 / 角 / 7획	뿔 각 | 짐승의 뾰족한 뿔 모양을 본떠 만든 글자입니다.				각도(角度)

解		角 뿔 각	解		
		刀 칼 도	풀 해		
풀 **해**					
4II급 / 角 / 13획	(소를) 풀 해 | 뿔 각(角) + 칼 도(刀) + 소 우(牛)				분해(分解)

革			革		
가죽 혁			가죽 혁		
4급 / 革 / 9획	가죽 혁 | 짐승의 껍질을 벗겨, 펼쳐 말리는 모습				혁대(革帶)

毛			毛		
털 모		상형문자 그려보기	털 모		
4II급 / 毛 / 4획	털 모 | 털이 무성한 모습을 본떠 만든 글자입니다.				모피(毛皮)

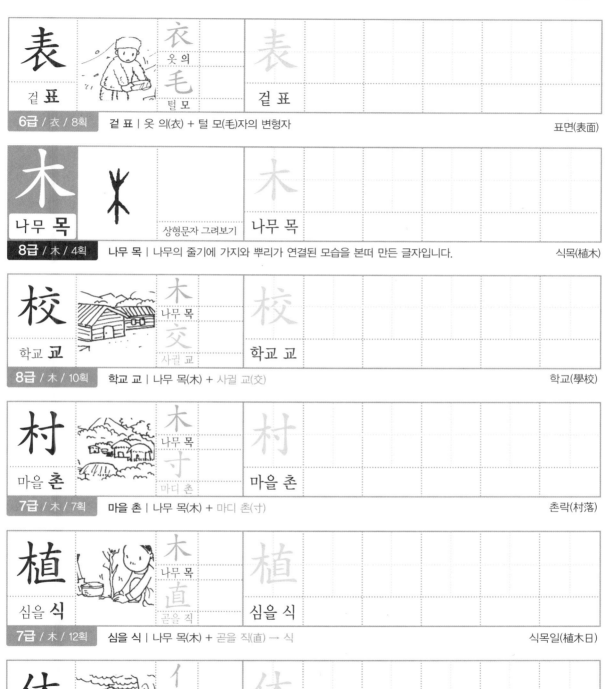

表		衣 옷 의	表		
		毛 털 모			
겉 **표**			겉 표		

6급 / 衣 / 8획　겉 표 | 옷 의(衣) + 털 모(毛)자의 변형자　　　　　　　　　　표면(表面)

| 木 | | | 木 | | |
| 나무 **목** | | 상형문자 그려보기 | 나무 목 | | |

8급 / 木 / 4획　나무 목 | 나무의 줄기에 가지와 뿌리가 연결된 모습을 본떠 만든 글자입니다.　　식목(植木)

校		木 나무 목	校		
		交 사귈 교			
학교 **교**			학교 교		

8급 / 木 / 10획　학교 교 | 나무 목(木) + 사귈 교(交)　　　　　　　　　　학교(學校)

村		木 나무 목	村		
		寸 마디 촌			
마을 **촌**			마을 촌		

7급 / 木 / 7획　마을 촌 | 나무 목(木) + 마디 촌(寸)　　　　　　　　　　촌락(村落)

植		木 나무 목	植		
		直 곧을 직			
심을 **식**			심을 식		

7급 / 木 / 12획　심을 식 | 나무 목(木) + 곧을 직(直) → 식　　　　　　　식목일(植木日)

休		亻 사람 인	休		
		木 나무 목			
쉴 **휴**			쉴 휴		

7급 / 人, 亻 / 6획　쉴 휴 | 사람 인(亻) + 나무 목(木)　　　　　　　　　　휴식(休息)

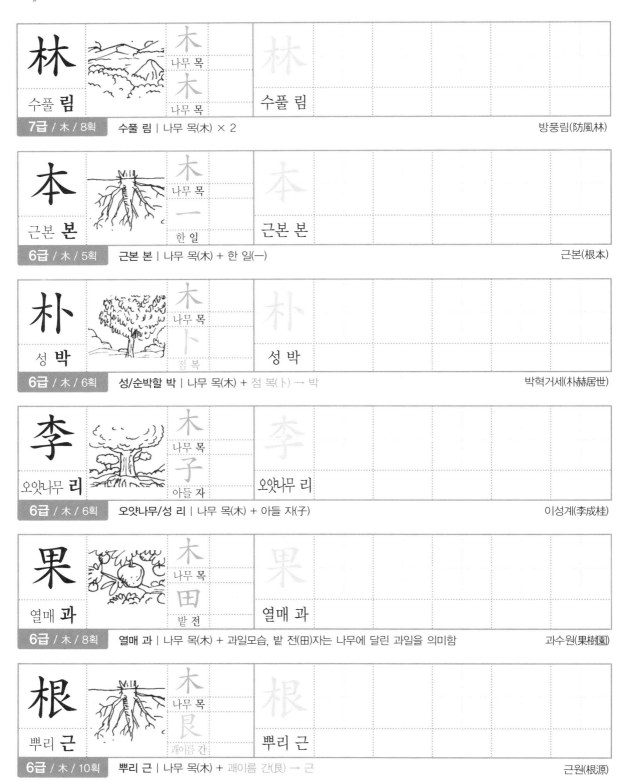

林		木 나무 목 / 木 나무 목	林
수풀 **림**			수풀 림

7급 / 木 / 8획 | 수풀 림 | 나무 목(木) × 2 | 방풍림(防風林)

本		木 나무 목 / 一 한 일	本
근본 **본**			근본 본

6급 / 木 / 5획 | 근본 본 | 나무 목(木) + 한 일(一) | 근본(根本)

朴		木 나무 목 / 卜 점 복	朴
성 **박**			성 박

6급 / 木 / 6획 | 성/순박할 박 | 나무 목(木) + 점 복(卜) → 박 | 박혁거세(朴赫居世)

李		木 나무 목 / 子 아들 자	李
오얏나무 **리**			오얏나무 리

6급 / 木 / 6획 | 오얏나무/성 리 | 나무 목(木) + 아들 자(子) | 이성계(李成桂)

果		木 나무 목 / 田 밭 전	果
열매 **과**			열매 과

6급 / 木 / 8획 | 열매 과 | 나무 목(木) + 과일모습, 밭 전(田)자는 나무에 달린 과일을 의미함 | 과수원(果樹園)

根		木 나무 목 / 艮 괘이름 간	根
뿌리 **근**			뿌리 근

6급 / 木 / 10획 | 뿌리 근 | 나무 목(木) + 괘이름 간(艮) → 근 | 근원(根源)

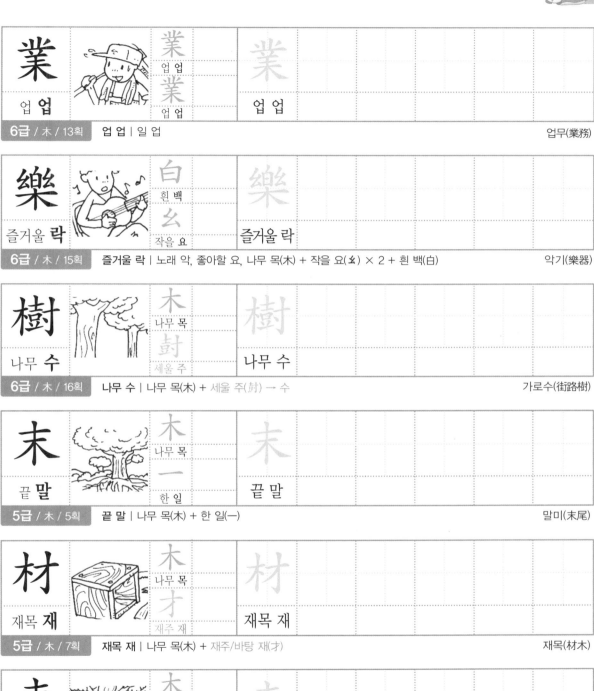

業
업 업
業
업업
業
업업
業
업 업
6급 / 木 / 13획　업 업 | 일 업　　　　　업무(業務)

樂
즐거울 락
白
흰 백
幺
작을 요
樂
즐거울 락
6급 / 木 / 15획　즐거울 락 | 노래 악, 좋아할 요, 나무 목(木) + 작을 요(幺) × 2 + 흰 백(白)　　악기(樂器)

樹
나무 수
木
나무 목
尌
세울 주
樹
나무 수
6급 / 木 / 16획　나무 수 | 나무 목(木) + 세울 주(尌) → 수　　가로수(街路樹)

末
끝 말
木
나무 목
一
한 일
末
끝 말
5급 / 木 / 5획　끝 말 | 나무 목(木) + 한 일(一)　　말미(末尾)

材
재목 재
木
나무 목
才
재주 재
材
재목 재
5급 / 木 / 7획　재목 재 | 나무 목(木) + 재주/바탕 재(才)　　재목(材木)

束
묶을 속
木
나무 목
口
입 구
束
묶을 속
5급 / 木 / 7획　묶을 속 | 나무 목(木) + 입 구(口)　　속박(束縛)

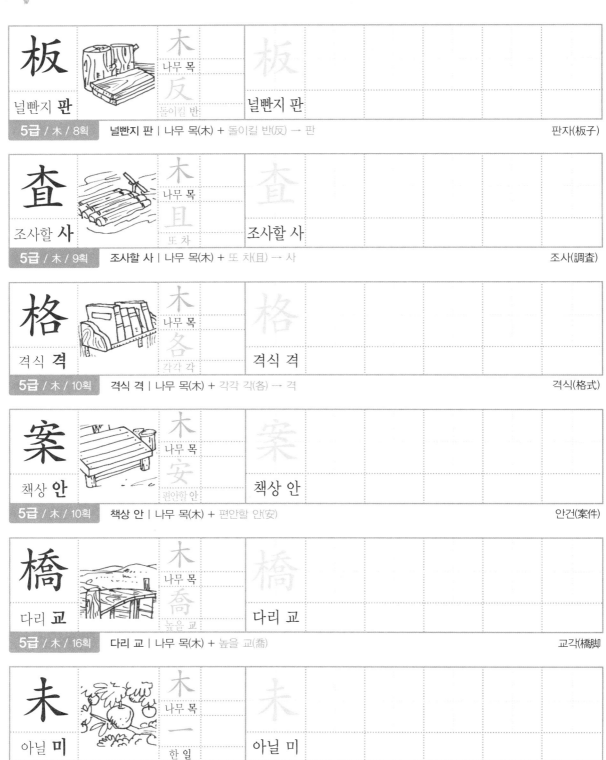

板	木 나무 목 / 反 돌이킬 반	널빤지 판			
널빤지 **판**					

5급 / 木 / 8획 　널빤지 판 | 나무 목(木) + 돌이킬 반(反) → 판 　　　　　　　　　　　　　판자(板子)

査	木 나무 목 / 且 또 차	조사할 사			
조사할 **사**					

5급 / 木 / 9획 　조사할 사 | 나무 목(木) + 또 차(且) → 사 　　　　　　　　　　　　　조사(調査)

格	木 나무 목 / 各 각각 각	격식 격			
격식 **격**					

5급 / 木 / 10획 　격식 격 | 나무 목(木) + 각각 각(各) → 격 　　　　　　　　　　　　격식(格式)

案	木 나무 목 / 安 편안할 안	책상 안			
책상 **안**					

5급 / 木 / 10획 　책상 안 | 나무 목(木) + 편안할 안(安) 　　　　　　　　　　　　　　안건(案件)

橋	木 나무 목 / 喬 높을 교	다리 교			
다리 **교**					

5급 / 木 / 16획 　다리 교 | 나무 목(木) + 높을 교(喬) 　　　　　　　　　　　　　　교각(橋脚)

未	木 나무 목 / 一 한 일	아닐 미			
아닐 **미**					

4Ⅱ급 / 木 / 5획 　아닐 미 | 나무 목(木) + 한 일(一) 　　　　　　　　　　　　　　미개인(未開人)

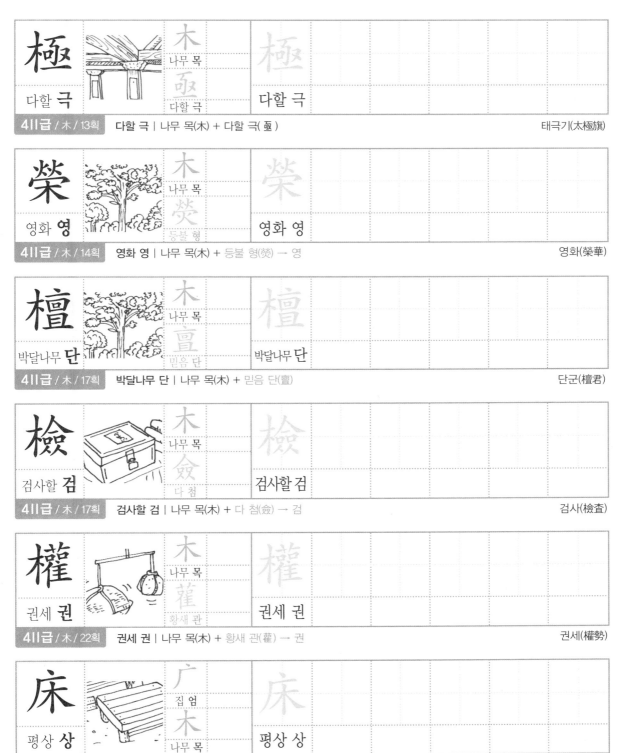

極
다할 **극**

木
나무 목

亟
다할 극

極
다할 극

4II급 / 木 / 13획　　**다할 극** | 나무 목(木) + 다할 극(亟)　　　　　　　　　태극기(太極旗)

榮
영화 **영**

木
나무 목

熒
등불 형

榮
영화 영

4II급 / 木 / 14획　　**영화 영** | 나무 목(木) + 등불 형(熒) → 영　　　　　　영화(榮華)

檀
박달나무 **단**

木
나무 목

亶
믿음 단

檀
박달나무 **단**

4II급 / 木 / 17획　　**박달나무 단** | 나무 목(木) + 믿음 단(亶)　　　　　　　단군(檀君)

檢
검사할 **검**

木
나무 목

僉
다 첨

檢
검사할 검

4II급 / 木 / 17획　　**검사할 검** | 나무 목(木) + 다 첨(僉) → 검　　　　　　검사(檢査)

權
권세 **권**

木
나무 목

雚
황새 관

權
권세 권

4II급 / 木 / 22획　　**권세 권** | 나무 목(木) + 황새 관(雚) → 권　　　　　　권세(權勢)

床
평상 **상**

广
집 엄

木
나무 목

床
평상 상

4II급 / 木 / 7획　　**평상 상** | 집 엄(广) + 나무 목(木)　　　　　　　　평상(平床/平牀)

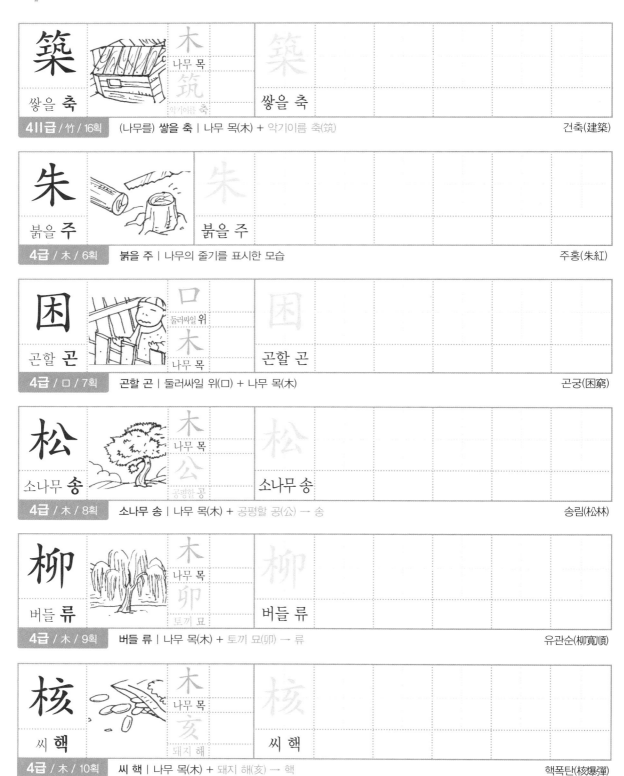

築
쌓을 **축**
4II급 / 竹 / 16획   (나무를) 쌓을 축 | 나무 목(木) + 악기이름 축(筑)   건축(建築)

木
나무 목
筑
악기이름 축

築
쌓을 축

朱
붉을 **주**
4급 / 木 / 6획   붉을 주 | 나무의 줄기를 표시한 모습   주홍(朱紅)

朱
붉을 주

困
곤할 **곤**
4급 / 口 / 7획   곤할 곤 | 둘러싸일 위(口) + 나무 목(木)   곤궁(困窮)

口
둘러싸일 위
木
나무 목

困
곤할 곤

松
소나무 **송**
4급 / 木 / 8획   소나무 송 | 나무 목(木) + 공평할 공(公) → 송   송림(松林)

木
나무 목
公
공평할 공

松
소나무 송

柳
버들 **류**
4급 / 木 / 9획   버들 류 | 나무 목(木) + 토끼 묘(卯) → 류   유관순(柳寬順)

木
나무 목
卯
토끼 묘

柳
버들 류

核
씨 **핵**
4급 / 木 / 10획   씨 핵 | 나무 목(木) + 돼지 해(亥) → 핵   핵폭탄(核爆彈)

木
나무 목
亥
돼지 해

核
씨 핵

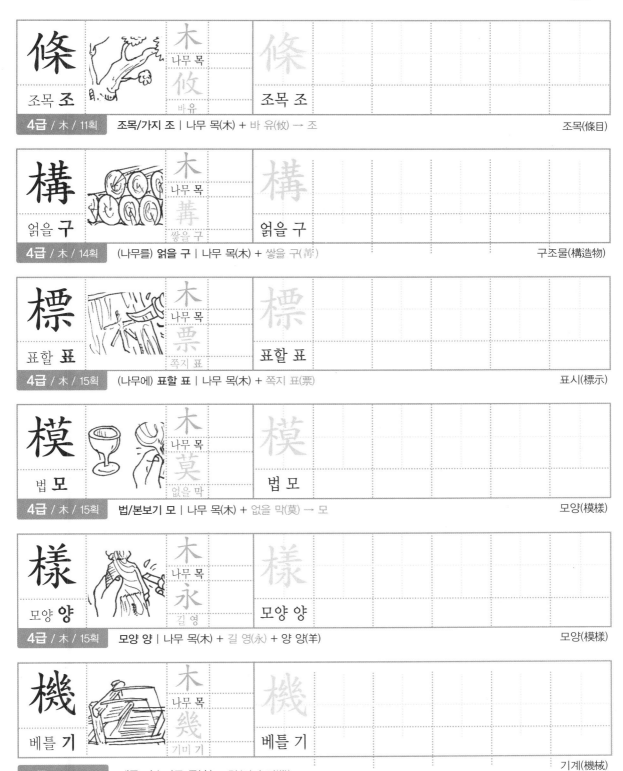

條
조목 조
4급 / 木 / 11획　조목/가지 조 | 나무 목(木) + 바 유(攸) → 조　　조목(條目)

構
얽을 구
4급 / 木 / 14획　(나무를) 얽을 구 | 나무 목(木) + 쌓을 구(冓)　　구조물(構造物)

標
표할 표
4급 / 木 / 15획　(나무에) 표할 표 | 나무 목(木) + 쪽지 표(票)　　표시(標示)

模
법 모
4급 / 木 / 15획　법/본보기 모 | 나무 목(木) + 없을 막(莫) → 모　　모양(模樣)

樣
모양 양
4급 / 木 / 15획　모양 양 | 나무 목(木) + 길 영(永) + 양 양(羊)　　모양(模樣)

機
베틀 기
4급 / 木 / 16획　베틀 기 | 나무 목(木) + 몇/기미 기(幾)　　기계(機械)

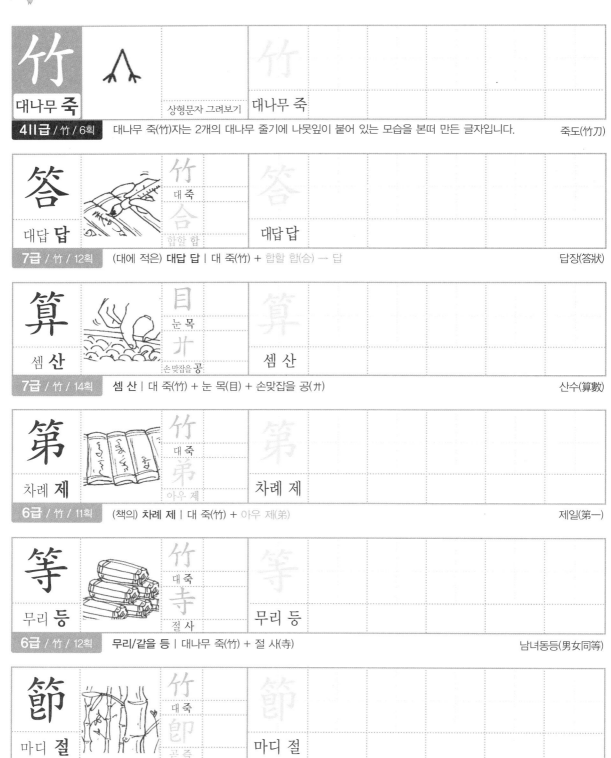

竹		상형문자 그려보기	대나무 죽		
대나무 죽					

4II급 / 竹 / 6획　대나무 죽(竹)자는 2개의 대나무 줄기에 나뭇잎이 붙어 있는 모습을 본떠 만든 글자입니다.　죽도(竹刀)

答		竹 대 죽 合 합할 합	대답 답		
대답 답					

7급 / 竹 / 12획　(대에 적은) **대답 답** | 대 죽(竹) + 합할 합(合) → 답　답장(答狀)

算		目 눈 목 廾 손맞잡을 공	셈 산		
셈 산					

7급 / 竹 / 14획　**셈 산** | 대 죽(竹) + 눈 목(目) + 손맞잡을 공(廾)　산수(算數)

第		竹 대 죽 弟 아우 제	차례 제		
차례 제					

6급 / 竹 / 11획　(책의) **차례 제** | 대 죽(竹) + 아우 제(弟)　제일(第一)

等		竹 대 죽 寺 절 사	무리 등		
무리 등					

6급 / 竹 / 12획　**무리/같을 등** | 대나무 죽(竹) + 절 사(寺)　남녀동등(男女同等)

節		竹 대 죽 卽 곧 즉	마디 절		
마디 절					

5급 / 竹 / 15획　(대의) **마디 절** | 대 죽(竹) + 곧 즉(卽) → 절　절개(節槪)

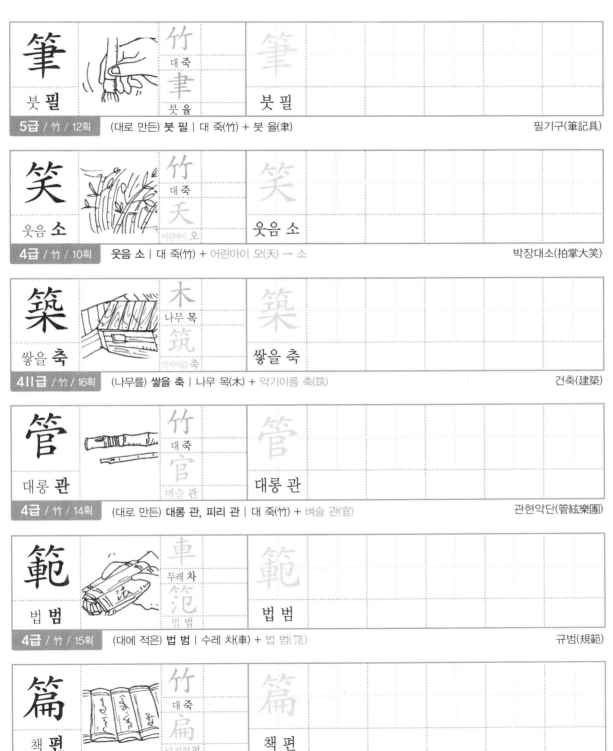

筆		竹 대 죽		筆	
붓 **필**		聿 붓 율		붓 필	

5급 / 竹 / 12획 　(대로 만든) **붓 필** | 대 죽(竹) + 붓 율(聿)　　　　　　　　　　　　　　필기구(筆記具)

笑		竹 대 죽		笑	
웃음 **소**		夭 어린아이 오		웃음 소	

4급 / 竹 / 10획 　웃음 소 | 대 죽(竹) + 어린아이 오(夭) → 소　　　　　　　　　박장대소(拍掌大笑)

築		木 나무 목		築	
쌓을 **축**		筑 악기이름 축		쌓을 축	

4II급 / 竹 / 16획 　(나무를) **쌓을 축** | 나무 목(木) + 악기이름 축(筑)　　　　　　　　건축(建築)

管		竹 대 죽		管	
대롱 **관**		官 벼슬 관		대롱 관	

4급 / 竹 / 14획 　(대로 만든) **대롱 관, 피리 관** | 대 죽(竹) + 벼슬 관(官)　　　　　관현악단(管絃樂團)

範		車 두레 차		範	
법 **범**		笵 법 범		법 범	

4급 / 竹 / 15획 　(대에 적은) **법 범** | 수레 차(車) + 법 범(笵)　　　　　　　　　　규범(規範)

篇		竹 대 죽		篇	
책 **편**		扁 넓적할 편		책 편	

4급 / 竹 / 15획 　(대에 적은) **책 편** | 대 죽(竹) + 넓적할 편(扁)　　　　　　　　　옥편(玉篇)

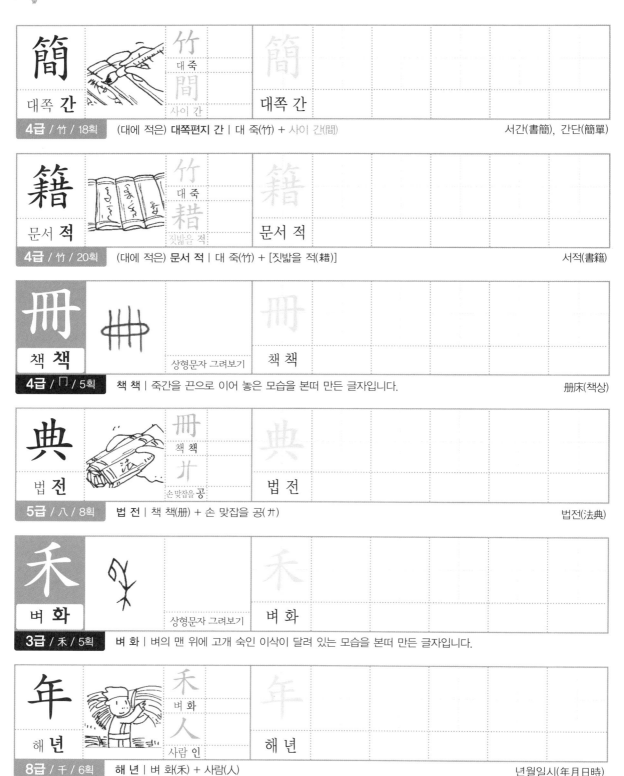

簡		竹 대 죽 間 사이 간	簡		
대쪽 **간**			대쪽 **간**		

4급 / 竹 / 18획　(대에 적은) **대쪽편지 간** | 대 죽(竹) + 사이 간(間)　　　　　　　　　　　　서간(書簡), 간단(簡單)

籍		竹 대 죽 耤 짓밟을 적	籍		
문서 **적**			문서 **적**		

4급 / 竹 / 20획　(대에 적은) **문서 적** | 대 죽(竹) + [짓밟을 적(耤)]　　　　　　　　　서적(書籍)

冊			冊		
책 책		상형문자 그려보기	책 책		

4급 / 冂 / 5획　**책 책** | 죽간을 끈으로 이어 놓은 모습을 본떠 만든 글자입니다.　　　　　　冊床(책상)

典		冊 책 책 廾 손 맞잡을 공	典		
법 **전**			법 전		

5급 / 八 / 8획　**법 전** | 책 책(冊) + 손 맞잡을 공(廾)　　　　　　　　　　　　　법전(法典)

禾			禾		
벼 화		상형문자 그려보기	벼 화		

3급 / 禾 / 5획　**벼 화** | 벼의 맨 위에 고개 숙인 이삭이 달려 있는 모습을 본떠 만든 글자입니다.

年		禾 벼 화 人 사람 인	年		
해 **년**			해 년		

8급 / 干 / 6획　**해 년** | 벼 화(禾) + 사람(人)　　　　　　　　　　　　　　년월일시(年月日時)

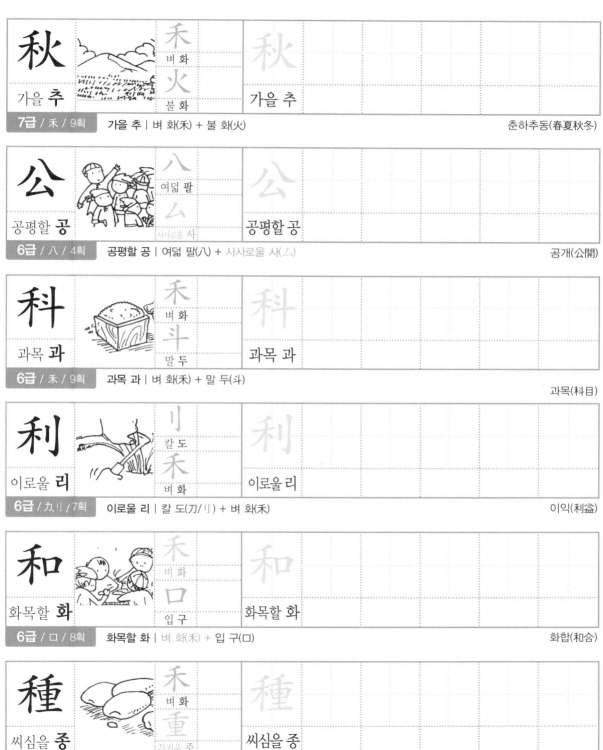

秋
가을 **추**

禾 벼 화
火 불 화

秋
가을 추

7급 / 禾 / 9획   가을 추 | 벼 화(禾) + 불 화(火)

춘하추동(春夏秋冬)

公
공평할 **공**

八 여덟 팔
厶 사사로울 사

公
공평할 공

6급 / 八 / 4획   공평할 공 | 여덟 팔(八) + 사사로울 새(厶)

공개(公開)

科
과목 **과**

禾 벼 화
斗 말 두

科
과목 과

6급 / 禾 / 9획   과목 과 | 벼 화(禾) + 말 두(斗)

과목(科目)

利
이로울 **리**

刂 칼 도
禾 벼 화

利
이로울 리

6급 / 力,刂 / 7획   이로울 리 | 칼 도(刀/刂) + 벼 화(禾)

이익(利益)

和
화목할 **화**

禾 벼 화
口 입 구

和
화목할 화

6급 / 口 / 8획   화목할 화 | 벼 화(禾) + 입 구(口)

화합(和合)

種
씨심을 **종**

禾 벼 화
重 무거울 중

種
씨심을 종

5급 / 禾 / 14획   씨심을 종 | 벼 화(禾) + 무거울 중(重) → 종

종자(種子)

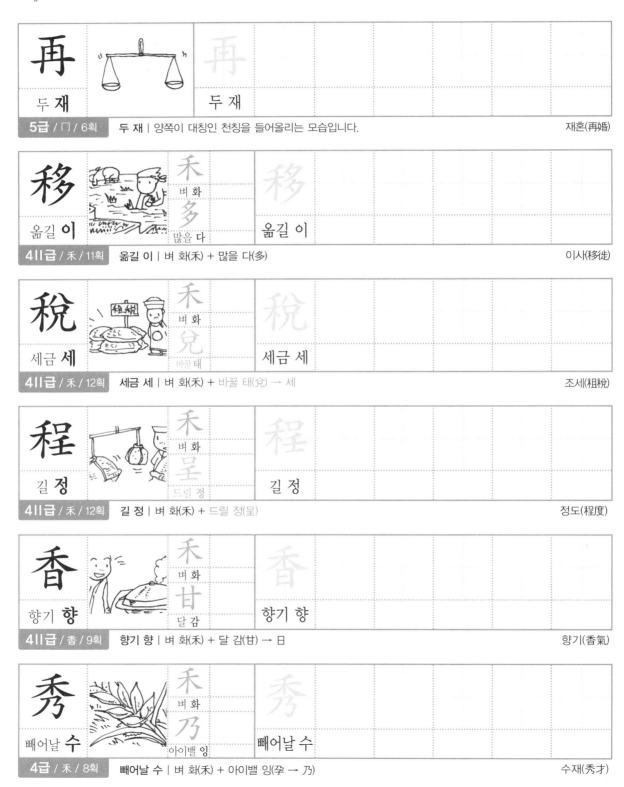

再
두 재
두 재
5급 / 冂 / 6획　두 재 | 양쪽이 대칭인 천칭을 들어올리는 모습입니다.　재혼(再婚)

移
옮길 이
禾 벼 화
多 많을 다
옮길 이
4II급 / 禾 / 11획　옮길 이 | 벼 화(禾) + 많을 다(多)　이사(移徙)

稅
세금 세
禾 벼 화
兌 바꿀 태
세금 세
4II급 / 禾 / 12획　세금 세 | 벼 화(禾) + 바꿀 태(兌) → 세　조세(租稅)

程
길 정
禾 벼 화
呈 드릴 정
길 정
4II급 / 禾 / 12획　길 정 | 벼 화(禾) + 드릴 정(呈)　정도(程度)

香
향기 향
禾 벼 화
甘 달 감
향기 향
4II급 / 香 / 9획　향기 향 | 벼 화(禾) + 달 감(甘) → 日　향기(香氣)

秀
빼어날 수
禾 벼 화
乃 아이밸 잉
빼어날 수
4급 / 禾 / 8획　빼어날 수 | 벼 화(禾) + 아이밸 잉(孕 → 乃)　수재(秀才)

82

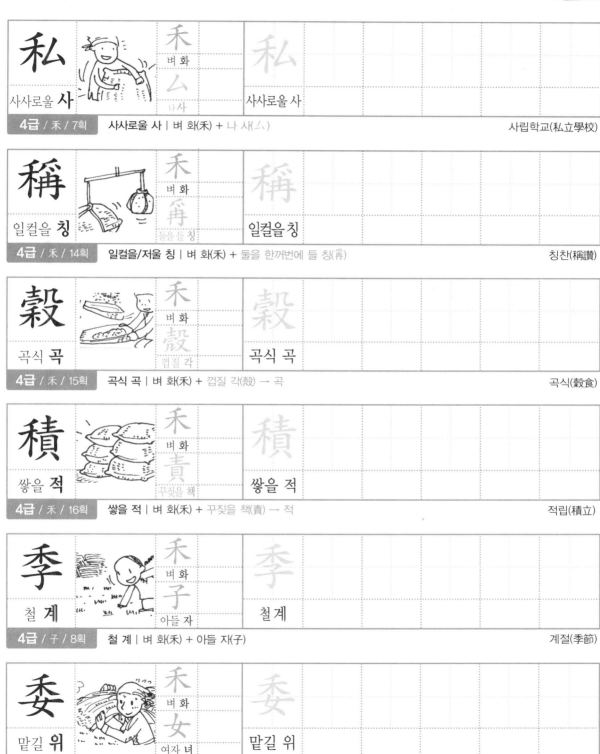

私
사사로울 **사**

禾
벼 화
厶
나 사

私
사사로울 사

4급 / 禾 / 7획 | 사사로울 사 | 벼 화(禾) + 나 새(厶) | 사립학교(私立學校)

稱
일컬을 **칭**

禾
벼 화
爯
둘을 들 칭

稱
일컬을 칭

4급 / 禾 / 14획 | 일컬을/저울 칭 | 벼 화(禾) + 둘을 한꺼번에 들 칭(爯) | 칭찬(稱讚)

穀
곡식 **곡**

禾
벼 화
殼
껍질 각

穀
곡식 곡

4급 / 禾 / 15획 | 곡식 곡 | 벼 화(禾) + 껍질 각(殼) → 곡 | 곡식(穀食)

積
쌓을 **적**

禾
벼 화
責
꾸짖을 책

積
쌓을 적

4급 / 禾 / 16획 | 쌓을 적 | 벼 화(禾) + 꾸짖을 책(責) → 적 | 적립(積立)

季
철 **계**

禾
벼 화
子
아들 자

季
철 계

4급 / 子 / 8획 | 철 계 | 벼 화(禾) + 아들 자(子) | 계절(季節)

委
맡길 **위**

禾
벼 화
女
여자 녀

委
맡길 위

4급 / 女 / 8획 | 맡길 위 | 벼 화(禾) + 여자 녀(女) | 위임(委任)

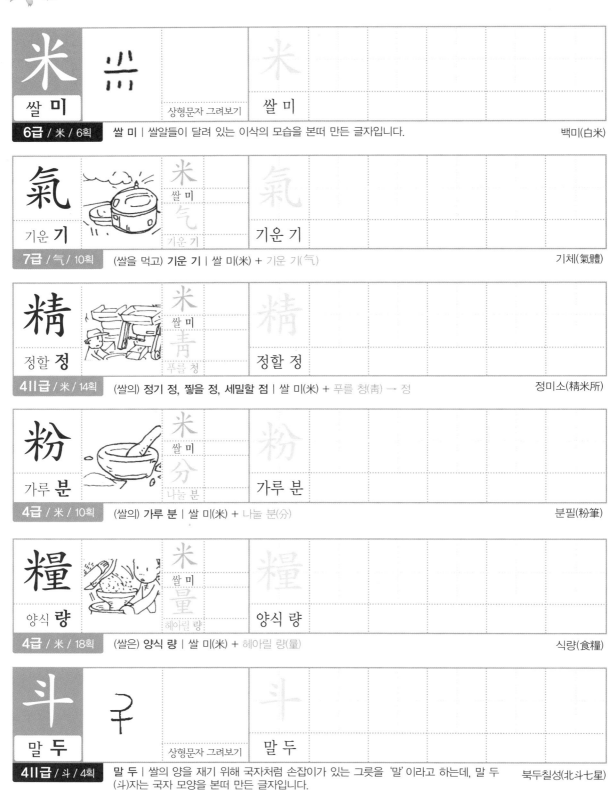

米	米						
쌀 미	상형문자 그려보기	쌀 미					

6급 / 米 / 6획 · 쌀 미 | 쌀알들이 달려 있는 이삭의 모습을 본떠 만든 글자입니다. · 백미(白米)

氣	氣						
기운 기	기운 기	기운 기					

7급 / 气 / 10획 · (쌀을 먹고) **기운 기** | 쌀 미(米) + 기운 기(气) · 기체(氣體)

精	精						
정할 정	푸를 청	정할 정					

4II급 / 米 / 14획 · (쌀의) 정기 정, 찧을 정, 세밀할 점 | 쌀 미(米) + 푸를 청(青) → 정 · 정미소(精米所)

粉	粉						
가루 분	나눌 분	가루 분					

4급 / 米 / 10획 · (쌀의) 가루 분 | 쌀 미(米) + 나눌 분(分) · 분필(粉筆)

糧	糧						
양식 량	헤아릴 량	양식 량					

4급 / 米 / 18획 · (쌀은) 양식 량 | 쌀 미(米) + 헤아릴 량(量) · 식량(食糧)

斗	斗						
말 두	상형문자 그려보기	말 두					

4II급 / 斗 / 4획 · 말 두 | 쌀의 양을 재기 위해 국자처럼 손잡이가 있는 그릇을 '말' 이라고 하는데, 말 두(斗)자는 국자 모양을 본떠 만든 글자입니다. · 북두칠성(北斗七星)

科
과목 **과**
6급 / 禾 / 9획   禾 벼 화 / 斗 말 두   科 과목 과   과목 과 | 벼 화(禾) + 말 두(斗)   과목(科目)

料
헤아릴 **료**
5급 / 斗 / 10획   米 쌀 미 / 斗 말 두   料 헤아릴 료   헤아릴 료 | 쌀 미(米) + 말 두(斗)   재료(材料)

艸/艹
풀 **초**
0급 / 艸, 艹 / 6획,4획   상형문자 그려보기   艸 풀 초   풀 초 | 풀 두 포기의 모습을 본떠 만든 글자입니다.

萬
일만 **만**
8급 / 艸, 艹 / 13획   萬 일만 만   일만 만 | 전갈의 모양 본떠 만든 글자이나, 숫자 10,000과 소리가 같아 빌려쓴 글자입니다.   백만(百萬)

花
꽃 **화**
艹 풀 초 / 化 될 화
7급 / 艸, 艹 / 8획   花 꽃 화   꽃 화 | 풀 초( ) +될 화(化)   화초(花草)

草
풀 **초**
艹 풀 초 / 早 이를 조
7급 / 艸, 艹 / 10획   草 풀 초   풀 초 | 풀 초(艹) + 이를/새벽 조(早) → 초   초원(草原)

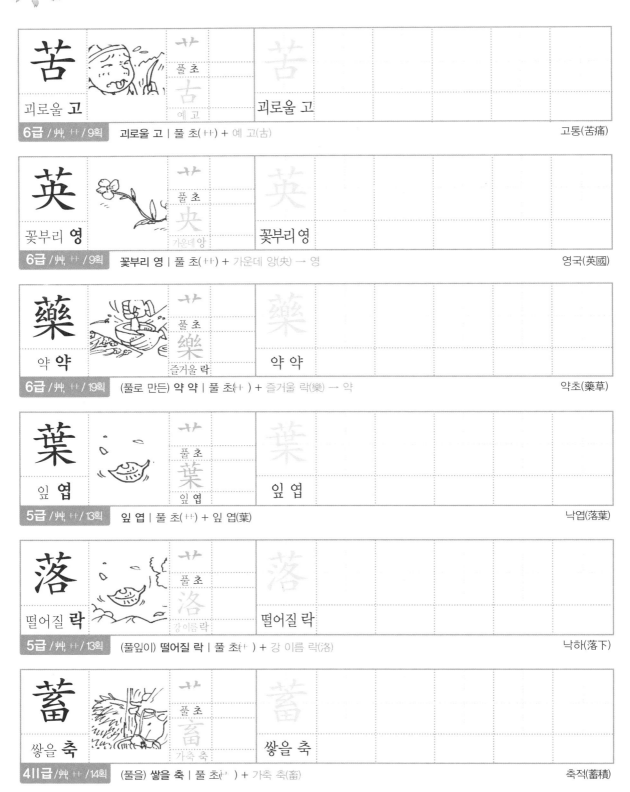

苦
괴로울 **고**

艹 풀 초
古 예 고

괴로울 고

6급 / 艸, 艹 / 9획　　괴로울 고 | 풀 초(艹) + 예 고(古)　　　　　　　　　　고통(苦痛)

英
꽃부리 **영**

艹 풀 초
央 가운데 앙

꽃부리 영

6급 / 艸, 艹 / 9획　　꽃부리 영 | 풀 초(艹) + 가운데 앙(央) → 영　　　　　영국(英國)

藥
약 **약**

艹 풀 초
樂 즐거울 락

약 약

6급 / 艸, 艹 / 19획　　(풀로 만든) 약 약 | 풀 초(艹) + 즐거울 락(樂) → 약　　약초(藥草)

葉
잎 **엽**

艹 풀 초
葉 잎 엽

잎 엽

5급 / 艸, 艹 / 13획　　잎 엽 | 풀 초(艹) + 잎 엽(葉)　　　　　　　　　낙엽(落葉)

落
떨어질 **락**

艹 풀 초
洛 강 이름 락

떨어질 락

5급 / 艸, 艹 / 13획　　(풀잎이) 떨어질 락 | 풀 초(艹) + 강 이름 락(洛)　　낙하(落下)

蓄
쌓을 **축**

艹 풀 초
畜 가축 축

쌓을 축

4II급 / 艸, 艹 / 14획　　(풀을) 쌓을 축 | 풀 초(艹) + 가축 축(畜)　　　　축적(蓄積)

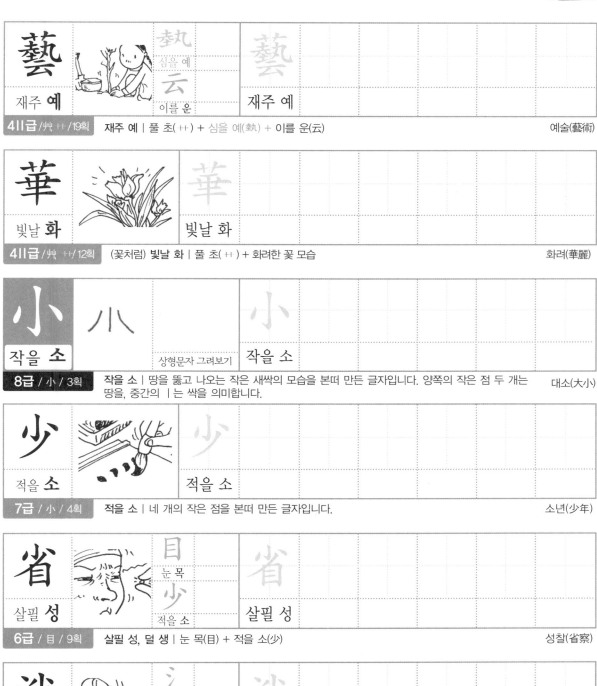

藝
재주 예

執 심을 예
云 이를 운

藝
재주 예

4II급 / 艸 ㅐ / 19획 | 재주 예 | 풀 초(艹) + 심을 예(執) + 이를 운(云) | 예술(藝術)

華
빛날 화

華
빛날 화

4II급 / 艸 ㅐ / 12획 | (꽃처럼) **빛날 화** | 풀 초(艹) + 화려한 꽃 모습 | 화려(華麗)

小
작을 소

小
상형문자 그려보기

小
작을 소

8급 / 小 / 3획 | **작을 소** | 땅을 뚫고 나오는 작은 새싹의 모습을 본떠 만든 글자입니다. 양쪽의 작은 점 두 개는 땅을, 중간의 丨는 싹을 의미합니다. | 대소(大小)

少
적을 소

少
적을 소

7급 / 小 / 4획 | **적을 소** | 네 개의 작은 점을 본떠 만든 글자입니다. | 소년(少年)

省
살필 성

目 눈 목
少 적을 소

省
살필 성

6급 / 目 / 9획 | **살필 성, 덜 생** | 눈 목(目) + 적을 소(少) | 성찰(省察)

消
사라질 소

氵 물 수
肖 쇠약할 소

消
사라질 소

6급 / 水 氵 / 10획 | (물이) **사라질 소** | 물 수(氵) + 쇠약할 소(肖) | 소방(消防)

87

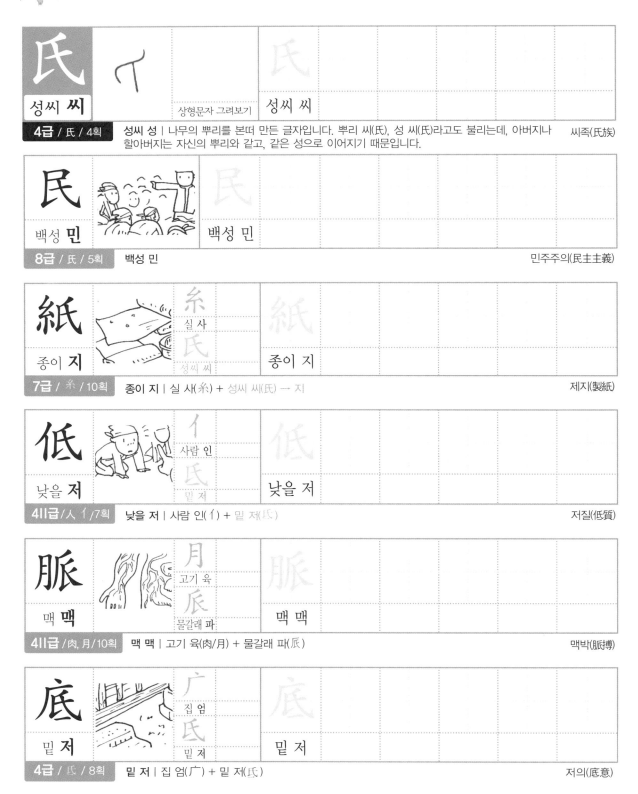

氏
성씨 **씨**
4급 / 氏 / 4획

상형문자 그려보기

성씨 씨

성씨 성 | 나무의 뿌리를 본떠 만든 글자입니다. 뿌리 씨(氏), 성 씨(氏)라고도 불리는데, 아버지나 할아버지는 자신의 뿌리와 같고, 같은 성으로 이어지기 때문입니다.

씨족(氏族)

民
백성 **민**
8급 / 氏 / 5획

백성 민

백성 민

민주주의(民主主義)

紙
종이 **지**
7급 / 糸 / 10획

실 사
氏
성씨 씨

종이 지

종이 지 | 실 사(糸) + 성씨 씨(氏) → 지

제지(製紙)

低
낮을 **저**
4II급 / 人 亻 / 7획

亻
사람 인
氏
밑 저

낮을 저

낮을 저 | 사람 인(亻) + 밑 저(氐)

저질(低質)

脈
맥 **맥**
4II급 / 肉, 月 / 10획

月
고기 육
辰
물갈래 파

맥 맥

맥 맥 | 고기 육(肉/月) + 물갈래 파(辰)

맥박(脈搏)

底
밑 **저**
4급 / 氏 / 8획

广
집 엄
氏
밑 저

밑 저

밑 저 | 집 엄(广) + 밑 저(氐)

저의(底意)

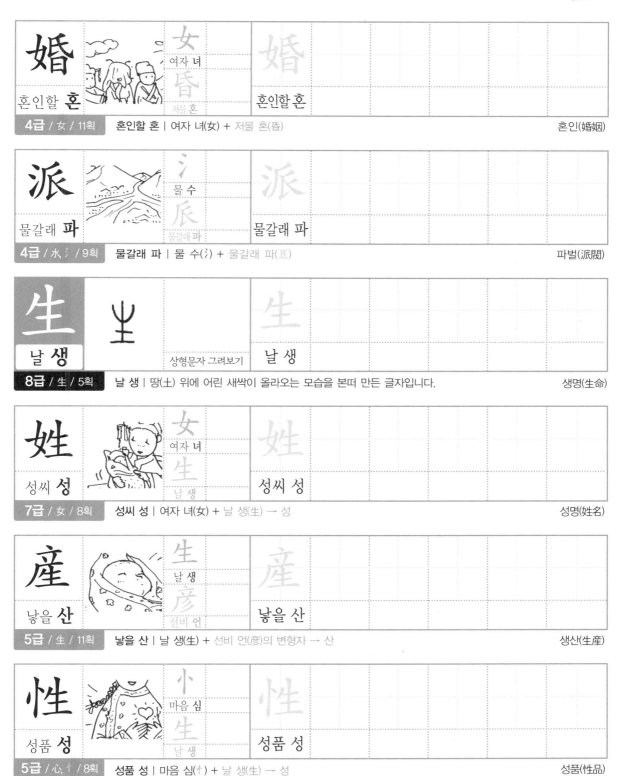

婚		女 여자 녀	婚	
혼인할 **혼**		昏 저물 혼	혼인할 혼	
4급 / 女 / 11획	혼인할 혼 | 여자 녀(女) + 저물 혼(昏)			혼인(婚姻)

派		氵 물 수	派	
물갈래 **파**		辰 물갈래 파	물갈래 파	
4급 / 水 氵 / 9획	물갈래 파 | 물 수(氵) + 물갈래 파(辰)			파벌(派閥)

生	坐		生	
날 **생**		상형문자 그려보기	날 생	
8급 / 生 / 5획	날 생 | 땅(土) 위에 어린 새싹이 올라오는 모습을 본떠 만든 글자입니다.			생명(生命)

姓		女 여자 녀	姓	
성씨 **성**		生 날 생	성씨 성	
7급 / 女 / 8획	성씨 성 | 여자 녀(女) + 날 생(生) → 성			성명(姓名)

産		生 날 생	産	
낳을 **산**		彦 선비 언	낳을 산	
5급 / 生 / 11획	낳을 산 | 날 생(生) + 선비 언(彦)의 변형자 → 산			생산(生産)

性		忄 마음 심	性	
성품 **성**		生 날 생	성품 성	
5급 / 心, 忄 / 8획	성품 성 | 마음 심(忄) + 날 생(生) → 성			성품(性品)

星
별 성
날 일
生 날 생
별 성
4Ⅱ급 / 日 / 9획 **별 성** | 날 일(日) + 날 생(生) → 성
성좌(星座)

靑
푸를 청
상형문자 그려보기
푸를 청
8급 / 靑 / 8획 **푸를 청** | 날 생(生)자와 붉을 단(丹)자가 합쳐진 글자. 푸른(生) 색의 광산(丹)이란 뜻에서 '푸르다'는 의미가 만들어졌습니다.
청산(靑山)

淸
맑을 청
氵 물 수
靑 푸를 청
맑을 청
6급 / 水, 氵 / 11획 **(물이) 맑을 청** | 물 수(氵) + 푸를 청(靑)
청탁(淸濁)

情
뜻 정
小 마음 심
靑 푸를 청
뜻 정
5급 / 心, 忄 / 11획 **(마음의) 뜻 정** | 마음 심(忄) + 푸를 청(靑) → 정
감정(感情)

請
청할 청
言 말씀 언
靑 푸를 청
청할 청
4Ⅱ급 / 言 / 15획 **(말로) 청할 청** | 말씀 언(言) + 푸를 청(靑)
요청(要請)

精
정기 정
米 쌀 미
靑 푸를 청
정기 정
4Ⅱ급 / 米 / 14획 **(쌀의) 정기 정, 찧을 정, 세밀할 정** | 쌀 미(米) + 푸를 청(靑) → 정
정미소(精米所)

靜		青 푸를 청 爭 다툴 쟁	靜 고요할 정					
고요할 정								

4급 / 靑 / 16획   고요할 정 | 푸를 청(靑) + 다툴 쟁(爭) → 정   정숙(靜肅)

알고가요!

자전에서 모르는 한자를 찾으려면?

모르는 한자를 자전에서 찾으려면 다음 순서대로 합니다. 가급적이면 한자 자전을 가지고 차례대로 따라해 보세요. 예를 들어 地자와 銅자를 자전에서 찾아보겠습니다.

❶ 모르는 한자의 부수를 알아냅니다.
모든 한자에는 부수글자가 있습니다. 예를 들어 地자는 土가 부수입니다. 또 銅자는 金자가 부수입니다.

❷ 부수가 몇 획인지 알아냅니다.
예를 들어 地자는 土자는 3획입니다. 또 金자는 8획입니다.

❸ 자전의 맨 앞장이나 뒷장을 보면 214자의 부수가 획수에 따라 정리되어 있습니다.

❹ 이곳에서 찾으려는 글자의 부수가 몇 페이지에 있는지 알아냅니다.

❺ 자전에서 부수가 있는 페이지로 갑니다.
예를 들어 土자가 125페이지에 있다면, 125페이지로 가보면 土자가 부수인 모든 글자들이 있습니다. 이때 글자들은 획수가 적은 글자로부터 많은 글자 순으로 정리되어 있습니다.

❻ 부수를 제외한 나머지 글자의 획수를 알아냅니다.
가령, 地자에서 부수 土자를 제외하면 也자가 되는데, 也자의 획수는 3획입니다. 또 銅자는 부수인 金자를 제외하면 同자가 되는데, 同자의 획수는 6획입니다.

❼ 부수가 있는 페이지에서 해당하는 획수가 있는 페이지를 찾아가면 됩니다.
즉, 地자는 부수 土자의 3획에 있고, 銅자는 부수 金자의 6획에 있습니다.

이렇게 자전에서 한자를 찾으려면 부수와 획수를 알면 쉽게 찾을 수 있습니다.

우리나라 한자능력 검정시험 알아두기

1. 한자능력검정회 검정시험

- 주관 : (사)한국어문회(www.hanja.re.kr, ☎ 1566-1400)
- 시험일시 : 연 4회(2월, 5월, 8월, 11월)
- 급수별 한자수

급수	8급	7급	6급II	6급	5급	4급II	4급	3급II	3급	2급	1급
한자수	50	150	225	300	500	750	1,000	1,500	1,817	2,355	3,500

2. 한자자격시험

- 주관 : 한자교육진흥회(www.hanja114.org, ☎ 02-3406-9111)
- 시험시기 : 연 6회(2월, 4월, 5월, 8월, 10월, 11월)
- 급수별 한자수

급수	8급	7급	6급	준5급	5급	준4급	4급	3급	2급	1급	사범
한자수	50	120	170	250	450	700	900	1,800	2,300	3,500	5,000

3. 한자급수자격검정회 검정시험

- 주관 : 대한검정회(www.hanja.net, ☎ 02-386-4848)
- 시험시기 : 연 4회(2월, 5월, 8월, 11월)
- 급수별 한자수

급수	6급	준5급	5급	준4급	4급	준3급	3급	준2급	2급	준1급	1급	사범
한자수	70	100	250	400	600	800	1,000	1,500	2,000	2,500	3,500	5,000

4. 한국외국어평가원 검정시험

- 주관 : 한국외국어평가원(www.pelt.or.kr, ☎ 02-548-6300)
- 시험시기 : 연 5회(4월, 6월, 8월, 10월, 12월)
- 급수별 한자수

급수	8급	7급	준6급	6급	준5급	5급	4급	3급	2급	1급
한자수	70	150	250	400	600	900	1,500	1,850	2,500	3,500

▶ 좀 더 자세한 사항은 해당 기관의 홈페이지를 접속하셔서 참고하세요.

사람

人

사람 인

人

상형문자 그려보기

사람 인

8급 / 人 / 2획   사람 인 | 팔을 약간 앞으로 내밀고 서 있는 사람의 옆모습을 본떠 만든 글자입니다.   인간(人間)

休

쉴 휴

亻 사람 인
木 나무 목

쉴 휴

7급 / 人亻 / 6획   쉴 휴 | 사람 인(亻) + 나무 목(木)   휴식(休息)

住

살 주

亻 사람 인
主 주인 주

살 주

7급 / 人亻 / 7획   살 주 | 사람 인(亻) + 주인 주(主)   거주(居住)

便

편할 편

亻 사람 인
更 고칠 경

편할 편

7급 / 人亻 / 9획   똥오줌 변, 편할 편 | 사람 인(亻) + 고칠 경(更)   편안(便安)

今

이제 금

이제 금

이제 금

6급 / 人亻 / 4획   이제 금   지금(只今)

代

대신할 대

亻 사람 인
弋 주살 익

대신할 대

6급 / 人亻 / 5획   대신할 대 | 사람 인(亻) + 주살 익(弋)   세대(世代)

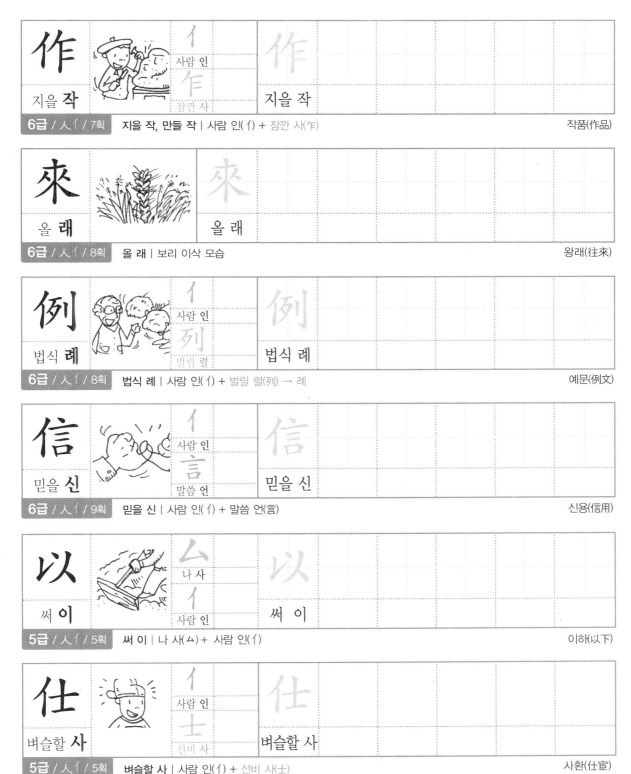

作
지을 작
6급 / 人,亻/ 7획 | **지을 작, 만들 작** | 사람 인(亻) + 잠깐 사(乍)
사람 인
잠깐 사
지을 작
작품(作品)

來
올 래
6급 / 人,亻/ 8획 | **올 래** | 보리 이삭 모습
올 래
왕래(往來)

例
법식 례
6급 / 人,亻/ 8획 | **법식 례** | 사람 인(亻) + 벌릴 렬(列) → 례
사람 인
벌릴 렬
법식 례
예문(例文)

信
믿을 신
6급 / 人,亻/ 9획 | **믿을 신** | 사람 인(亻) + 말씀 언(言)
사람 인
말씀 언
믿을 신
신용(信用)

以
써 이
5급 / 人,亻/ 5획 | **써 이** | 나 사(厶) + 사람 인(亻)
나 사
사람 인
써 이
이하(以下)

仕
벼슬할 사
5급 / 人,亻/ 5획 | **벼슬할 사** | 사람 인(亻) + 선비 사(士)
사람 인
선비 사
벼슬할 사
사환(仕宦)

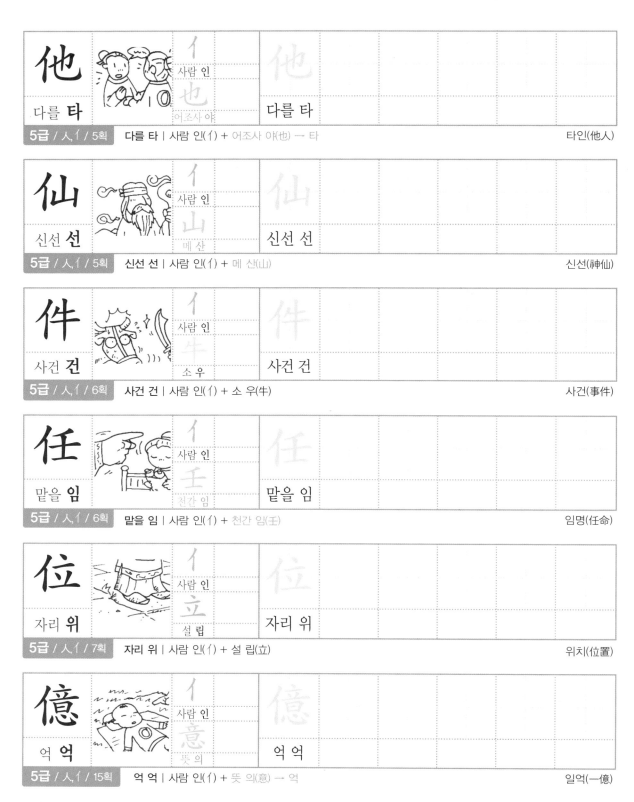

他		亻 사람 인 也 어조사 야	他	他			
다를 **타**			다를 타				
5급 / 人,亻 / 5획		**다를 타** ┃ 사람 인(亻) + 어조사 야(也) → 타					타인(他人)

仙		亻 사람 인 山 메 산	仙	仙			
신선 **선**			신선 선				
5급 / 人,亻 / 5획		**신선 선** ┃ 사람 인(亻) + 메 산(山)					신선(神仙)

件		亻 사람 인 牛 소 우	件	件			
사건 **건**			사건 건				
5급 / 人,亻 / 6획		**사건 건** ┃ 사람 인(亻) + 소 우(牛)					사건(事件)

任		亻 사람 인 壬 천간 임	任	任			
맡을 **임**			맡을 임				
5급 / 人,亻 / 6획		**맡을 임** ┃ 사람 인(亻) + 천간 임(壬)					임명(任命)

位		亻 사람 인 立 설 립	位	位			
자리 **위**			자리 위				
5급 / 人,亻 / 7획		**자리 위** ┃ 사람 인(亻) + 설 립(立)					위치(位置)

億		亻 사람 인 意 뜻 의	億	億			
억 **억**			억 억				
5급 / 人,亻 / 15획		**억 억** ┃ 사람 인(亻) + 뜻 의(意) → 억					일억(一億)

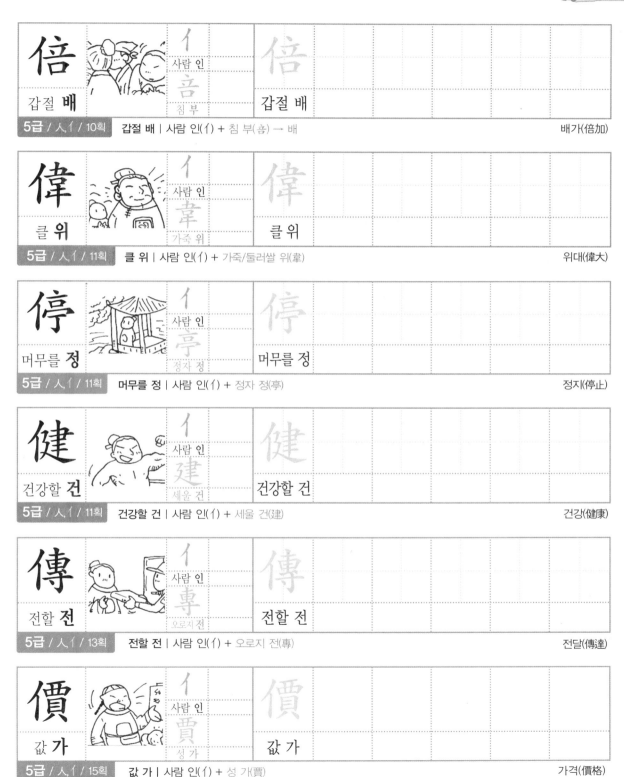

倍 갑절 배	イ 사람 인 / 咅 침 부	倍 갑절 배

5급 / 人,亻 / 10획　갑절 배 | 사람 인(亻) + 침 부(咅) → 배　배가(倍加)

| 偉 클 위 | イ 사람 인 / 韋 가죽 위 | 偉 클 위 |

5급 / 人,亻 / 11획　클 위 | 사람 인(亻) + 가죽/둘러쌀 위(韋)　위대(偉大)

| 停 머무를 정 | イ 사람 인 / 亭 정자 정 | 停 머무를 정 |

5급 / 人,亻 / 11획　머무를 정 | 사람 인(亻) + 정자 정(亭)　정지(停止)

| 健 건강할 건 | イ 사람 인 / 建 세울 건 | 健 건강할 건 |

5급 / 人,亻 / 11획　건강할 건 | 사람 인(亻) + 세울 건(建)　건강(健康)

| 傳 전할 전 | イ 사람 인 / 專 오로지 전 | 傳 전할 전 |

5급 / 人,亻 / 13획　전할 전 | 사람 인(亻) + 오로지 전(專)　전달(傳達)

| 價 값 가 | イ 사람 인 / 賈 성 가 | 價 값 가 |

5급 / 人,亻 / 15획　값 가 | 사람 인(亻) + 성 가(賈)　가격(價格)

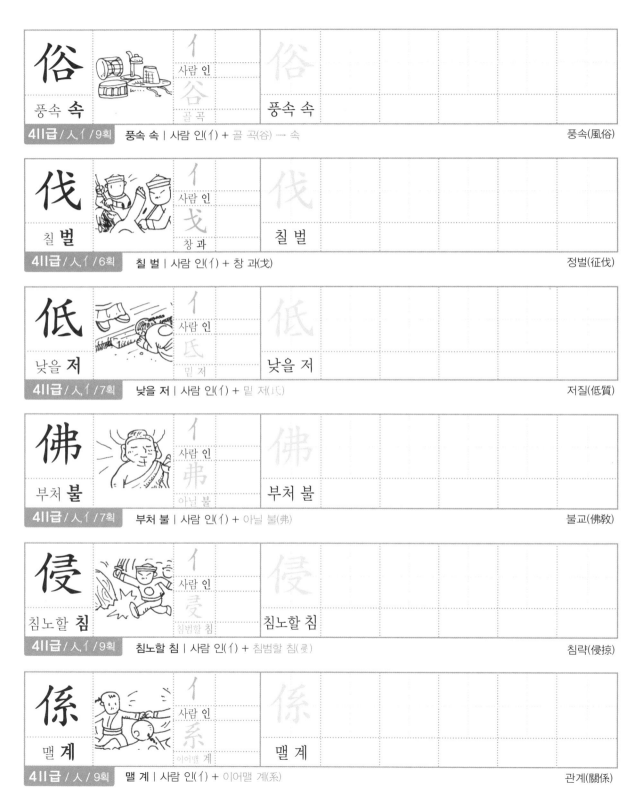

俗
풍속 **속**
4II급 / 人亻 / 9획　**풍속 속** | 사람 인(亻) + 골 곡(谷) → 속　풍속(風俗)

伐
칠 **벌**
4II급 / 人亻 / 6획　**칠 벌** | 사람 인(亻) + 창 과(戈)　정벌(征伐)

低
낮을 **저**
4II급 / 人亻 / 7획　**낮을 저** | 사람 인(亻) + 밑 저(氐)　저질(低質)

佛
부처 **불**
4II급 / 人亻 / 7획　**부처 불** | 사람 인(亻) + 아닐 불(弗)　불교(佛敎)

侵
침노할 **침**
4II급 / 人亻 / 9획　**침노할 침** | 사람 인(亻) + 침범할 침(㑄)　침략(侵掠)

係
맬 **계**
4II급 / 人 / 9획　**맬 계** | 사람 인(亻) + 이어맬 계(系)　관계(關係)

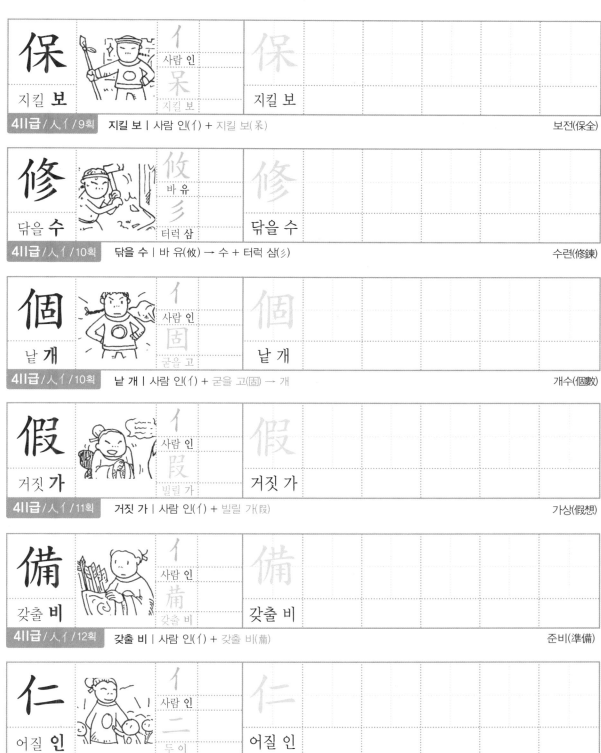

保 지킬 보
4II급 / 人亻/ 9획 　　지킬 보 | 사람 인(亻) + 지킬 보(呆)　　　　　　　보전(保全)

사람 인(亻)
呆 지킬 보
지킬 보

修 닦을 수
4II급 / 人亻/ 10획　　닦을 수 | 바 유(攸) → 수 + 터럭 삼(彡)　　　　수련(修鍊)

攸 바 유
彡 터럭 삼
닦을 수

個 낱 개
4II급 / 人亻/ 10획　　낱 개 | 사람 인(亻) + 굳을 고(固) → 개　　　　개수(個數)

사람 인(亻)
固 굳을 고
낱 개

假 거짓 가
4II급 / 人亻/ 11획　　거짓 가 | 사람 인(亻) + 빌릴 가(叚)　　　　　가상(假想)

사람 인(亻)
叚 빌릴 가
거짓 가

備 갖출 비
4II급 / 人亻/ 12획　　갖출 비 | 사람 인(亻) + 갖출 비(甫)　　　　　준비(準備)

사람 인(亻)
葡 갖출 비
갖출 비

仁 어질 인
4급 / 人亻/ 4획　　어질 인 | 사람 인(亻) + 두 이(二) → 인　　　　인자(仁者)

사람 인(亻)
二 두 이
어질 인

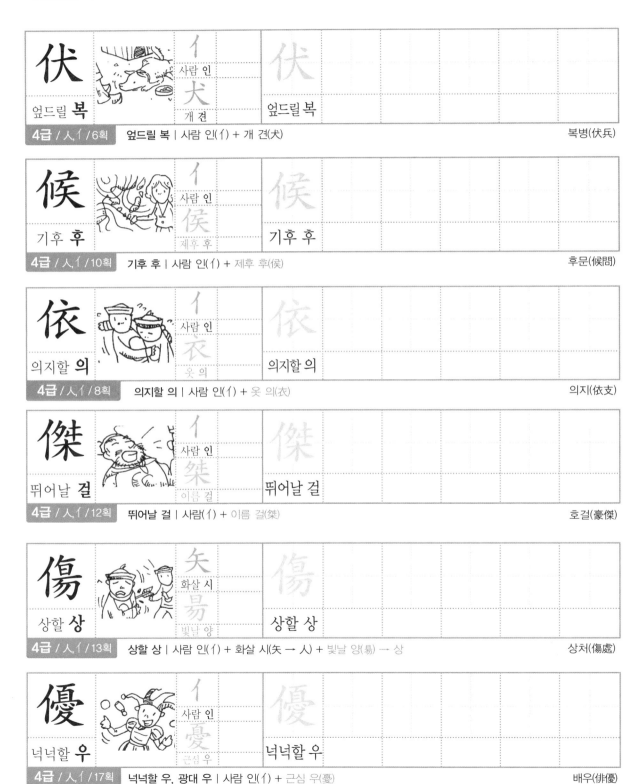

伏
엎드릴 **복**
4급 / 人, 亻 / 6획 　엎드릴 복 | 사람 인(亻) + 개 견(犬)
사람 인 亻
개 견 犬
엎드릴 복
복병(伏兵)

候
기후 **후**
4급 / 人, 亻 / 10획 　기후 후 | 사람 인(亻) + 제후 후(侯)
사람 인 亻
제후 후 侯
기후 후
후문(候問)

依
의지할 **의**
4급 / 人, 亻 / 8획 　의지할 의 | 사람 인(亻) + 옷 의(衣)
사람 인 亻
옷 의 衣
의지할 의
의지(依支)

傑
뛰어날 **걸**
4급 / 人, 亻 / 12획 　뛰어날 걸 | 사람(亻) + 이름 걸(桀)
사람 인 亻
이름 걸 桀
뛰어날 걸
호걸(豪傑)

傷
상할 **상**
4급 / 人, 亻 / 13획 　상할 상 | 사람 인(亻) + 화살 시(矢 → 人) + 빛날 양(昜) → 상
화살 시 矢
빛날 양 昜
상할 상
상처(傷處)

優
넉넉할 **우**
4급 / 人, 亻 / 17획 　넉넉할 우, 광대 우 | 사람 인(亻) + 근심 우(憂)
사람 인 亻
근심 우 憂
넉넉할 우
배우(俳優)

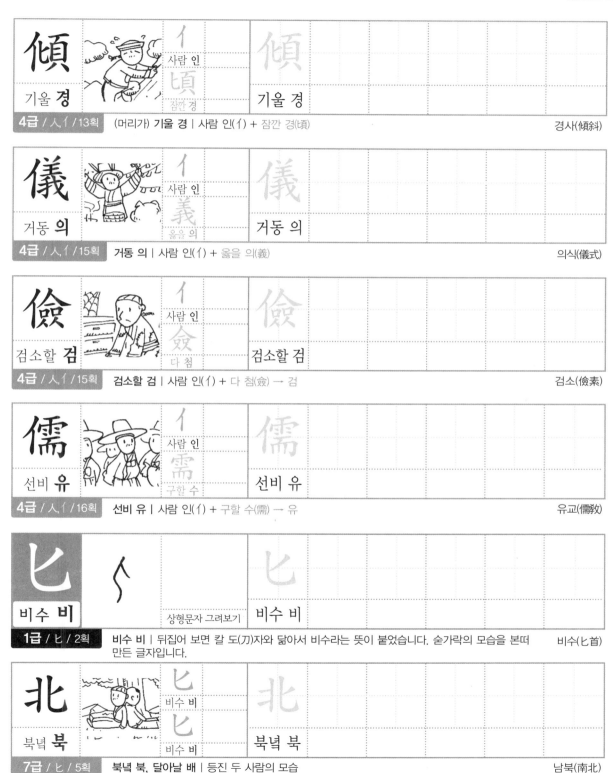

傾 기울 경
4급 / 人,亻/ 13획 · (머리가) **기울 경** | 사람 인(亻) + 잠깐 경(頃) · 경사(傾斜)

儀 거동 의
4급 / 人,亻/ 15획 · **거동 의** | 사람 인(亻) + 옳을 의(義) · 의식(儀式)

儉 검소할 검
4급 / 人,亻/ 15획 · **검소할 검** | 사람 인(亻) + 다 첨(僉) → 검 · 검소(儉素)

儒 선비 유
4급 / 人,亻/ 16획 · **선비 유** | 사람 인(亻) + 구할 수(需) → 유 · 유교(儒敎)

匕 비수 비
1급 / 匕 / 2획 · **비수 비** | 뒤집어 보면 칼 도(刀)자와 닮아서 비수라는 뜻이 붙었습니다. 숟가락의 모습을 본떠 만든 글자입니다. · 비수(匕首)

北 북녘 북
7급 / 匕 / 5획 · **북녘 북, 달아날 배** | 등진 두 사람의 모습 · 남북(南北)

| 死 죽을 **사** | 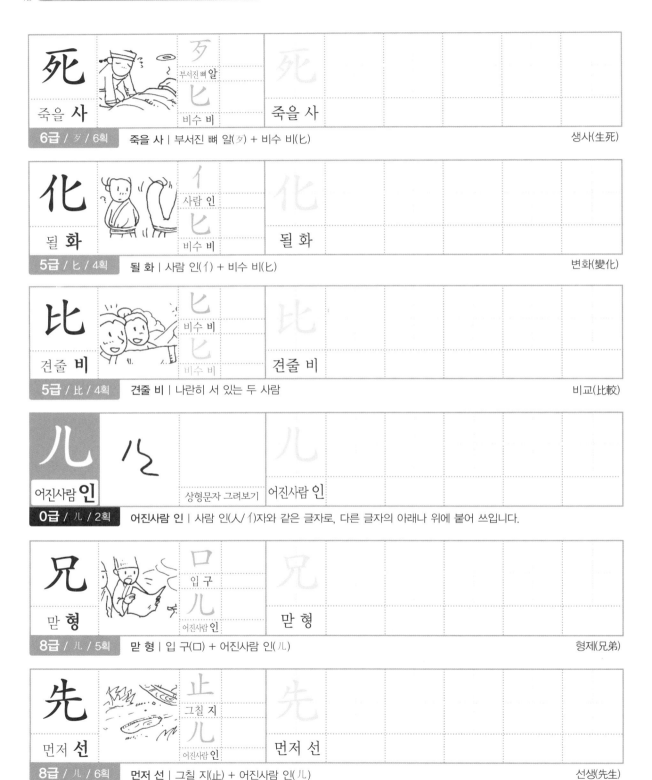 | 歹 부서진 뼈 알
匕 비수 비 | 死
죽을 사 | | | | |
| 6급 / 歹 / 6획 | 죽을 사 \| 부서진 뼈 알(歹) + 비수 비(匕) | | | | | | 생사(生死) |

| 化 될 **화** | | 亻 사람 인
匕 비수 비 | 化
될 화 | | | | |
| 5급 / 匕 / 4획 | 될 화 \| 사람 인(亻) + 비수 비(匕) | | | | | | 변화(變化) |

| 比 견줄 **비** | | 匕 비수 비
匕 비수 비 | 比
견줄 비 | | | | |
| 5급 / 比 / 4획 | 견줄 비 \| 나란히 서 있는 두 사람 | | | | | | 비교(比較) |

| 儿 어진사람 **인** | 儿 | 상형문자 그려보기 | 儿
어진사람 인 | | | | |
| 0급 / 儿 / 2획 | 어진사람 인 \| 사람 인(人/亻)자와 같은 글자로, 다른 글자의 아래나 위에 붙여 쓰입니다. | | | | | | |

| 兄 맏 **형** | | 口 입 구
儿 어진사람 인 | 兄
맏 형 | | | | |
| 8급 / 儿 / 5획 | 맏 형 \| 입 구(口) + 어진사람 인(儿) | | | | | | 형제(兄弟) |

| 先 먼저 **선** | | 止 그칠 지
儿 어진사람 인 | 先
먼저 선 | | | | |
| 8급 / 儿 / 6획 | 먼저 선 \| 그칠 지(止) + 어진사람 인(儿) | | | | | | 선생(先生) |

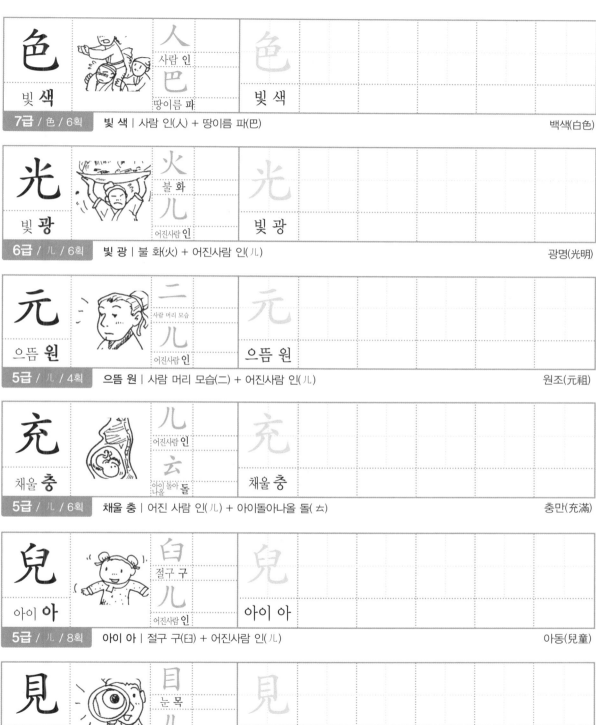

色		人 사람 인 巴 땅이름 파	色	
빛 **색**			빛 색	

7급 / 色 / 6획 | **빛 색** | 사람 인(人) + 땅이름 파(巴) | 백색(白色)

光		火 불 화 儿 어진사람 인	光	
빛 **광**			빛 광	

6급 / 儿 / 6획 | **빛 광** | 불 화(火) + 어진사람 인(儿) | 광명(光明)

元		二 사람 머리 모습 儿 어진사람 인	元	
으뜸 **원**			으뜸 원	

5급 / 儿 / 4획 | **으뜸 원** | 사람 머리 모습(二) + 어진사람 인(儿) | 원조(元祖)

充		儿 어진사람 인 ㄊ 아이 돌아 나올 돌	充	
채울 **충**			채울 충	

5급 / 儿 / 6획 | **채울 충** | 어진 사람 인(儿) + 아이돌아나올 돌(ㄊ) | 충만(充滿)

兒		白 절구 구 儿 어진사람 인	兒	
아이 **아**			아이 아	

5급 / 儿 / 8획 | **아이 아** | 절구 구(臼) + 어진사람 인(儿) | 아동(兒童)

見		目 눈 목 儿 어진사람 인	見	
볼 **견**			볼 견	

5급 / 見 / 7획 | **볼 견, 뵈올 현** | 눈 목(目) + 어진사람 인(儿) | 견문(見聞)

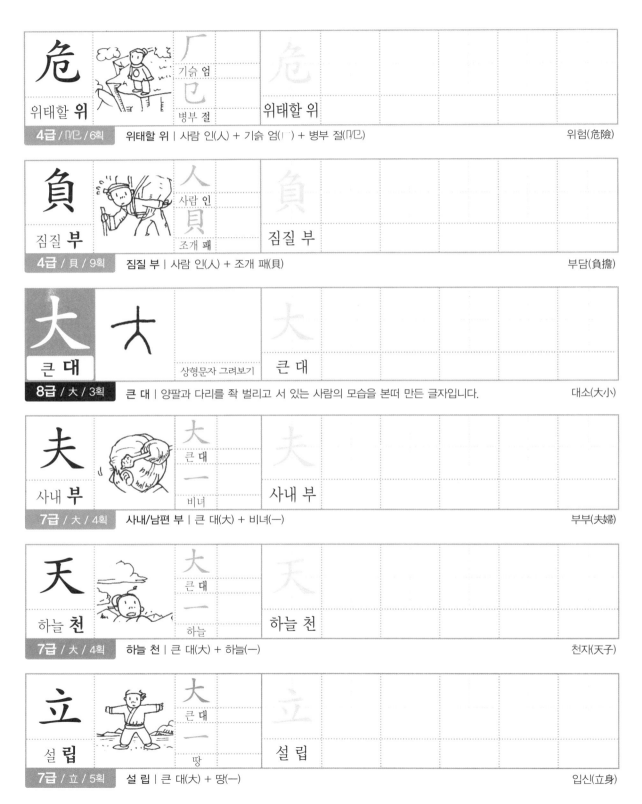

危
위태할 **위**
기슭 엄
병부 절
위태할 위

4급 / 厄 / 6획 │ **위태할 위** │ 사람 인(人) + 기슭 엄(厂) + 병부 절(厄) 　　　　위험(危險)

負
짐질 **부**
사람 인
조개 패
짐질 부

4급 / 貝 / 9획 │ **짐질 부** │ 사람 인(人) + 조개 패(貝) 　　　　부담(負擔)

大
큰 대
상형문자 그려보기
큰 대

8급 / 大 / 3획 │ **큰 대** │ 양팔과 다리를 좍 벌리고 서 있는 사람의 모습을 본떠 만든 글자입니다. 　　대소(大小)

夫
사내 **부**
큰 대
비녀
사내 부

7급 / 大 / 4획 │ **사내/남편 부** │ 큰 대(大) + 비녀(一) 　　　　부부(夫婦)

天
하늘 **천**
큰 대
하늘
하늘 천

7급 / 大 / 4획 │ **하늘 천** │ 큰 대(大) + 하늘(一) 　　　　천자(天子)

立
설 **립**
큰 대
땅
설 립

7급 / 立 / 5획 │ **설 립** │ 큰 대(大) + 땅(一) 　　　　입신(立身)

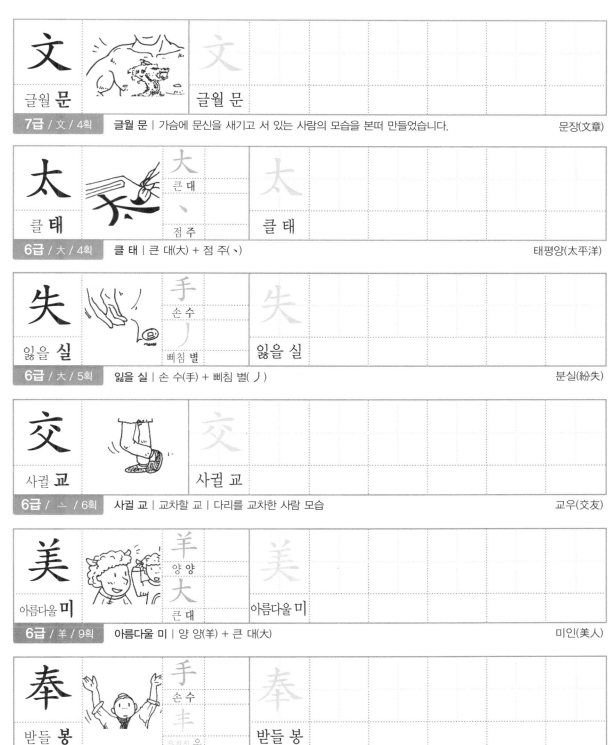

文
글월 **문**
文
글월 문
7급 / 文 / 4획 | 글월 문 | 가슴에 문신을 새기고 서 있는 사람의 모습을 본떠 만들었습니다. | 문장(文章)

太
클 **태**
大 큰 대
丶 점 주
太
클 태
6급 / 大 / 4획 | 클 태 | 큰 대(大) + 점 주(丶) | 태평양(太平洋)

失
잃을 **실**
手 손 수
丿 삐침 별
失
잃을 실
6급 / 大 / 5획 | 잃을 실 | 손 수(手) + 삐침 별(丿) | 분실(紛失)

交
사귈 **교**
交
사귈 교
6급 / 亠 / 6획 | 사귈 교 | 교차할 교 | 다리를 교차한 사람 모습 | 교우(交友)

美
아름다울 **미**
羊 양 양
大 큰 대
美
아름다울 미
6급 / 羊 / 9획 | 아름다울 미 | 양 양(羊) + 큰 대(大) | 미인(美人)

奉
받들 **봉**
手 손 수
丰 우거질 우
奉
받들 봉
5급 / 大 / 8획 | 받들 봉 | 우거질 봉(丰) + 손 맞잡을 공(廾) + 손 수(手/扌) | 봉사(奉仕)

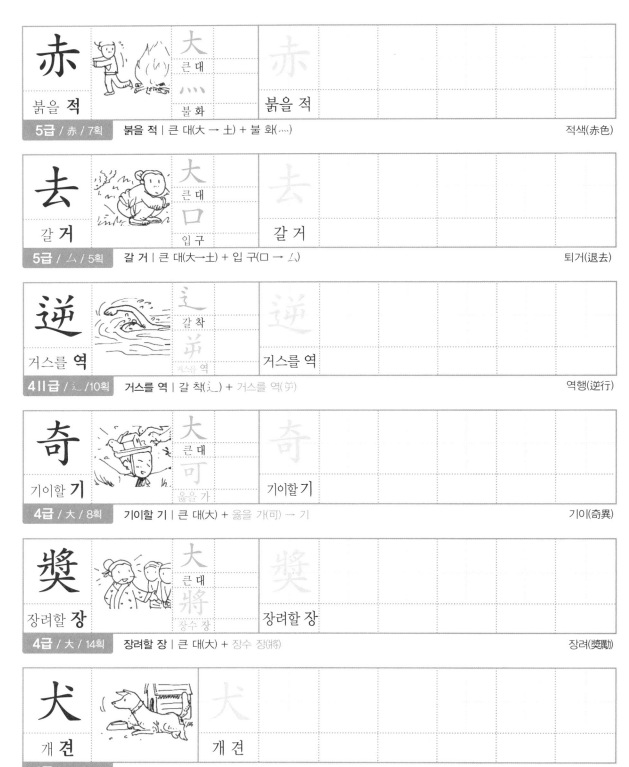

| 赤 | | 大 큰 대 ─ 灬 불 화 | 赤 붉을 적 | | | | |

5급 / 赤 / 7획 | **붉을 적** | 큰 대(大 → 土) + 불 화(灬) | 적색(赤色)

| 去 | | 大 큰 대 口 입 구 | 去 갈 거 | | | | |

5급 / 厶 / 5획 | **갈 거** | 큰 대(大→土) + 입 구(口 → 厶) | 퇴거(退去)

| 逆 | | 辶 갈 착 屰 거스를 역 | 逆 거스를 역 | | | | |

4Ⅱ급 / 辶 / 10획 | **거스를 역** | 갈 착(辶) + 거스를 역(屰) | 역행(逆行)

| 奇 | | 大 큰 대 可 옳을 가 | 奇 기이할 기 | | | | |

4급 / 大 / 8획 | **기이할 기** | 큰 대(大) + 옳을 가(可) → 기 | 기이(奇異)

| 獎 | | 大 큰 대 將 장수 장 | 獎 장려할 장 | | | | |

4급 / 大 / 14획 | **장려할 장** | 큰 대(大) + 장수 장(將) | 장려(獎勵)

| 犬 | | | 犬 개 견 | | | | |

4급 / 犬 / 4획 | **개 견** | 개의 옆 모습을 본떠 만든 글자입니다. | 견공(犬公)

子 아들 자

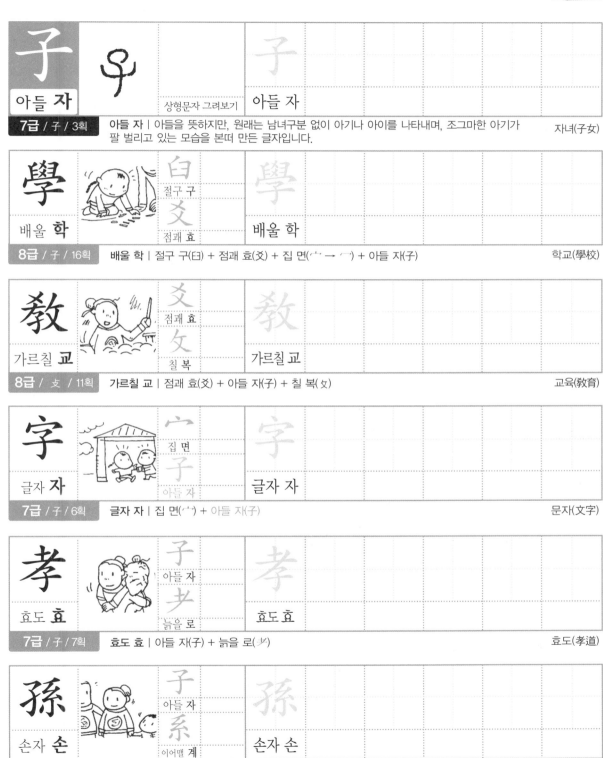

상형문자 그려보기 | 아들 자

7급 / 子 / 3획 | **아들 자** | 아들을 뜻하지만, 원래는 남녀구분 없이 아기나 아이를 나타내며, 조그마한 아기가 팔 벌리고 있는 모습을 본떠 만든 글자입니다.

자녀(子女)

學 배울 학

白 절구 구
爻 점괘 효

배울 학

8급 / 子 / 16획 | **배울 학** | 절구 구(臼) + 점괘 효(爻) + 집 면(宀 → 冖) + 아들 자(子)

학교(學校)

敎 가르칠 교

爻 점괘 효
攵 칠 복

가르칠 교

8급 / 攴 / 11획 | **가르칠 교** | 점괘 효(爻) + 아들 자(子) + 칠 복(攵)

교육(敎育)

字 글자 자

宀 집 면
子 아들 자

글자 자

7급 / 子 / 6획 | **글자 자** | 집 면(宀) + 아들 자(子)

문자(文字)

孝 효도 효

子 아들 자
耂 늙을 로

효도 효

7급 / 子 / 7획 | **효도 효** | 아들 자(子) + 늙을 로(耂)

효도(孝道)

孫 손자 손

子 아들 자
系 이어맬 계

손자 손

6급 / 子 / 10획 | **손자 손** | 아들 자(子) + 이어맬 계(系)

손자(孫子)

孔 구멍 **공**	子 아들 자 乙 새 을	구멍 공	
4급 / 子 / 4획	구멍 공 ｜ 아들 자(子) + 새 을(乙)		모공(毛孔)

存 있을 **존**	在 있을 재 子 아들 자	있을 존	
4급 / 子 / 6획	있을 존 ｜ 아들 자(子) + 있을 재(在 → 扌)		존재(存在)

孤 외로울 **고**	子 아들 자 瓜 오이 과	외로울 고	
4급 / 子 / 8획	외로울 고 ｜ 아들 자(子) + 오이 과(瓜) → 고		고아(孤兒)

季 철 **계**	禾 벼 화 子 아들 자	철 계	
4급 / 子 / 8획	철 계 ｜ 벼 화(禾) + 아들 자(子)		계절(季節)

乳 젖 **유**	爪 손톱 조 乙 새 을	젖 유	
4급 / 乙 / 8획	젖 유 ｜ 손톱 조(爪) + 아들 자(子) + 새 을(乙)		유아(乳兒)

云 아이돌아 나올 **돌**	古 상형문자 그려보기	云 아이돌아 나올 **돌**	
0급 / 亠 / 4획	아이돌아나올 돌 ｜ 아들 자(子)를 거꾸로 뒤집어 놓은 모습. 어머니 뱃속에서 머리를 아래로 하고 나오는 아기의 모습을 본떠 만든 글자입니다.		

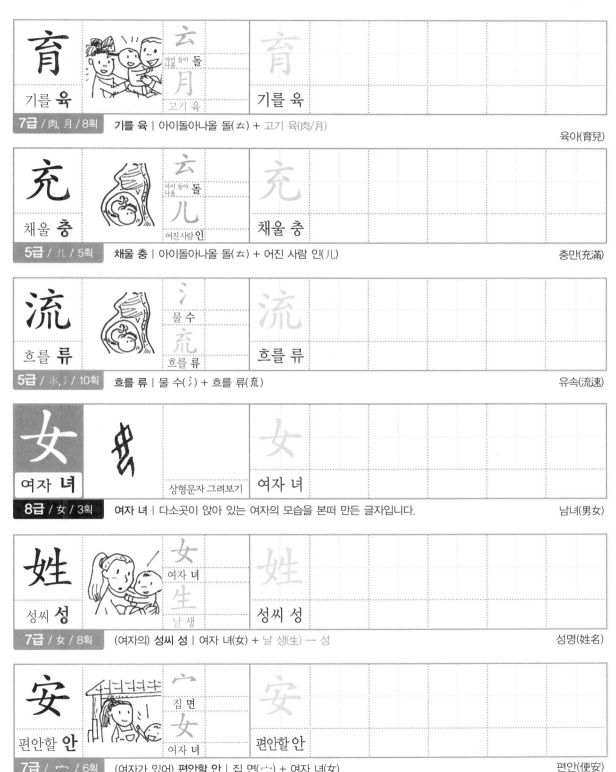

育

기를 **육**

7급 / 肉, 月 / 8획 · 아이돌아나올 돌 나올, 돌 月 고기 육 · 育 · 기를 육

기를 육 | 아이돌아나올 돌(厶) + 고기 육(肉/月)

육아(育兒)

充

채울 **충**

5급 / 儿 / 5획 · 아이돌아나올 돌 儿 어진 사람 인 · 充 · 채울 충

채울 충 | 아이돌아나올 돌(厶) + 어진 사람 인(儿)

충만(充滿)

流

흐를 **류**

5급 / 水, 氵 / 10획 · 氵 물 수 充 흐를 류 · 流 · 흐를 류

흐를 류 | 물 수(氵) + 흐를 류(充)

유속(流速)

女

여자 **녀**

8급 / 女 / 3획 · 상형문자 그려보기 · 女 · 여자 녀

여자 녀 | 다소곳이 앉아 있는 여자의 모습을 본떠 만든 글자입니다.

남녀(男女)

姓

성씨 **성**

7급 / 女 / 8획 · 女 여자 녀 生 날 생 · 姓 · 성씨 성

(여자의) 성씨 성 | 여자 녀(女) + 날 생(生) → 성

성명(姓名)

安

편안할 **안**

7급 / 宀 / 6획 · 宀 집 면 女 여자 녀 · 安 · 편안할 안

(여자가 있어) 편안할 안 | 집 면(宀) + 여자 녀(女)

편안(便安)

109

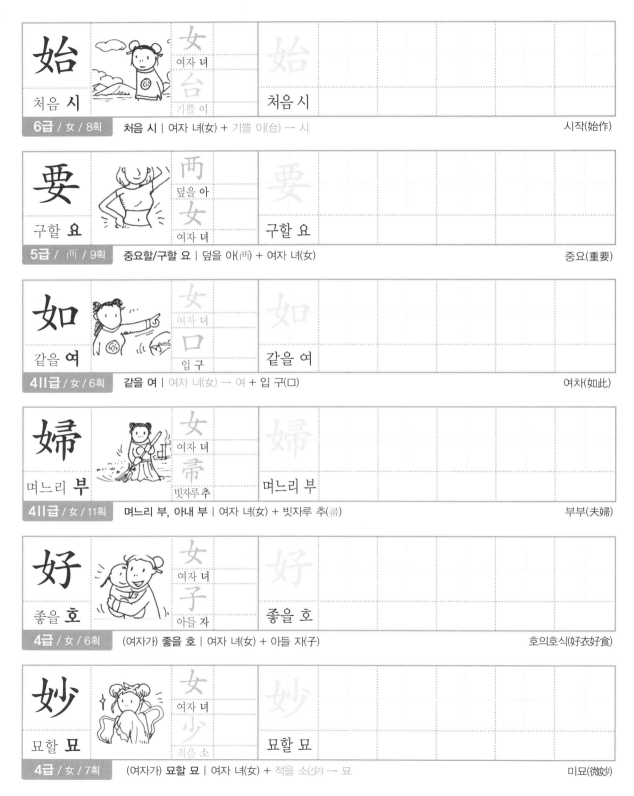

始
처음 시
女 여자 녀
台 기쁠 이
처음 시
6급 / 女 / 8획　**처음 시** | 여자 녀(女) + 기쁠 이(台) → 시　　시작(始作)

要
구할 요
襾 덮을 아
女 여자 녀
구할 요
5급 / 襾 / 9획　**중요할/구할 요** | 덮을 아(襾) + 여자 녀(女)　　중요(重要)

如
같을 여
女 여자 녀
口 입 구
같을 여
4II급 / 女 / 6획　**같을 여** | 여자 녀(女) → 여 + 입 구(口)　　여차(如此)

婦
며느리 부
女 여자 녀
帚 빗자루 추
며느리 부
4II급 / 女 / 11획　**며느리 부, 아내 부** | 여자 녀(女) + 빗자루 추(帚)　　부부(夫婦)

好
좋을 호
女 여자 녀
子 아들 자
좋을 호
4급 / 女 / 6획　**(여자가) 좋을 호** | 여자 녀(女) + 아들 자(子)　　호의호식(好衣好食)

妙
묘할 묘
女 여자 녀
少 적을 소
묘할 묘
4급 / 女 / 7획　**(여자가) 묘할 묘** | 여자 녀(女) + 적을 소(少) → 묘　　미묘(微妙)

110

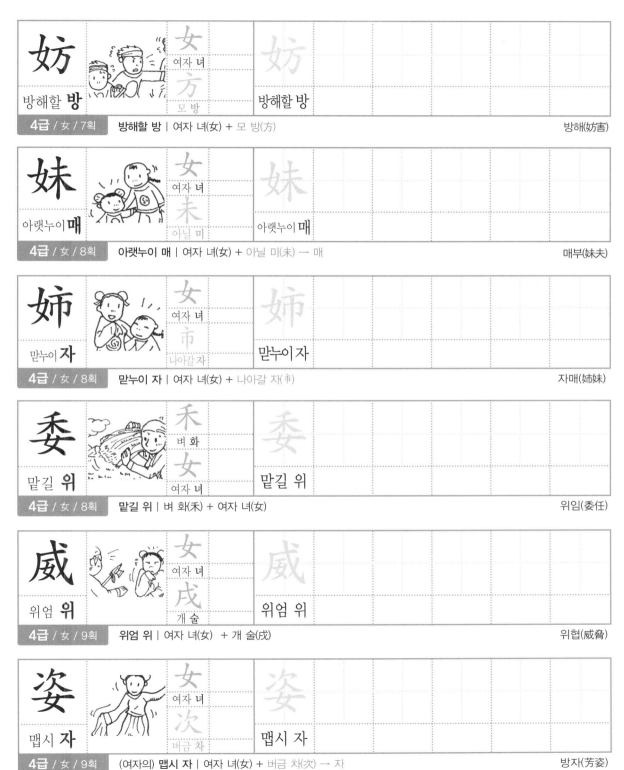

妡
방해할 **방**

女
여자 녀

方
모 방

妡
방해할 방

4급 / 女 / 7획 | **방해할 방** | 여자 녀(女) + 모 방(方) | 방해(妡害)

妹
아랫누이 **매**

女
여자 녀

未
아닐 미

妹
아랫누이 매

4급 / 女 / 8획 | **아랫누이 매** | 여자 녀(女) + 아닐 미(未) → 매 | 매부(妹夫)

姉
맏누이 **자**

女
여자 녀

市
나아갈 자

姉
맏누이 자

4급 / 女 / 8획 | **맏누이 자** | 여자 녀(女) + 나아갈 자(市) | 자매(姉妹)

委
맡길 **위**

禾
벼 화

女
여자 녀

委
맡길 위

4급 / 女 / 8획 | **맡길 위** | 벼 화(禾) + 여자 녀(女) | 위임(委任)

威
위엄 **위**

女
여자 녀

戌
개 술

威
위엄 위

4급 / 女 / 9획 | **위엄 위** | 여자 녀(女) + 개 술(戌) | 위협(威脅)

姿
맵시 **자**

女
여자 녀

次
버금 차

姿
맵시 자

4급 / 女 / 9획 | **(여자의) 맵시 자** | 여자 녀(女) + 버금 차(次) → 자 | 방자(芳姿)

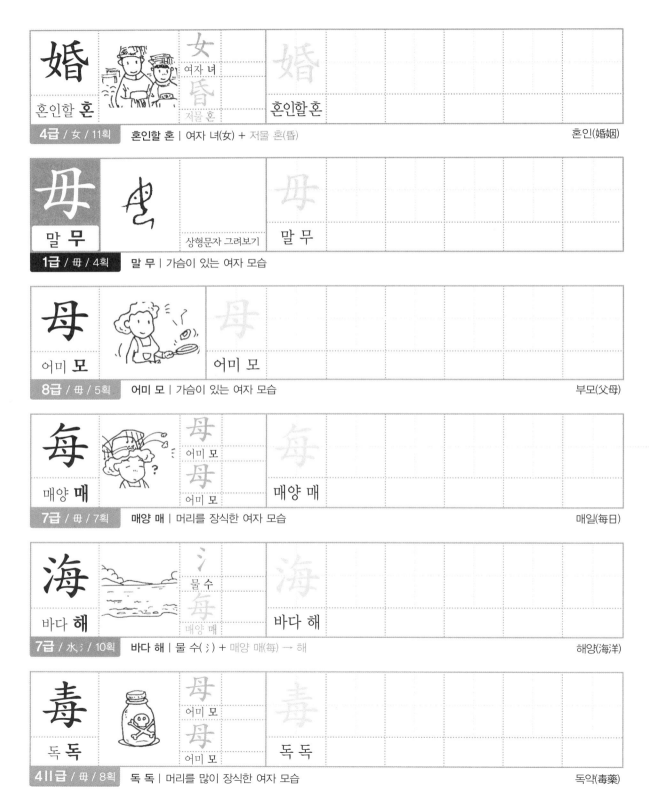

婚		女 여자 녀 昏 저물 혼	婚				
혼인할 혼			혼인할 혼				
4급 / 女 / 11획	**혼인할 혼**	여자 녀(女) + 저물 혼(昏)					혼인(婚姻)

毋			毋				
말 무		상형문자 그려보기	말 무				
1급 / 毋 / 4획	**말 무**	가슴이 있는 여자 모습					

母			母				
어미 모			어미 모				
8급 / 毋 / 5획	**어미 모**	가슴이 있는 여자 모습					부모(父母)

每		母 어미 모 母 어미 모	每				
매양 **매**			매양 매				
7급 / 毋 / 7획	**매양 매**	머리를 장식한 여자 모습					매일(每日)

海		氵 물 수 每 매양 매	海				
바다 **해**			바다 해				
7급 / 水,氵 / 10획	**바다 해**	물 수(氵) + 매양 매(每) → 해					해양(海洋)

毒		母 어미 모 母 어미 모	毒				
독 독			독 독				
4II급 / 毋 / 8획	**독 독**	머리를 많이 장식한 여자 모습					독약(毒藥)

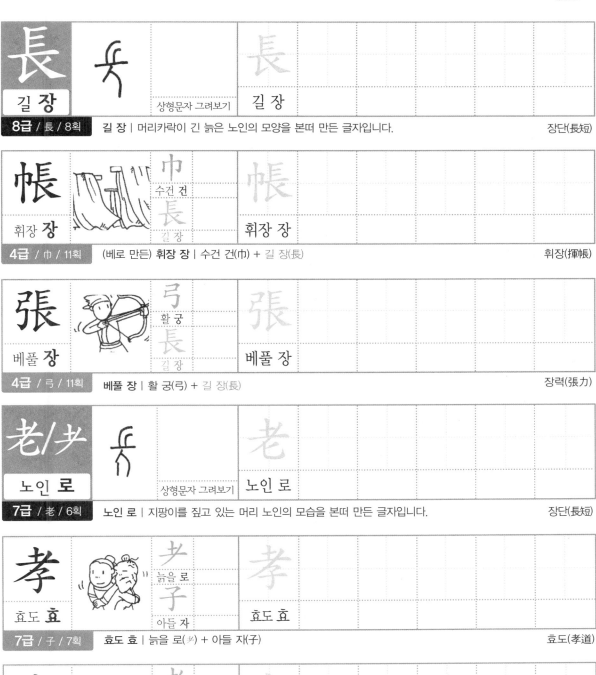

長 길 장	상형문자 그려보기	長 길 장			
8급 / 長 / 8획	길 장 l 머리카락이 긴 늙은 노인의 모양을 본떠 만든 글자입니다.				장단(長短)

帳 휘장 장	巾 수건 건 / 長 길 장	帳 휘장 장			
4급 / 巾 / 11획	(베로 만든) 휘장 장 l 수건 건(巾) + 길 장(長)				휘장(揮帳)

張 베풀 장	弓 활 궁 / 長 길 장	張 베풀 장			
4급 / 弓 / 11획	베풀 장 l 활 궁(弓) + 길 장(長)				장력(張力)

老/耂 노인 로	상형문자 그려보기	老 노인 로			
7급 / 老 / 6획	노인 로 l 지팡이를 짚고 있는 머리 노인의 모습을 본떠 만든 글자입니다.				장단(長短)

孝 효도 효	耂 늙을 로 / 子 아들 자	孝 효도 효			
7급 / 子 / 7획	효도 효 l 늙을 로(耂) + 아들 자(子)				효도(孝道)

者 사람 자	耂 늙을 로 / 白 흰 백	者 사람 자			
6급 / 老,耂 / 9획	사람 자 l 늙을 로(耂) + 흰 백(白)				현자(賢者)

113

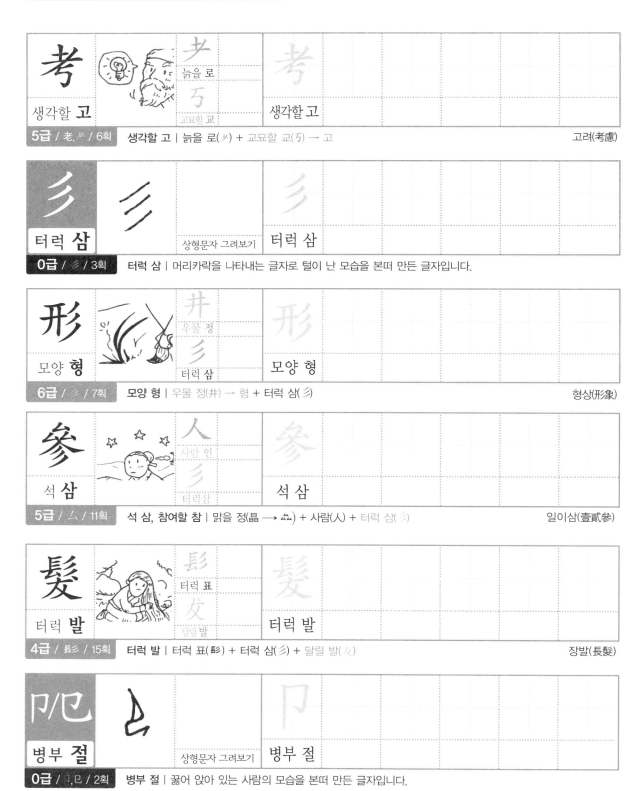

考
생각할 고
5급 / 老, 耂 / 6획 생각할 고 | 늙을 로(耂) + 교묘할 교(丂) → 고   고려(考慮)

彡
터럭 삼
0급 / 彡 / 3획 터럭 삼 | 머리카락을 나타내는 글자로 털이 난 모습을 본떠 만든 글자입니다.

形
모양 형
6급 / 彡 / 7획 모양 형 | 우물 정(井) → 형 + 터럭 삼(彡)   형상(形象)

參
석 삼
5급 / 厶 / 11획 석 삼, 참여할 참 | 맑을 정(晶 → 厽) + 사람(人) + 터럭 삼(彡)   일이삼(壹貳參)

髮
터럭 발
4급 / 髟 / 15획 터럭 발 | 터럭 표(髟) + 터럭 삼(彡) + 달릴 발(犮)   장발(長髮)

卩/㔾
병부 절
0급 / 卩, 㔾 / 2획 병부 절 | 꿇어 앉아 있는 사람의 모습을 본떠 만든 글자입니다.

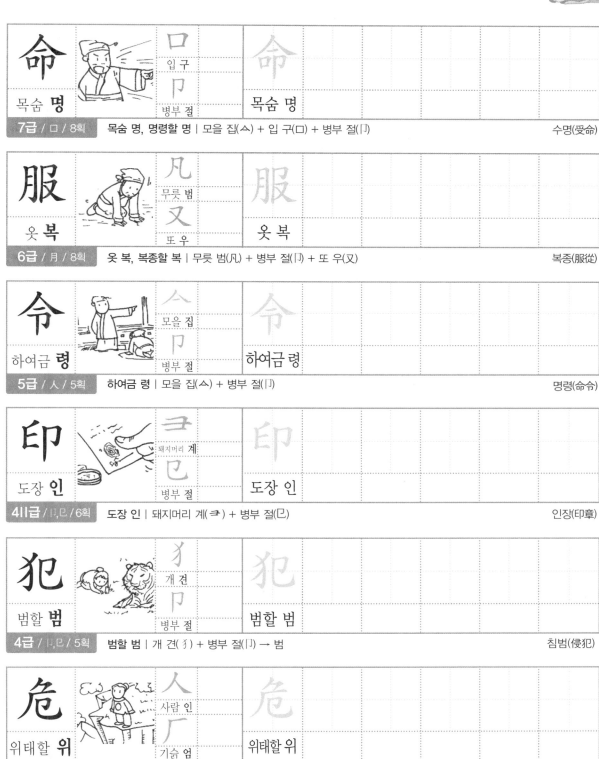

命 목숨 명

口 입 구
卩 병부 절

命 목숨 명

7급 / 口 / 8획 | 목숨 명, 명령할 명 | 모을 집(亼) + 입 구(口) + 병부 절(卩) | 수명(受命)

服 옷 복

凡 무릇 범
又 또 우

服 옷 복

6급 / 月 / 8획 | 옷 복, 복종할 복 | 무릇 범(凡) + 병부 절(卩) + 또 우(又) | 복종(服從)

令 하여금 령

亼 모을 집
卩 병부 절

令 하여금 령

5급 / 人 / 5획 | 하여금 령 | 모을 집(亼) + 병부 절(卩) | 명령(命令)

印 도장 인

彐 돼지머리 계
卩 병부 절

印 도장 인

4II급 / 卩,巴 / 6획 | 도장 인 | 돼지머리 계(彐) + 병부 절(巴) | 인장(印章)

犯 범할 범

犭 개 견
卩 병부 절

犯 범할 범

4급 / 卩,巴 / 5획 | 범할 범 | 개 견(犭) + 병부 절(卩) → 범 | 침범(侵犯)

危 위태할 위

人 사람 인
厂 기슭 엄

危 위태할 위

4급 / 卩,巴 / 6획 | 위태할 위 | 사람 인(人) + 기슭 엄(厂) + 병부 절(卩/巴) | 위험(危險)

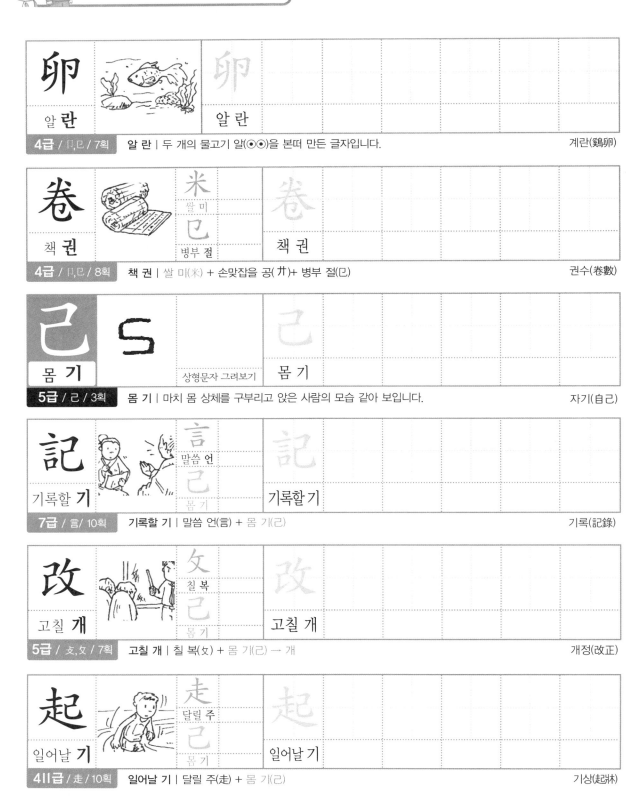

卯
알 **란**
알 란

4급 / 卩,巴 / 7획　**알 란** | 두 개의 물고기 알(◎◎)을 본떠 만든 글자입니다.

계란(鷄卵)

卷
책 **권**
쌀 미　米
병부 절　巳
책 권

4급 / 卩,巴 / 8획　**책 권** | 쌀 미(米) + 손맞잡을 공(廾)+ 병부 절(巳)

권수(卷數)

己
몸 **기**
상형문자 그려보기
몸 기

5급 / 己 / 3획　**몸 기** | 마치 몸 상체를 구부리고 앉은 사람의 모습 같아 보입니다.

자기(自己)

記
기록할 **기**
말씀 언　言
몸 기　己
기록할 기

7급 / 言/ 10획　**기록할 기** | 말씀 언(言) + 몸 기(己)

기록(記錄)

改
고칠 **개**
칠 복　攵
몸 기　己
고칠 개

5급 / 支,攵 / 7획　**고칠 개** | 칠 복(攵) + 몸 기(己) → 개

개정(改正)

起
일어날 **기**
달릴 주　走
몸 기　己
일어날 기

4II급 /走 / 10획　**일어날 기** | 달릴 주(走) + 몸 기(己)

기상(起牀)

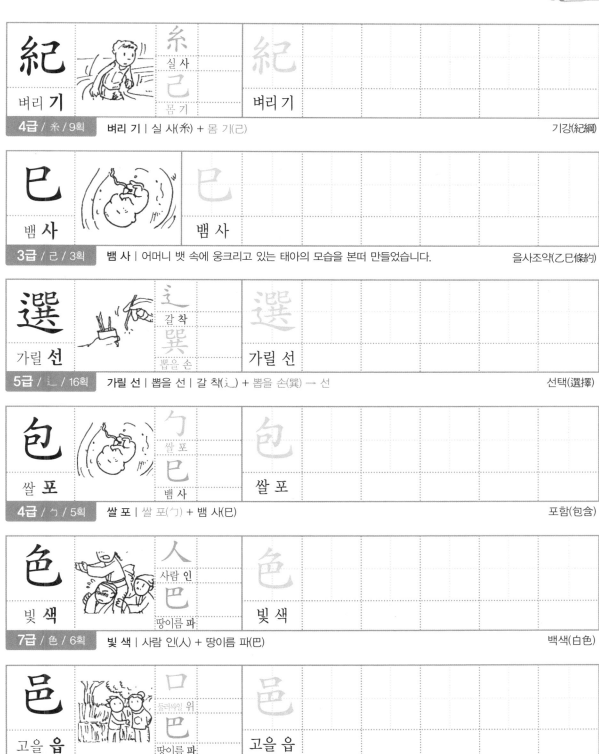

紀
벼리 기

糸 실 사
己 몸 기

紀
벼리 기

4급 / 糸 / 9획 | **벼리 기** | 실 사(糸) + 몸 기(己) | 기강(紀綱)

巳
뱀 사

巳
뱀 사

3급 / 己 / 3획 | **뱀 사** | 어머니 뱃 속에 웅크리고 있는 태아의 모습을 본떠 만들었습니다. | 을사조약(乙巳條約)

選
가릴 선

辶 갈 착
巽 뽑을 손

選
가릴 선

5급 / 辶 / 16획 | **가릴 선** | 뽑을 선 | 갈 착(辶) + 뽑을 손(巽) → 선 | 선택(選擇)

包
쌀 포

勹 쌀 포
巳 뱀 사

包
쌀 포

4급 / 勹 / 5획 | **쌀 포** | 쌀 포(勹) + 뱀 사(巳) | 포함(包含)

色
빛 색

人 사람 인
巴 땅이름 파

色
빛 색

7급 / 色 / 6획 | **빛 색** | 사람 인(人) + 땅이름 파(巴) | 백색(白色)

邑
고을 읍

囗 둘러싸일 위
巴 땅이름 파

邑
고을 읍

7급 / 邑 / 7획 | **고을 읍** | 둘러싸일 위(囗) + 땅이름 파(巴) | 읍내(邑內)

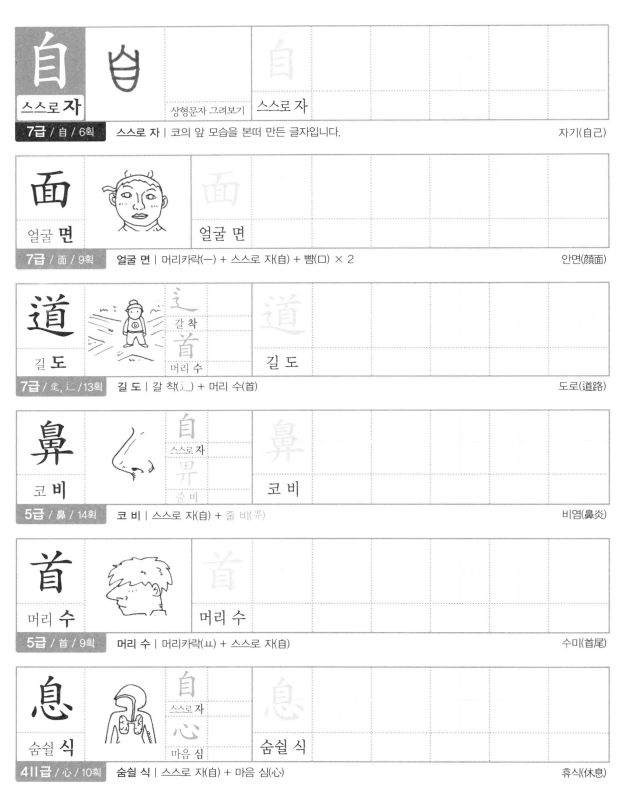

自	상형문자 그려보기	스스로 자			
스스로 자					

7급 / 自 / 6획 ｜ **스스로 자** ｜ 코의 앞 모습을 본떠 만든 글자입니다. | 자기(自己)

面		얼굴 면			
얼굴 면					

7급 / 面 / 9획 ｜ **얼굴 면** ｜ 머리카락(一) + 스스로 자(自) + 뺨(口) × 2 | 안면(顔面)

道	갈 착 首 머리 수	길 도			
길 도					

7급 / 辵, 辶 / 13획 ｜ **길 도** ｜ 갈 착(辶) + 머리 수(首) | 도로(道路)

鼻	自 스스로 자 畀 줄 비	鼻			
코 비		**코 비**			

5급 / 鼻 / 14획 ｜ **코 비** ｜ 스스로 자(自) + 줄 비(畀) | 비염(鼻炎)

首		머리 수			
머리 수					

5급 / 首 / 9획 ｜ **머리 수** ｜ 머리카락(ㅛ) + 스스로 자(自) | 수미(首尾)

息	自 스스로 자 心 마음 심	息			
숨쉴 식		**숨쉴 식**			

4II급 / 心 / 10획 ｜ **숨쉴 식** ｜ 스스로 자(自) + 마음 심(心) | 휴식(休息)

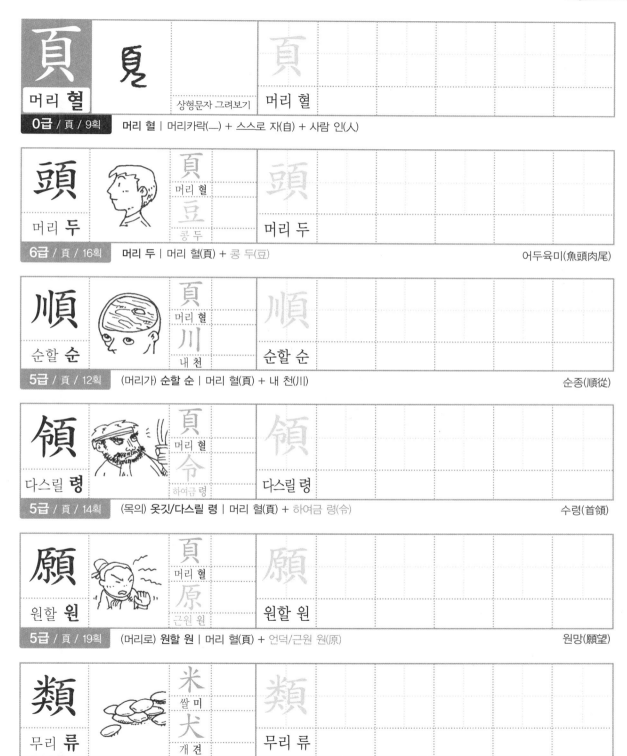

頁		상형문자 그려보기	頁	
머리 **혈**	夏		머리 혈	

0급 / 頁 / 9획   머리 혈 | 머리카락(一) + 스스로 자(自) + 사람 인(人)

頭		頁 머리 혈 / 豆 콩 두	頭	
머리 **두**			머리 두	

6급 / 頁 / 16획   머리 두 | 머리 혈(頁) + 콩 두(豆)   어두육미(魚頭肉尾)

順		頁 머리 혈 / 川 내 천	順	
순할 **순**			순할 순	

5급 / 頁 / 12획   (머리가) 순할 순 | 머리 혈(頁) + 내 천(川)   순종(順從)

領		頁 머리 혈 / 令 하여금 령	領	
다스릴 **령**			다스릴 령	

5급 / 頁 / 14획   (목의) 옷깃/다스릴 령 | 머리 혈(頁) + 하여금 령(令)   수령(首領)

願		頁 머리 혈 / 原 근원 원	願	
원할 **원**			원할 원	

5급 / 頁 / 19획   (머리로) 원할 원 | 머리 혈(頁) + 언덕/근원 원(原)   원망(願望)

類		米 쌀 미 / 犬 개 견	類	
무리 **류**			무리 류	

5급 / 頁 / 19획   (머리가 같은) 무리 류 | 쌀 미(米) + 개 견(犬) + 머리 혈(頁)   종류(種類)

頌 기릴 송	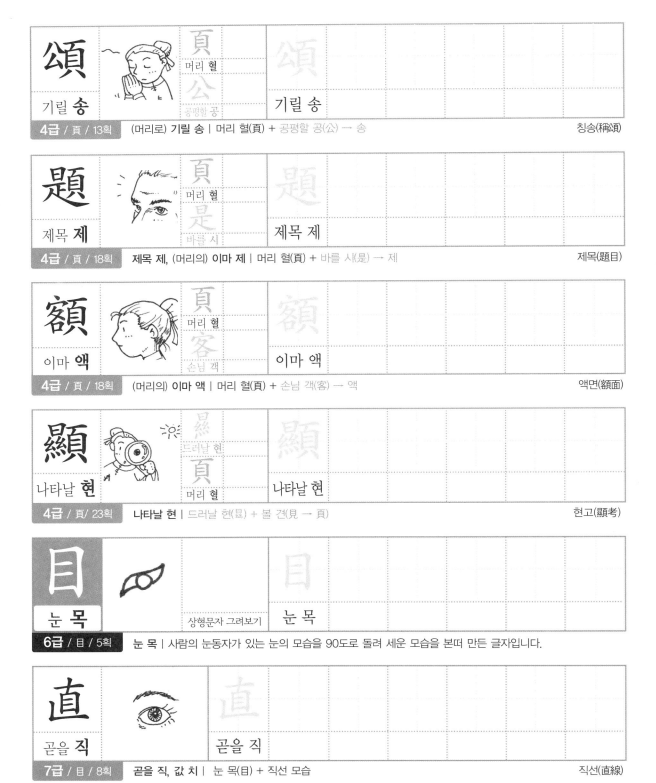	頁 머리 혈 / 公 공평할 공	頌 / 기릴 송	
4급 / 頁 / 13획	(머리로) **기릴 송** | 머리 혈(頁) + 공평할 공(公) → 송			칭송(稱頌)

題 제목 제	頁 머리 혈 / 是 바를 시	題 / 제목 제
4급 / 頁 / 18획	**제목 제**, (머리의) **이마 제** | 머리 혈(頁) + 바를 시(是) → 제	제목(題目)

額 이마 액	頁 머리 혈 / 客 손님 객	額 / 이마 액
4급 / 頁 / 18획	(머리의) **이마 액** | 머리 혈(頁) + 손님 객(客) → 액	액면(額面)

顯 나타날 현	㬎 드러날 현 / 頁 머리 혈	顯 / 나타날 현
4급 / 頁/ 23획	**나타날 현** | 드러날 현(㬎) + 볼 견(見 → 頁)	현고(顯考)

目 눈 목	상형문자 그려보기	目 / 눈 목
6급 / 目 / 5획	**눈 목** | 사람의 눈동자가 있는 눈의 모습을 90도로 돌려 세운 모습을 본떠 만든 글자입니다.	

直 곧을 직		直 / 곧을 직
7급 / 目 / 8획	**곧을 직**, **값 치** | 눈 목(目) + 직선 모습	직선(直線)

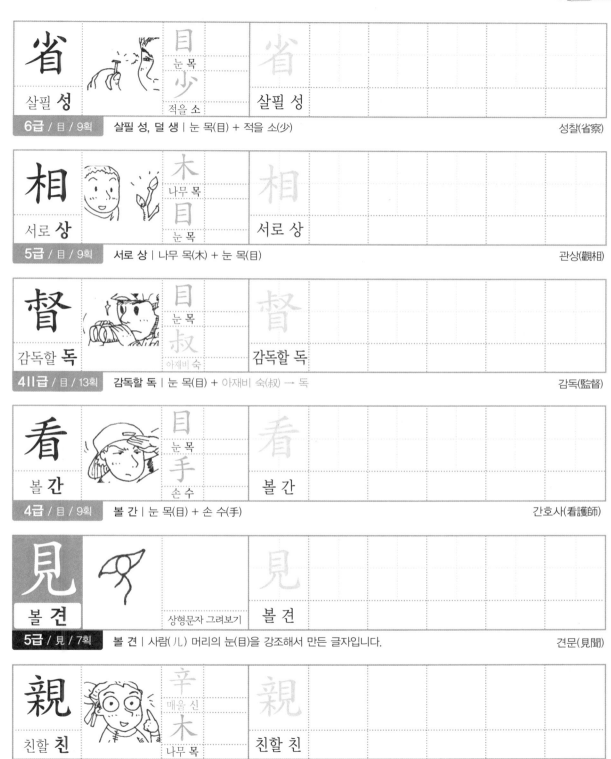

省	目 눈 목 少 적을 소	省 살필 성
살필 **성**		

6급 / 目 / 9획 　살필 성, 덜 생 | 눈 목(目) + 적을 소(少) 　　　　　　성찰(省察)

相	木 나무 목 目 눈 목	相 서로 상
서로 **상**		

5급 / 目 / 9획 　서로 상 | 나무 목(木) + 눈 목(目) 　　　　　　관상(觀相)

督	目 눈 목 叔 아재비 숙	督 감독할 독
감독할 **독**		

4II급 / 目 / 13획 　감독할 독 | 눈 목(目) + 아재비 숙(叔) → 독 　　　　감독(監督)

看	目 눈 목 手 손 수	看 볼 간
볼 **간**		

4급 / 目 / 9획 　볼 간 | 눈 목(目) + 손 수(手) 　　　　　　간호사(看護師)

見		見 볼 견
볼 견	상형문자 그려보기	

5급 / 見 / 7획 　볼 견 | 사람(儿) 머리의 눈(目)을 강조해서 만든 글자입니다. 　　견문(見聞)

親	辛 매울 신 木 나무 목	親 친할 친
친할 **친**		

6급 / 見 / 16획 　친할 친, 어버이 친 | 볼 견(見) + 매울 신(辛) → 친 + 나무 목(木) 　친구(親舊)

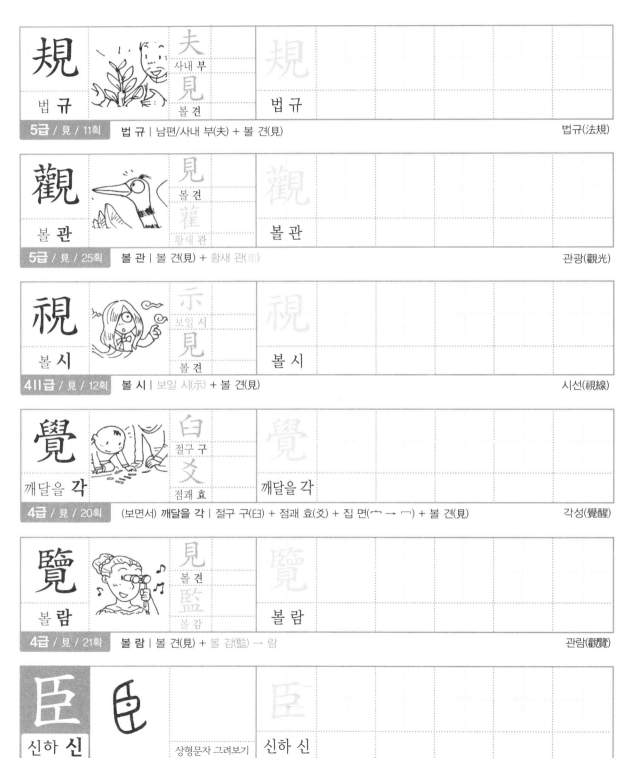

規		夫 사내 부 見 볼 견	規 법 규
법 규			

5급 / 見 / 11획 　법 규 | 남편/사내 부(夫) + 볼 견(見) 　　　　　　　　　　　　법규(法規)

觀		見 볼 견 雚 황새 관	觀 볼 관
볼 관			

5급 / 見 / 25획 　볼 관 | 볼 견(見) + 황새 관(雚) 　　　　　　　　　　　　　　관광(觀光)

視		示 보일 시 見 볼 견	視 볼 시
볼 시			

4II급 / 見 / 12획 　볼 시 | 보일 시(示) + 볼 견(見) 　　　　　　　　　　　　　시선(視線)

覺		白 절구 구 爻 점괘 효	覺 깨달을 각
깨달을 각			

4급 / 見 / 20획 　(보면서) 깨달을 각 | 절구 구(臼) + 점괘 효(爻) + 집 면(宀 → 冖) + 볼 견(見) 　각성(覺醒)

覽		見 볼 견 監 볼 감	覽 볼 람
볼 람			

4급 / 見 / 21획 　볼 람 | 볼 견(見) + 볼 감(監) → 람 　　　　　　　　　　　관람(觀覽)

臣	臣	상형문자 그려보기	臣 신하 신
신하 신			

5급 / 臣 / 6획 　신하 신 | 부릅 뜬 눈을 본떠 만든 글자로, 원래 눈을 부릅 뜬 노예를 의미합니다. 　　신하(臣下)

耳	③		耳			
귀 이		상형문자 그려보기	귀 이			

5급 / 耳 / 6획   귀 이 | 사람의 귀를 본떠 만든 글자입니다.   이비인후과(耳鼻咽喉科)

聞		耳 귀 이 門 문 문	聞			
들을 문			들을 문			

6급 / 耳 / 14획   (귀로) 들을 문 | 귀 이(耳) + 문 문(門)   신문(新聞)

最		冒 무릅쓸 모 取 가질 취	最			
가장 최			가장 최			

5급 / 日 / 12획   가장 최 | 무릅쓸 모(冒 → 日) + 가질 취(取) → 최   최고(最高)

聖		口 입 구 壬 줄기 정	聖			
성스러울 성			성스러울 성			

4II급 / 耳 / 13획   성스러울 성 | 귀 이(耳) + 입 구(口) + 줄기 정(壬) → 성   성인(聖人)

聲		声 석경 성 殳 창 수	聲			
소리 성			소리 성			

4II급 / 耳 / 17획   (귀로 듣는) 소리 성 | 석경 성(声) + 창 수(殳) + 귀 이(耳)   성량(聲量)

職		耳 귀 이 戠 새길 시	職			
벼슬 직			벼슬 직			

4II급 / 耳 / 18획   벼슬 직 | 귀 이(耳) + 새길 시(戠) → 직   직책(職責)

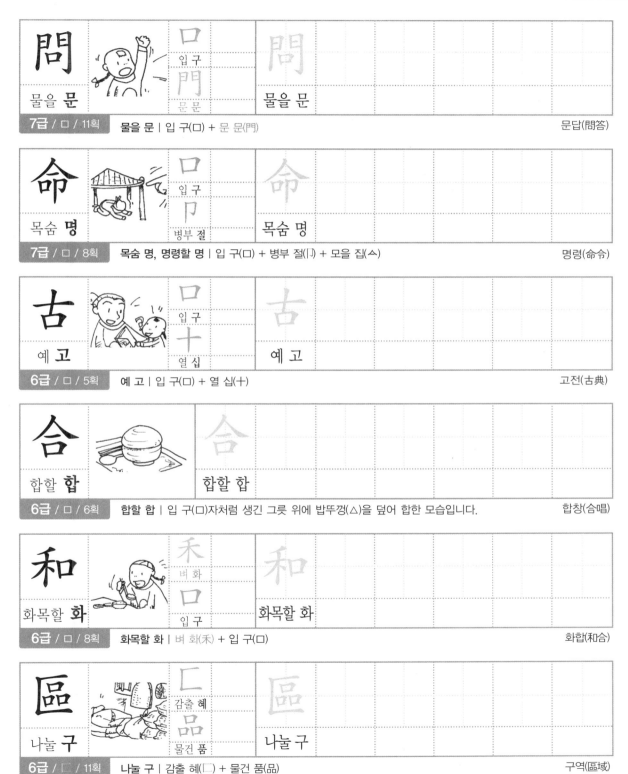

| 問 | | 口
입 구
門
문 문 | 問
물을 문 | | | |
| 물을 문 | | | | | | |

7급 / 口 / 11획 | 물을 문 | 입 구(口) + 문 문(門) | 문답(問答)

| 命 | | 口
입 구
卩
병부 절 | 命
목숨 명 | | | |
| 목숨 명 | | | | | | |

7급 / 口 / 8획 | **목숨 명, 명령할 명** | 입 구(口) + 병부 절(卩) + 모을 집(亼) | 명령(命令)

| 古 | | 口
입 구
十
열 십 | 古
예 고 | | | |
| 예 고 | | | | | | |

6급 / 口 / 5획 | 예 고 | 입 구(口) + 열 십(十) | 고전(古典)

| 合 | | 合
합할 합 | | | | |
| 합할 합 | | | | | | |

6급 / 口 / 6획 | 합할 합 | 입 구(口)자처럼 생긴 그릇 위에 밥뚜껑(亼)을 덮어 합한 모습입니다. | 합창(合唱)

| 和 | | 禾
벼 화
口
입 구 | 和
화목할 화 | | | |
| 화목할 화 | | | | | | |

6급 / 口 / 8획 | 화목할 화 | 벼 화(禾) + 입 구(口) | 화합(和合)

| 區 | | 匸
감출 혜
品
물건 품 | 區
나눌 구 | | | |
| 나눌 구 | | | | | | |

6급 / 匸 / 11획 | 나눌 구 | 감출 혜(匸) + 물건 품(品) | 구역(區域)

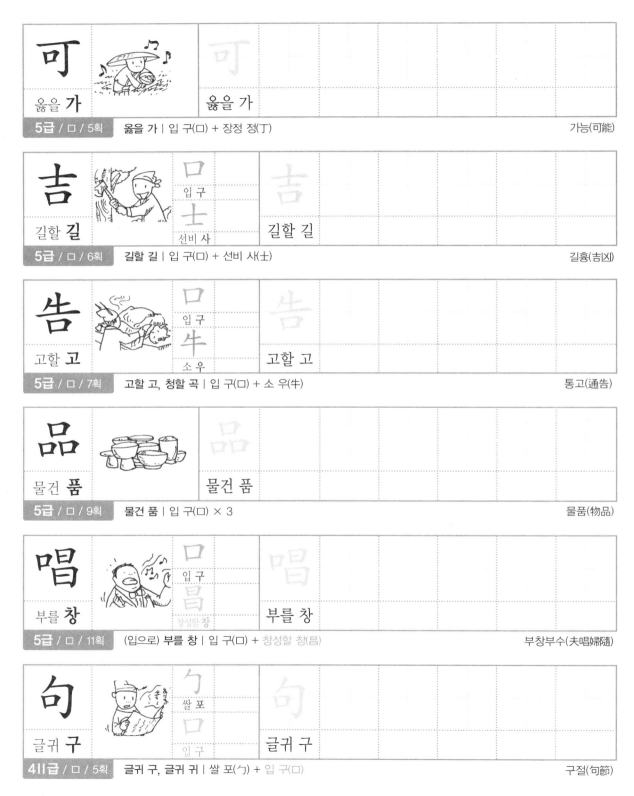

可		可			
옳을 **가**		옳을 가			

5급 / 口 / 5획　옳을 가 | 입 구(口) + 장정 정(丁)　　　　　가능(可能)

吉	口 입 구	吉			
길할 **길**	士 선비 사	길할 길			

5급 / 口 / 6획　길할 길 | 입 구(口) + 선비 사(士)　　　　　길흉(吉凶)

告	口 입 구 牛 소 우	告			
고할 **고**		고할 고			

5급 / 口 / 7획　고할 고, 청할 곡 | 입 구(口) + 소 우(牛)　　　　　통고(通告)

品		品			
물건 **품**		물건 품			

5급 / 口 / 9획　물건 품 | 입 구(口) × 3　　　　　물품(物品)

唱	口 입 구 昌 창성할 창	唱			
부를 **창**		부를 창			

5급 / 口 / 11획　(입으로) 부를 창 | 입 구(口) + 창성할 창(昌)　　　　　부창부수(夫唱婦隨)

句	勹 쌀 포 口 입 구	句			
글귀 **구**		글귀 구			

4II급 / 口 / 5획　글귀 구, 글귀 귀 | 쌀 포(勹) + 입 구(口)　　　　　구절(句節)

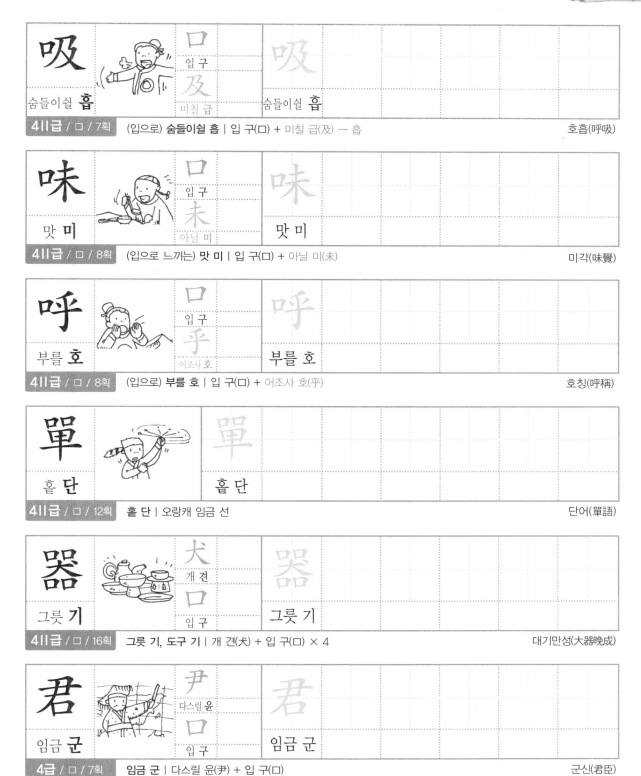

吸		口 입 구 及 미칠 급	吸
숨들이쉴 **흡**			숨들이쉴 **흡**

4II급 / 口 / 7획   (입으로) **숨들이쉴 흡** | 입 구(口) + 미칠 급(及) → 흡   호흡(呼吸)

味		口 입 구 未 아닐 미	味
맛 **미**			맛 미

4II급 / 口 / 8획   (입으로 느끼는) **맛 미** | 입 구(口) + 아닐 미(未)   미각(味覺)

呼		口 입 구 乎 어조사 호	呼
부를 **호**			부를 호

4II급 / 口 / 8획   (입으로) **부를 호** | 입 구(口) + 어조사 호(乎)   호칭(呼稱)

單		單	
홑 **단**		홑 단	

4II급 / 口 / 12획   **홑 단** | 오랑캐 임금 선   단어(單語)

器		犬 개 견 口 입 구	器
그릇 **기**			그릇 기

4II급 / 口 / 16획   **그릇 기, 도구 기** | 개 견(犬) + 입 구(口) × 4   대기만성(大器晩成)

君		尹 다스릴 윤 口 입 구	君
임금 **군**			임금 군

4급 / 口 / 7획   **임금 군** | 다스릴 윤(尹) + 입 구(口)   군신(君臣)

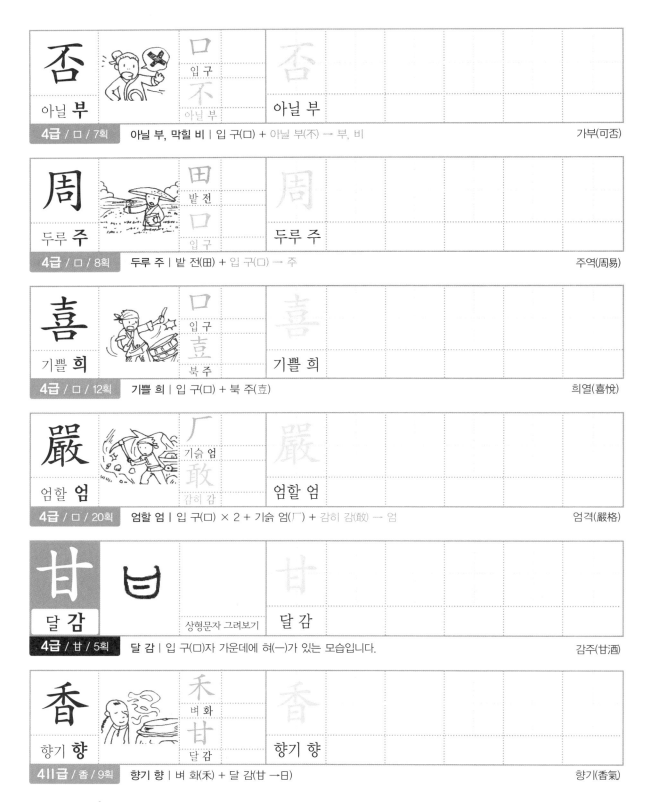

否
아닐 부

口
입 구
不
아닐 부

아닐 부

4급 / 口 / 7획 | 아닐 부, 막힐 비 | 입 구(口) + 아닐 부(不) → 부, 비 | 가부(可否)

周
두루 주

田
밭 전
口
입 구

두루 주

4급 / 口 / 8획 | 두루 주 | 밭 전(田) + 입 구(口) → 주 | 주역(周易)

喜
기쁠 희

口
입 구
壴
북 주

기쁠 희

4급 / 口 / 12획 | 기쁠 희 | 입 구(口) + 북 주(壴) | 희열(喜悅)

嚴
엄할 엄

厂
기슭 엄
敢
감히 감

엄할 엄

4급 / 口 / 20획 | 엄할 엄 | 입 구(口) × 2 + 기슭 엄(厂) + 감히 감(敢) → 엄 | 엄격(嚴格)

甘
달 감

상형문자 그려보기

달 감

4급 / 甘 / 5획 | 달 감 | 입 구(口)자 가운데에 혀(一)가 있는 모습입니다. | 감주(甘酒)

香
향기 향

禾
벼 화
甘
달 감

향기 향

4II급 / 香 / 9획 | 향기 향 | 벼 화(禾) + 달 감(甘 →日) | 향기(香氣)

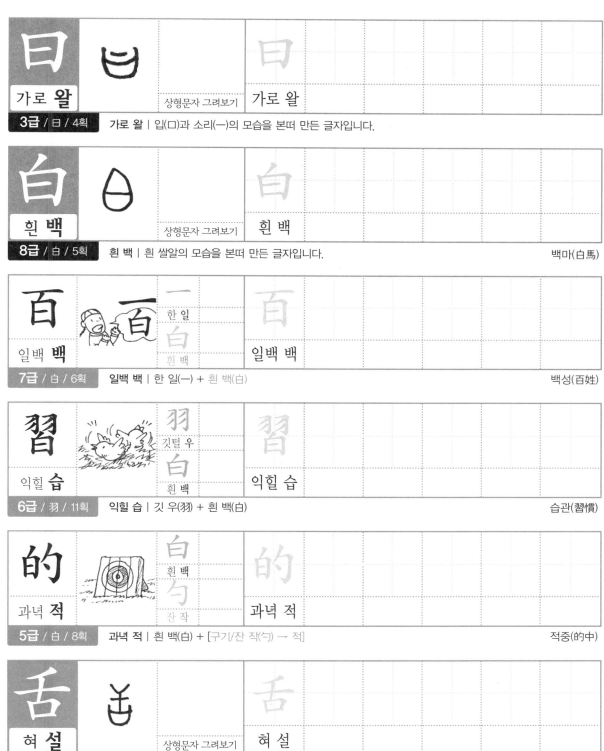

日

가로 왈

3급 / 日 / 4획

상형문자 그려보기 | 가로 왈

가로 왈 | 입(口)과 소리(一)의 모습을 본떠 만든 글자입니다.

白

흰 백

8급 / 白 / 5획

상형문자 그려보기 | 흰 백

흰 백 | 흰 쌀알의 모습을 본떠 만든 글자입니다.

백마(白馬)

百

일백 백

7급 / 白 / 6획

한 일
흰 백
일백 백

일백 백 | 한 일(一) + 흰 백(白)

백성(百姓)

習

익힐 습

6급 / 羽 / 11획

깃털 우
흰 백
익힐 습

익힐 습 | 깃 우(羽) + 흰 백(白)

습관(習慣)

的

과녁 적

5급 / 白 / 8획

흰 백
구기/잔 작
과녁 적

과녁 적 | 흰 백(白) + [구기/잔 작(勺) → 적]

적중(的中)

舌

혀 설

4급 / 舌 / 6획

상형문자 그려보기 | 혀 설

혀 설 | 입(口)과 혀(干)의 모습을 본떠 만든 글자입니다.

설전(舌戰)

話		言 말씀 언 舌 혀 설	話					
말씀 **화**			말씀 화					
7급 / 言 / 13획	말씀 화 ǀ 말씀 언(言) + 혀 설(舌)							대화(對話)

音 소리 **음**		상형문자 그려보기	音					
			소리 음					
6급 / 音 / 9획	소리 음 ǀ 입(口)에 피리를 물고 소리를 내는 모습을 본떠 만든 글자입니다.							음악(音樂)

意		音 소리 음 心 마음 심	意					
뜻 **의**			뜻 의					
6급 / 心 / 13획	뜻 의 ǀ 소리 음(音) → 의 + 마음 심(心)							의견(意見)

識		言 말씀 언 戠 새길 시	識					
알 **식**			알 식					
5급 / 言 / 19획	(말로) 알 식, 표시할 지 ǀ 말씀 언(言) + 새길 시(戠) → 식, 지							지식(知識)

競		竟 마침내 경 竟 마침내 경	競					
다툴 **경**			다툴 경					
5급 / 立 / 20획	다툴 경 ǀ 마침내 경(竟) × 2							경쟁(競爭)

暗		日 날 일 音 소리 음	暗					
어두울 **암**			어두울 암					
4II급 / 日 / 13획	어두울 암 ǀ 날 일(日) + 소리 음(音) → 암							암흑(暗黑)

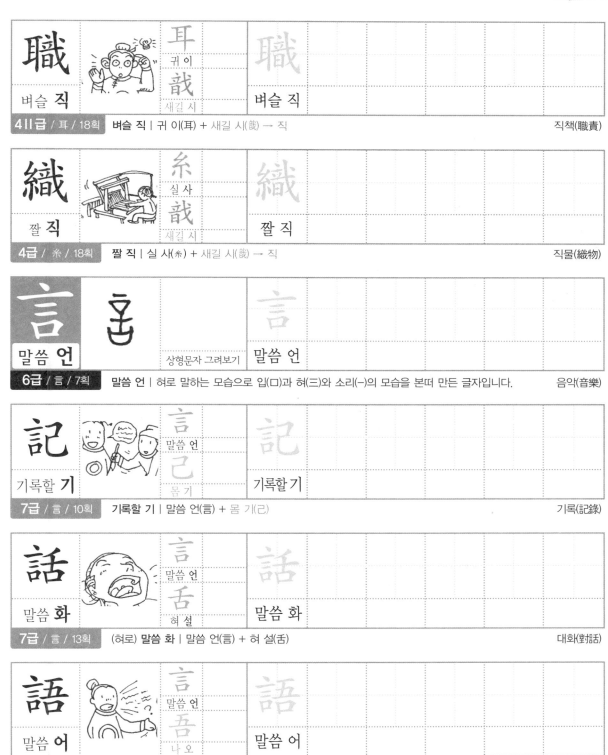

職 | 벼슬 직
耳 귀 이
戠 새길 시
職 벼슬 직

4II급 / 耳 / 18획   **벼슬 직** | 귀 이(耳) + 새길 시(戠) → 직   직책(職責)

織 | 짤 직
糸 실 사
戠 새길 시
織 짤 직

4급 / 糸 / 18획   **짤 직** | 실 사(糸) + 새길 시(戠) → 직   직물(織物)

言 | 말씀 언
상형문자 그려보기
言 말씀 언

6급 / 言 / 7획   **말씀 언** | 혀로 말하는 모습으로 입(口)과 혀(三)와 소리(一)의 모습을 본떠 만든 글자입니다.   음악(音樂)

記 | 기록할 기
言 말씀 언
己 몸 기
記 기록할 기

7급 / 言 / 10획   **기록할 기** | 말씀 언(言) + 몸 기(己)   기록(記錄)

話 | 말씀 화
言 말씀 언
舌 혀 설
話 말씀 화

7급 / 言 / 13획   **(혀로) 말씀 화** | 말씀 언(言) + 혀 설(舌)   대화(對話)

語 | 말씀 어
言 말씀 언
吾 나 오
語 말씀 어

7급 / 言 / 14획   **말씀 어** | 말씀 언(言) + 나 오(吾) → 어   영어(英語)

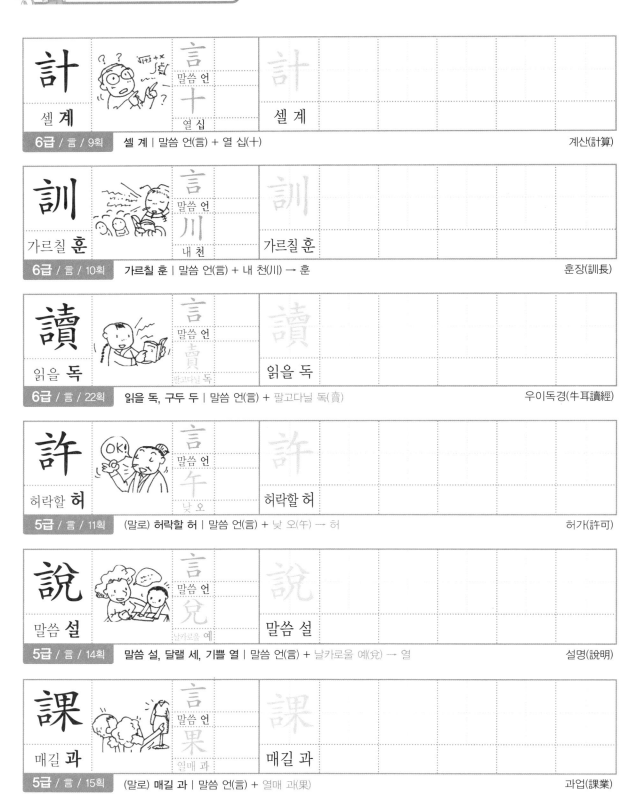

計
셀 **계**
6급 / 言 / 9획 | **셀 계** | 말씀 언(言) + 열 십(十) | 계산(計算)

訓
가르칠 **훈**
6급 / 言 / 10획 | **가르칠 훈** | 말씀 언(言) + 내 천(川) → 훈 | 훈장(訓長)

讀
읽을 **독**
6급 / 言 / 22획 | **읽을 독, 구두 두** | 말씀 언(言) + 팔고다닐 독(賣) | 우이독경(牛耳讀經)

許
허락할 **허**
5급 / 言 / 11획 | **(말로) 허락할 허** | 말씀 언(言) + 낮 오(午) → 허 | 허가(許可)

說
말씀 **설**
5급 / 言 / 14획 | **말씀 설, 달랠 세, 기쁠 열** | 말씀 언(言) + 날카로울 예(兌) → 열 | 설명(說明)

課
매길 **과**
5급 / 言 / 15획 | **(말로) 매길 과** | 말씀 언(言) + 열매 과(果) | 과업(課業)

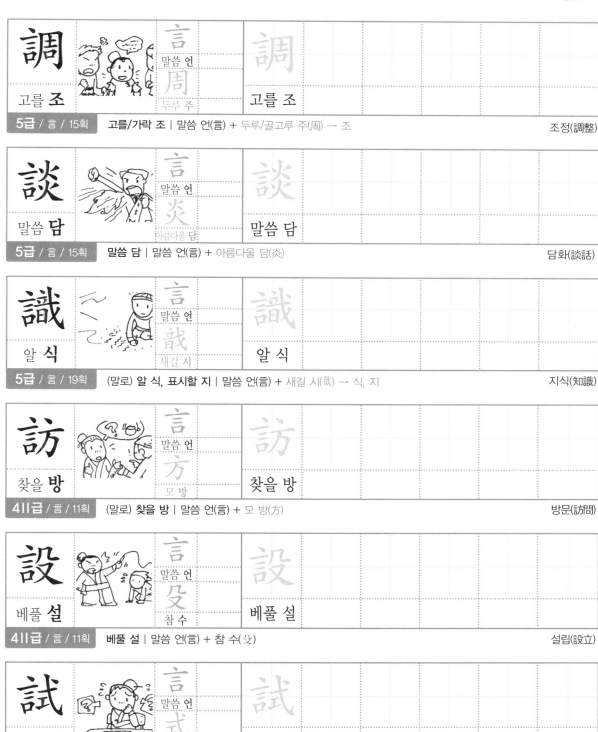

| 調 | | 言 말씀 언 | | 調 | | | | |
| 고를 조 | | 周 두루 주 | | 고를 조 | | | | |

5급 / 言 / 15획 | 고를/가락 조 | 말씀 언(言) + 두루/골고루 주(周) → 조 | 조정(調整)

| 談 | | 言 말씀 언 | | 談 | | | | |
| 말씀 담 | | 炎 아름다울 담 | | 말씀 담 | | | | |

5급 / 言 / 15획 | 말씀 담 | 말씀 언(言) + 아름다울 담(炎) | 담화(談話)

| 識 | | 言 말씀 언 | | 識 | | | | |
| 알 식 | | 戠 새길 시 | | 알 식 | | | | |

5급 / 言 / 19획 | (말로) 알 식, 표시할 지 | 말씀 언(言) + 새길 시(戠) → 식, 지 | 지식(知識)

| 訪 | | 言 말씀 언 | | 訪 | | | | |
| 찾을 방 | | 方 모 방 | | 찾을 방 | | | | |

4II급 / 言 / 11획 | (말로) 찾을 방 | 말씀 언(言) + 모 방(方) | 방문(訪問)

| 設 | | 言 말씀 언 | | 設 | | | | |
| 베풀 설 | | 殳 참 수 | | 베풀 설 | | | | |

4II급 / 言 / 11획 | 베풀 설 | 말씀 언(言) + 참 수(殳) | 설립(設立)

| 試 | | 言 말씀 언 | | 試 | | | | |
| 시험 시 | | 式 법 식 | | 시험 시 | | | | |

4II급 / 言 / 13획 | 시험 시 | 말씀 언(言) + 법 식(式) → 시 | 시험(試驗)

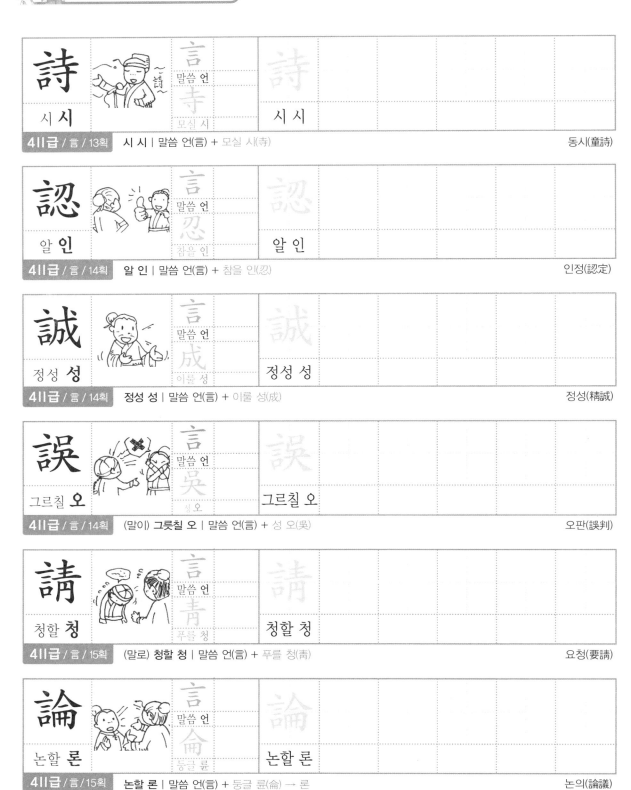

詩		言 말씀 언 寺 모실 시	詩				
시 시			시 시				

4II급 / 言 / 13획 　 시 시 | 말씀 언(言) + 모실 시(寺) 　　　　　　　　　　　　 동시(童詩)

認		言 말씀 언 忍 참을 인	認				
알 인			알 인				

4II급 / 言 / 14획 　 알 인 | 말씀 언(言) + 참을 인(忍) 　　　　　　　　　　　　 인정(認定)

誠		言 말씀 언 成 이룰 성	誠				
정성 성			정성 성				

4II급 / 言 / 14획 　 정성 성 | 말씀 언(言) + 이룰 성(成) 　　　　　　　　　　 정성(精誠)

誤		言 말씀 언 吳 성 오	誤				
그르칠 오			그르칠 오				

4II급 / 言 / 14획 　 (말이) 그릇칠 오 | 말씀 언(言) + 성 오(吳) 　　　　　　 오판(誤判)

請		言 말씀 언 青 푸를 청	請				
청할 청			청할 청				

4II급 / 言 / 15획 　 (말로) 청할 청 | 말씀 언(言) + 푸를 청(靑) 　　　　　 요청(要請)

論		言 말씀 언 侖 둥글 륜	論				
논할 론			논할 론				

4II급 / 言 / 15획 　 논할 론 | 말씀 언(言) + 둥글 륜(侖) → 론 　　　　　 논의(論議)

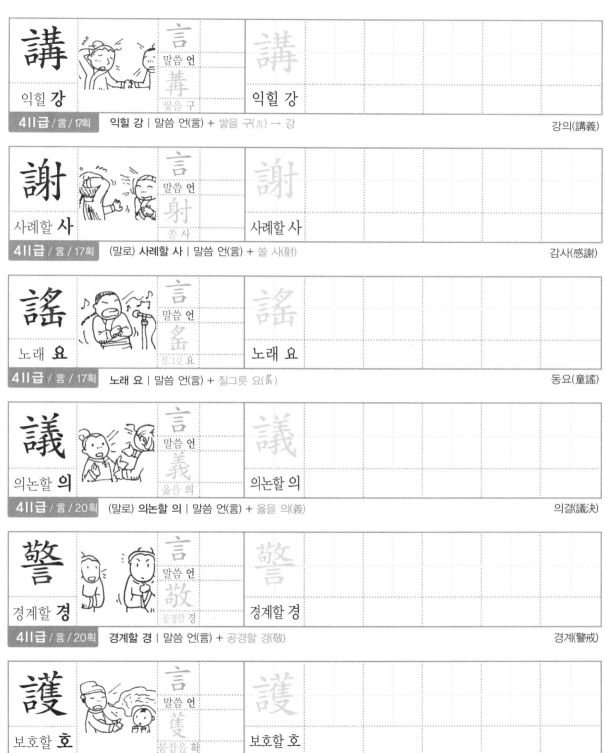

講 익힐 강
4II급 / 言 / 17획　익힐 강 | 말씀 언(言) + 쌓을 구(冓) → 강　　강의(講義)

謝 사례할 사
4II급 / 言 / 17획　(말로) 사례할 사 | 말씀 언(言) + 쏠 사(射)　　감사(感謝)

謠 노래 요
4II급 / 言 / 17획　노래 요 | 말씀 언(言) + 질그릇 요(䍃)　　동요(童謠)

議 의논할 의
4II급 / 言 / 20획　(말로) 의논할 의 | 말씀 언(言) + 옳을 의(義)　　의결(議決)

警 경계할 경
4II급 / 言 / 20획　경계할 경 | 말씀 언(言) + 공경할 경(敬)　　경계(警戒)

護 보호할 호
4II급 / 言 / 21획　(말로) 보호할 호 | 말씀 언(言) + 붙잡을 확(蒦) → 호　　경계(警戒)

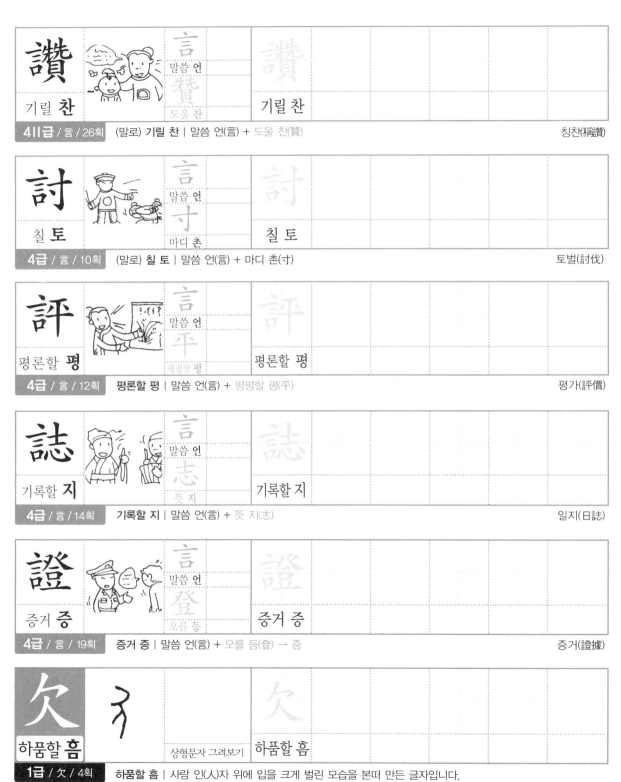

讚 기릴 **찬**

4II급 / 言 / 26획 　(말로) **기릴 찬** | 말씀 언(言) + 도울 찬(贊) 　칭찬(稱讚)

기릴 찬

討 칠 **토**

4급 / 言 / 10획 　(말로) **칠 토** | 말씀 언(言) + 마디 촌(寸) 　토벌(討伐)

칠 토

評 평론할 **평**

4급 / 言 / 12획 　**평론할 평** | 말씀 언(言) + 평평할 평(平) 　평가(評價)

평론할 평

誌 기록할 **지**

4급 / 言 / 14획 　**기록할 지** | 말씀 언(言) + 뜻 지(志) 　일지(日誌)

기록할 지

證 증거 **증**

4급 / 言 / 19획 　**증거 증** | 말씀 언(言) + 오를 등(登) → 증 　증거(證據)

증거 증

欠 하품할 **흠**

상형문자 그려보기

하품할 흠

1급 / 欠 / 4획 　**하품할 흠** | 사람 인(人)자 위에 입을 크게 벌린 모습을 본떠 만든 글자입니다.

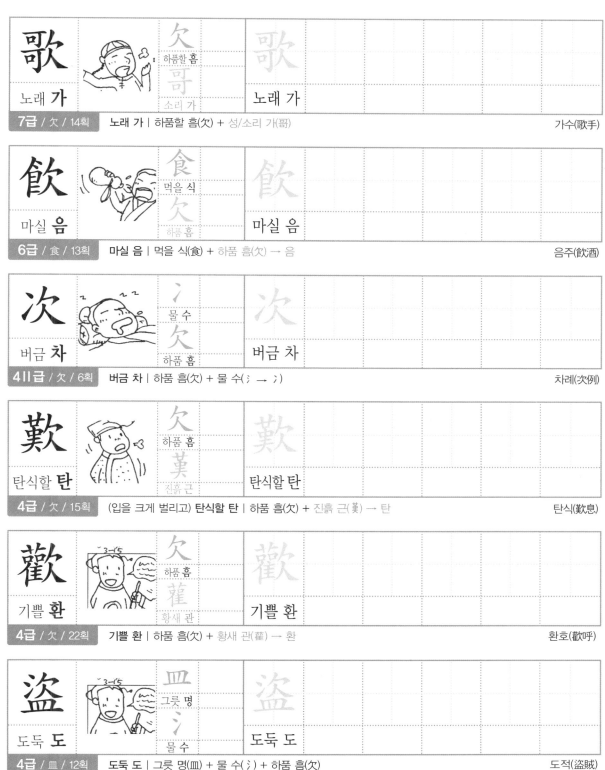

歌
노래 가
7급 / 欠 / 14획

欠 하품할 흠
哥 소리 가

노래 가

노래 가 | 하품할 흠(欠) + 성/소리 가(哥)

가수(歌手)

飮
마실 음
6급 / 食 / 13획

食 먹을 식
欠 하품 흠

마실 음

마실 음 | 먹을 식(食) + 하품 흠(欠) → 음

음주(飮酒)

次
버금 차
4II급 / 欠 / 6획

冫 물 수
欠 하품 흠

버금 차

버금 차 | 하품 흠(欠) + 물 수(氵 → 冫)

차례(次例)

歎
탄식할 탄
4급 / 欠 / 15획

欠 하품 흠
菓 진흙 근

탄식할 탄

(입을 크게 벌리고) 탄식할 탄 | 하품 흠(欠) + 진흙 근(菓) → 탄

탄식(歎息)

歡
기쁠 환
4급 / 欠 / 22획

欠 하품 흠
雚 황새 관

기쁠 환

기쁠 환 | 하품 흠(欠) + 황새 관(雚) → 환

환호(歡呼)

盜
도둑 도
4급 / 皿 / 12획

皿 그릇 명
氵 물 수

도둑 도

도둑 도 | 그릇 명(皿) + 물 수(氵) + 하품 흠(欠)

도적(盜賊)

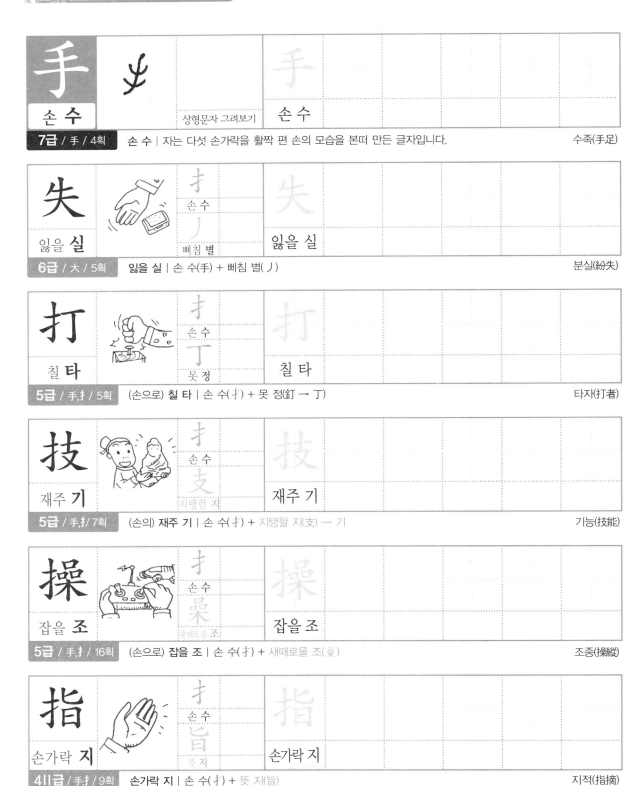

			손 수	
手 손 수		상형문자 그려보기	손 수	

7급 / 手 / 4획 　손 수 | 자는 다섯 손가락을 활짝 편 손의 모습을 본떠 만든 글자입니다. 　　　　　수족(手足)

| **失** 잃을 **실** | | 扌 손 수 ノ 삐침 별 | 잃을 실 |

6급 / 大 / 5획 　잃을 실 | 손 수(手) + 삐침 별(ノ) 　　　　　분실(紛失)

| **打** 칠 **타** | | 扌 손 수 丁 못 정 | 칠 타 |

5급 / 手,扌 / 5획 　(손으로) 칠 타 | 손 수(扌) + 못 정(釘 → 丁) 　　　　　타자(打者)

| **技** 재주 **기** | | 扌 손 수 支 지탱할 지 | 재주 기 |

5급 / 手,扌 / 7획 　(손의) 재주 기 | 손 수(扌) + 지탱할 지(支) → 기 　　　　　기능(技能)

| **操** 잡을 **조** | | 扌 손 수 喿 새떼로울 조 | 잡을 조 |

5급 / 手,扌 / 16획 　(손으로) 잡을 조 | 손 수(扌) + 새때로울 조(喿) 　　　　　조종(操縱)

| **指** 손가락 **지** | | 扌 손 수 旨 뜻 지 | 손가락 지 |

4II급 / 手,扌 / 9획 　손가락 지 | 손 수(扌) + 뜻 지(旨) 　　　　　지적(指摘)

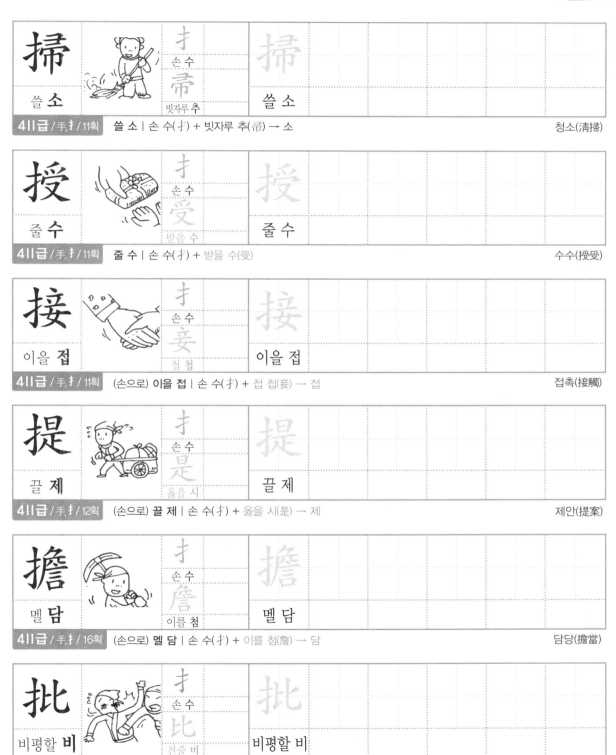

掃
쓸 소
빗자루 추
4II급 / 手, 扌 / 11획 | 쓸 소 | 손 수(扌) + 빗자루 추(帚) → 소 | 청소(清掃)

授
줄 수
받을 수
4II급 / 手, 扌 / 11획 | 줄 수 | 손 수(扌) + 받을 수(受) | 수수(授受)

接
이을 접
첩 첩
4II급 / 手, 扌 / 11획 | (손으로) 이을 접 | 손 수(扌) + 첩 첩(妾) → 접 | 접촉(接觸)

提
끌 제
옳을 시
4II급 / 手, 扌 / 12획 | (손으로) 끌 제 | 손 수(扌) + 옳을 시(是) → 제 | 제안(提案)

擔
멜 담
이를 첨
4II급 / 手, 扌 / 16획 | (손으로) 멜 담 | 손 수(扌) + 이를 첨(詹) → 담 | 담당(擔當)

批
비평할 비
견줄 비
4급 / 手, 扌 / 7획 | 비평할 비 | 손 수(扌) + 견줄 비(比) | 비판(批判)

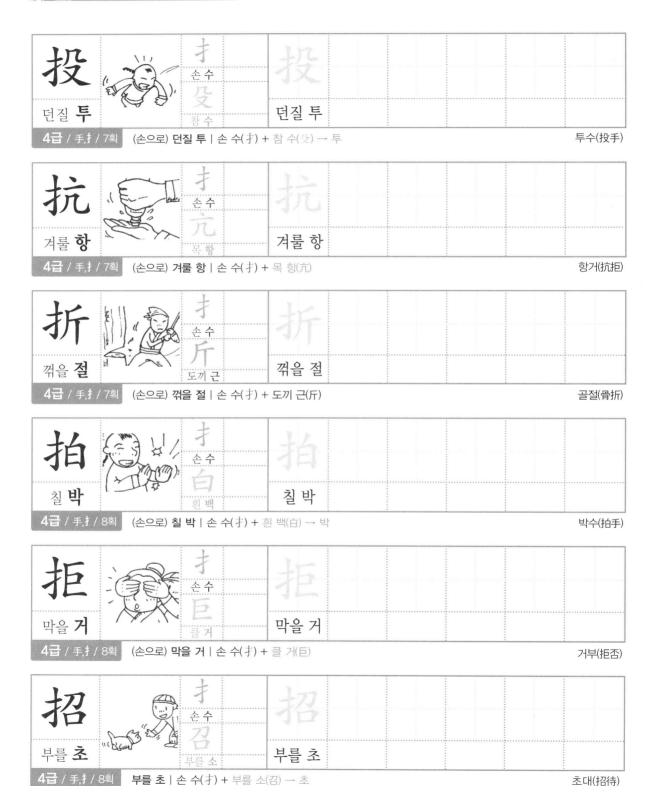

投
던질 투
4급 / 手,扌 / 7획 · (손으로) 던질 투 | 손 수(扌) + 참 수(殳) → 투 · 투수(投手)

扌 손 수
殳 참 수

던질 투

抗
겨룰 항
4급 / 手,扌 / 7획 · (손으로) 겨룰 항 | 손 수(扌) + 목 항(亢) · 항거(抗拒)

扌 손 수
亢 목 항

겨룰 항

折
꺾을 절
4급 / 手,扌 / 7획 · (손으로) 꺾을 절 | 손 수(扌) + 도끼 근(斤) · 골절(骨折)

扌 손 수
斤 도끼 근

꺾을 절

拍
칠 박
4급 / 手,扌 / 8획 · (손으로) 칠 박 | 손 수(扌) + 흰 백(白) → 박 · 박수(拍手)

扌 손 수
白 흰 백

칠 박

拒
막을 거
4급 / 手,扌 / 8획 · (손으로) 막을 거 | 손 수(扌) + 클 거(巨) · 거부(拒否)

扌 손 수
巨 클 거

막을 거

招
부를 초
4급 / 手,扌 / 8획 · 부를 초 | 손 수(扌) + 부를 소(召) → 초 · 초대(招待)

扌 손 수
召 부를 소

부를 초

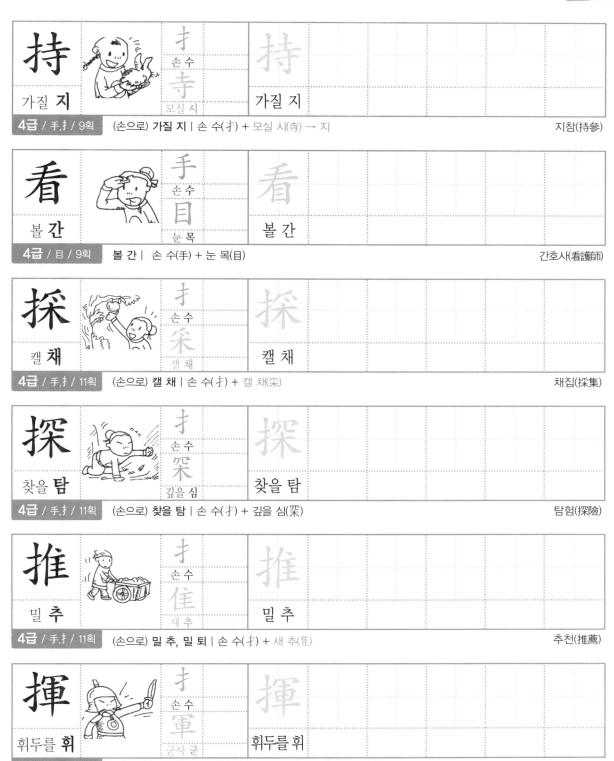

持		才 손 수 ---- 寺 모실 시	持 가질 지
가질 **지**			
4급 / 手, 扌 / 9획	(손으로) **가질 지** ┃ 손 수(扌) + 모실 시(寺) → 지		지참(持參)

看		手 손 수 ---- 目 눈 목	看 볼 간
볼 **간**			
4급 / 目 / 9획	**볼 간** ┃ 손 수(手) + 눈 목(目)		간호사(看護師)

採		扌 손 수 ---- 采 캘 채	採 캘 채
캘 **채**			
4급 / 手, 扌 / 11획	(손으로) **캘 채** ┃ 손 수(扌) + 캘 채(采)		채집(採集)

探		扌 손 수 ---- 罙 깊을 심	探 찾을 탐
찾을 **탐**			
4급 / 手, 扌 / 11획	(손으로) **찾을 탐** ┃ 손 수(扌) + 깊을 심(罙)		탐험(探險)

推		扌 손 수 ---- 隹 새 추	推 밀 추
밀 **추**			
4급 / 手, 扌 / 11획	(손으로) **밀 추, 밀 퇴** ┃ 손 수(扌) + 새 추(隹)		추천(推薦)

揮		扌 손 수 ---- 軍 군사 군	揮 휘두를 휘
휘두를 **휘**			
4급 / 手, 扌 / 12획	(손으로) **휘두를 휘** ┃ 손 수(扌) + 군사 군(軍) → 휘		지휘(指揮)

援 구원할 원
4급 / 手,扌 / 12획 | (손으로) 구원할 원 | 손 수(扌) + 당길 원(爰)
손 수 / 爰 당길 원
구원할 원
원조(援助)

損 덜 손
4급 / 手,扌 / 12획 | (손으로) 덜 손 | 손 수(扌) + 인원 원(員) → 손
손 수 / 員 인원 원
덜 손
손해(損害)

據 의지할 거
4급 / 手,扌 / 17획 | (손으로) 의지할 거 | 손 수(扌) + 큰돼지 거(豦)
손 수 / 豦 큰돼지 거
의지할 거
의거(依據)

擊 칠 격
4급 / 手,扌 / 17획 | 칠 격 | 손 수(手) + 수레부딪칠 격(轂)
손 수 / 轂 수레부딪칠 격
칠 격
공격(攻擊)

又 또 우
7급 / 又 / 2획 | 또 우 | 손가락이 3개인 손을 오른쪽에서 내미는 모습을 본떠 만든 글자입니다.
상형문자 그려보기
또 우

反 돌이킬 반
6급 / 又 / 4획 | 돌이킬 반 | 기슭 엄(厂) + 또 우(又)
厂 기슭 엄 / 又 또 우
돌이킬 반
반대(反對)

友		少 원손 좌	友	
벗 우		又 또 우	벗 우	

5급 / 又 / 4획 | 벗 우 | 왼손 좌(屮) + 또 우(又) | 우정(友情)

取		耳 귀 이	取	
가질 취		又 또 우	가질 취	

4II급 / 又 / 8획 | 가질 취 | 귀 이(耳) + 또 우(又) | 취득(取得)

受		爪 손톱 조	受	
받을 수		又 또 우	받을 수	

4II급 / 又 / 8획 | 받을 수 | 손톱 조(爪) + 덮을 멱(冖) + 또 우(又) | 수수(授受)

叔		尗 콩 숙	叔	
아재비 숙		又 또 우	아재비 숙	

4급 / 又 / 8획 | 아재비 숙 | 콩 숙(尗) + 또 우(又) | 숙부(叔父)

屮	ㄐ		屮	
왼손 **좌**		상형문자 그려보기	왼손 좌	

0급 / 屮 / 3획 | 왼손 좌 | 손가락이 3개인 손을 왼쪽에서 내미는 모습을 본떠 만든 글자입니다.

左		屮 왼손 좌	左	
왼 **좌**		工 장인 공	왼 좌	

7급 / 工 / 5획 | 왼 좌 | 왼손 좌(屮) + 장인 공(工) | 좌우(左右)

右
오른 우
7급 / 口 / 5획

왼손 좌
口
입 구

오른 우

오른 우 | 왼손 좌(リ) + 입 구(口)

우측(右側)

有
있을 유
7급 / 肉, 月 / 6획

왼손 좌
月
고기 육

있을 유

있을 유 | 왼손 좌(リ) + 고기 육(肉/月)

유무(有無)

布
베 포
4II급 / 巾 / 5획

왼손 좌
巾
수건 건

베 포

베 포 | 왼손 좌(リ) + 수건 건(巾)

포목점(布木店)

灰
재 회
4급 / 火 / 6획

왼손 좌
火
불 화

재 회

재 회 | 왼손 좌(リ) + 불 화(火)

회색(灰色)

爪
손톱 조
1급 / 爪 / 4획

상형문자 그려보기

손톱 조

손톱 조 | 손가락이 3개인 손을 위에서 아래로 내미는 모습을 본떠 만든 글자입니다.

爲
할 위
4II급 / 爪 / 12획

爪
손톱 조
象
코끼리 상

할 위

할 위 | 손톱 조(爪) + 코끼리 상(象)

위정자(爲政者)

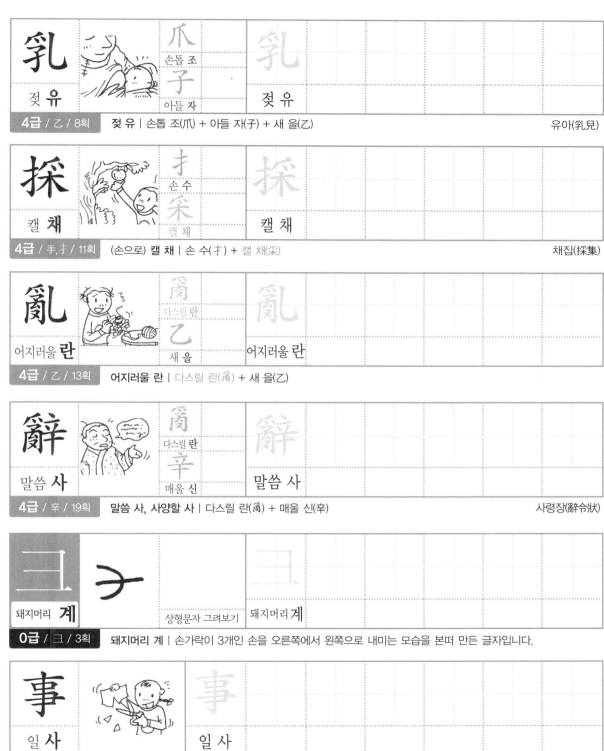

乳
젖 **유**
4급 / 乙 / 8획
손톱 조
子
아들 자
乳
젖 유
젖 유 | 손톱 조(爪) + 아들 자(子) + 새 을(乙)
유아(乳兒)

採
캘 **채**
4급 / 手,扌 / 11획
扌
손 수
采
캘 채
採
캘 채
(손으로) 캘 채 | 손 수(扌) + 캘 채(采)
채집(採集)

亂
어지러울 **란**
4급 / 乙 / 13획
爾
다스릴 란
乙
새 을
亂
어지러울 란
어지러울 란 | 다스릴 란(爾) + 새 을(乙)

辭
말씀 **사**
4급 / 辛 / 19획
爾
다스릴 란
辛
매울 신
辭
말씀 사
말씀 사, 사양할 사 | 다스릴 란(爾) + 매울 신(辛)
사령장(辭令狀)

彐
돼지머리 **계**
0급 / 彐 / 3획
ヨ
상형문자 그려보기
돼지머리 **계**
돼지머리 계 | 손가락이 3개인 손을 오른쪽에서 왼쪽으로 내미는 모습을 본떠 만든 글자입니다.

事
일 **사**
7급 / ㅣ / 8획
事
일 사
일 사 | 돼지머리 계(彐) + 물건
사건(事件)

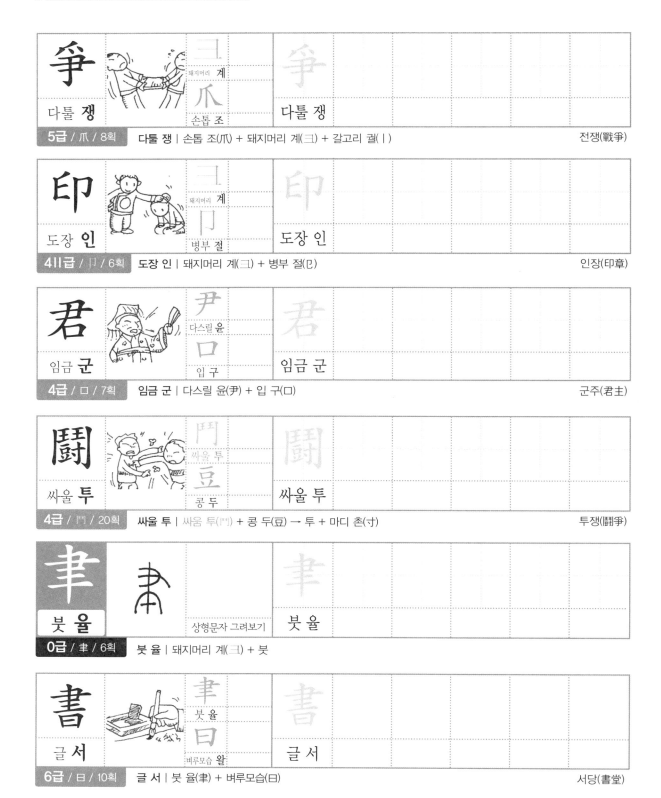

爭		彐 돼지머리 계	爭				
다툴 쟁		爪 손톱 조	다툴 쟁				

5급 / 爪 / 8획 　다툴 쟁 | 손톱 조(爪) + 돼지머리 계(彐) + 갈고리 궐(丨) 　　　　전쟁(戰爭)

印		彐 돼지머리 계	印				
도장 인		卩 병부 절	도장 인				

4II급 / 卩 / 6획 　도장 인 | 돼지머리 계(彐) + 병부 절(卩) 　　　　인장(印章)

君		尹 다스릴 윤	君				
임금 군		口 입 구	임금 군				

4급 / 口 / 7획 　임금 군 | 다스릴 윤(尹) + 입 구(口) 　　　　군주(君主)

鬪		鬥 싸울 투	鬪				
싸울 투		豆 콩 두	싸울 투				

4급 / 鬥 / 20획 　싸울 투 | 싸움 투(鬥) + 콩 두(豆) → 투 + 마디 촌(寸) 　　　　투쟁(鬪爭)

聿		상형문자 그려보기	聿				
붓 율			붓 율				

0급 / 聿 / 6획 　붓 율 | 돼지머리 계(彐) + 붓

書		聿 붓 율	書				
글 서		日 벼루모습 왈	글 서				

6급 / 日 / 10획 　글 서 | 붓 율(聿) + 벼루모습(日) 　　　　서당(書堂)

筆
붓 **필**
5급 / 竹 / 12획 ｜ 붓 필｜대 죽(竹) + 붓 율(聿)

竹 대죽
聿 붓율

붓 필
필기구(筆記具)

律
법 **률**
4II급 / 彳 / 9획 ｜ 법률｜걸을 척(彳) + 붓 율(聿) → 률

彳 걸을 척
聿 붓율

법 률
법률(法律)

肅
엄숙할 **숙**
4급 / 聿 / 13획 ｜ 엄숙할 숙｜돼지머리 계(彐)

聿 붓율
聿 붓율

엄숙할 숙
엄숙(嚴肅)

寸
마디 **촌**
8급 / 寸 / 3획 ｜ 마디 촌｜또 우(又)자에 점을 하나 추가해서 만든 글자입니다.

상형문자 그려보기

마디 촌

村
마을 **촌**
7급 / 木 / 7획 ｜ 마을 촌｜나무 목(木) + 마디 촌(寸)

木 나무 목
寸 마디 촌

마을 촌
촌락(村落)

寺
절 **사**
4II급 / 寸 / 6획 ｜ 절 사, 모실 시｜그칠 지(止 → 土) → 시 + 마디 촌(寸)

寸 마디 촌
土 흙토

절 사
사원(寺院)

147

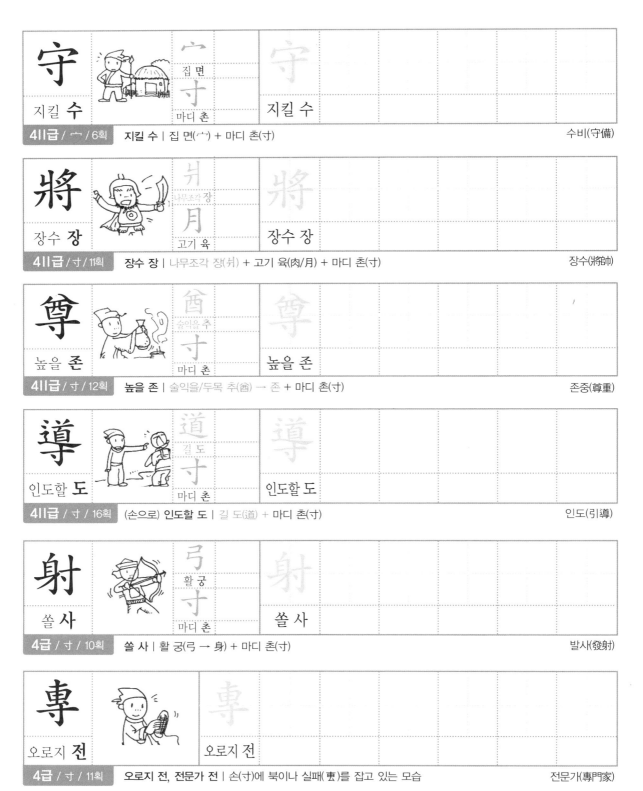

守 지킬 **수**

宀 집 면
寸 마디 촌

지킬 수

4II급 / 宀 / 6획   **지킬 수 | 집 면(宀) + 마디 촌(寸)**   수비(守備)

將 장수 **장**

爿 나무조각 장
月 고기 육

장수 장

4II급 / 寸 / 11획   **장수 장 | 나무조각 장(爿) + 고기 육(肉/月) + 마디 촌(寸)**   장수(將帥)

尊 높을 **존**

酋 술익을 추
寸 마디 촌

높을 존

4II급 / 寸 / 12획   **높을 존 | 술익을/두목 추(酋) → 존 + 마디 촌(寸)**   존중(尊重)

導 인도할 **도**

道 길 도
寸 마디 촌

인도할 도

4II급 / 寸 / 16획   **(손으로) 인도할 도 | 길 도(道) + 마디 촌(寸)**   인도(引導)

射 쏠 **사**

弓 활 궁
寸 마디 촌

쏠 사

4급 / 寸 / 10획   **쏠 사 | 활 궁(弓 → 身) + 마디 촌(寸)**   발사(發射)

專 오로지 **전**

專

오로지 전

4급 / 寸 / 11획   **오로지 전, 전문가 전 | 손(寸)에 북이나 실패(叀)를 잡고 있는 모습**   전문가(專門家)

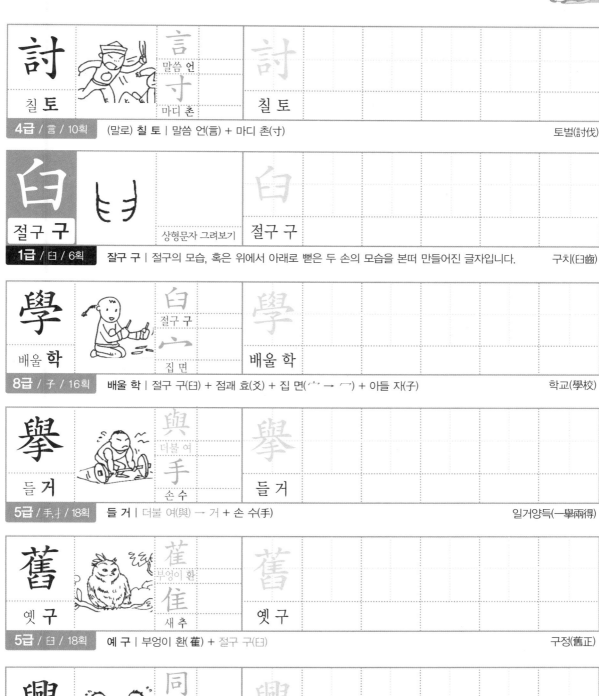

討
칠 **토**

言
말씀 언

寸
마디 촌

討
칠 토

4급 / 言 / 10획 | (말로) 칠 토 | 말씀 언(言) + 마디 촌(寸) | 토벌(討伐)

白
절구 **구**

상형문자 그려보기

白
절구 구

1급 / 臼 / 6획 | 잘구 구 | 절구의 모습, 혹은 위에서 아래로 뻗은 두 손의 모습을 본떠 만들어진 글자입니다. | 구치(臼齒)

學
배울 **학**

白
절구 구

宀
집 면

學
배울 학

8급 / 子 / 16획 | 배울 학 | 절구 구(臼) + 점괘 효(爻) + 집 면(宀 → 冖) + 아들 재(子) | 학교(學校)

擧
들 **거**

與
더불 여

手
손 수

擧
들 거

5급 / 手,扌 / 18획 | 들 거 | 더불 여(與) → 거 + 손 수(手) | 일거양득(一擧兩得)

舊
옛 **구**

萑
부엉이 환

隹
새 추

舊
옛 구

5급 / 臼 / 18획 | 예 구 | 부엉이 환(萑) + 절구 구(臼) | 구정(舊正)

興
일어날 **흥**

同
같을 동

舁
마주들 여

興
일어날흥

4II급 / 臼 / 16획 | 일어날 흥 | 같을 동(同) + 마주들 여(舁) | 흥미(興味)

與
줄 **여**
4급 / 臼 / 14획 ㅣ 줄 여 ㅣ 더불/줄 여(与) + 마주들 여(舁)
与 줄 여
舁 마주들 여
줄 여
증여(贈與)

覺
깨달을 **각**
4급 / 見 / 20획 ㅣ (보며) 깨달을 각 ㅣ 절구 구(臼) + 점괘 효(爻) + 집 면(宀 → 冖) + 볼 견(見)
臼 절구 구
宀 집 면
깨달을 각
각성(覺醒)

廾
손맞잡을 **공**
0급 / 廾 / 3획 ㅣ 손맞잡을 공 ㅣ 두 손을 나란히 위로 내밀고 있는 모습을 본떠 만든 글자입니다.
상형문자 그려보기
손 맞잡을 공

算
셈 **산**
7급 / 竹 / 14획 ㅣ 셈 산 ㅣ 대 죽(竹) + 눈 목(目) + 손맞잡을 공(廾)
竹 대죽
目 눈 목
셈 산
산수(算數)

共
함께 **공**
6급 / 八 / 6획 ㅣ (두 손으로) 함께 공 ㅣ 물건 모습 + 손 맞잡을 공(廾)의 변형자
함께 공
공동(共同)

開
열 **개**
6급 / 門 / 12획 ㅣ 열 개 ㅣ 문 문(門) + 손맞잡을 공(廾) + 한 일(一)
門 문 문
廾 손맞잡을 공
열 개
개폐(開閉)

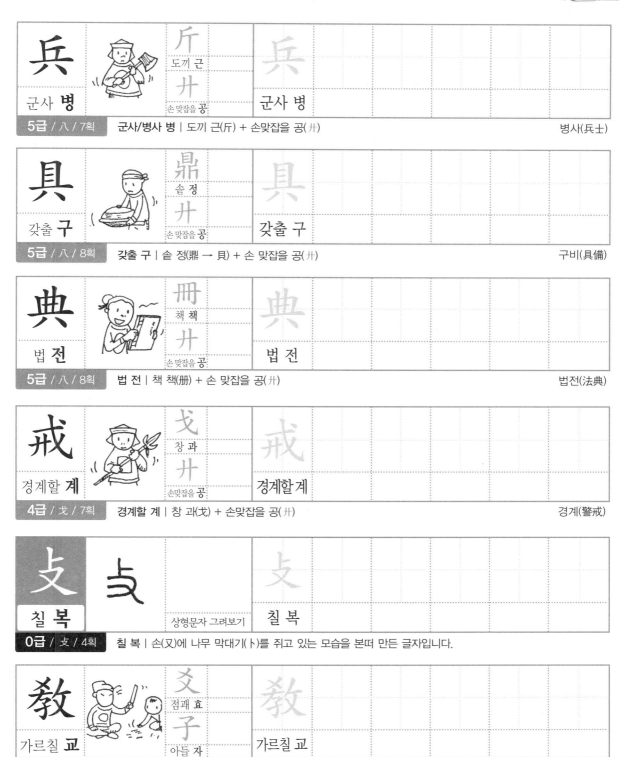

| 兵 군사 병 | | 斤 도끼 근 / 廾 손 맞잡을 공 | 兵 군사 병 | | | | | |
| 5급 / 八 / 7획 | 군사/병사 병 | 도끼 근(斤) + 손맞잡을 공(廾) | | | | 병사(兵士) | | |

| 具 갖출 구 | | 鼎 솥 정 / 廾 손 맞잡을 공 | 具 갖출 구 | | | | | |
| 5급 / 八 / 8획 | 갖출 구 | 솥 정(鼎 → 貝) + 손 맞잡을 공(廾) | | | | 구비(具備) | | |

| 典 법 전 | | 冊 책 책 / 廾 손 맞잡을 공 | 典 법 전 | | | | | |
| 5급 / 八 / 8획 | 법 전 | 책 책(冊) + 손 맞잡을 공(廾) | | | | 법전(法典) | | |

| 戒 경계할 계 | | 戈 창 과 / 廾 손맞잡을 공 | 戒 경계할 계 | | | | | |
| 4급 / 戈 / 7획 | 경계할 계 | 창 과(戈) + 손맞잡을 공(廾) | | | | 경계(警戒) | | |

| 攴 칠 복 | 攴 | 상형문자 그려보기 | 攴 칠 복 | | | | | |
| 0급 / 攴 / 4획 | 칠 복 | 손(又)에 나무 막대기(卜)를 쥐고 있는 모습을 본떠 만든 글자입니다. | | | | | | |

| 敎 가르칠 교 | | 爻 점괘 효 / 子 아들 자 | 敎 가르칠 교 | | | | | |
| 8급 / 爻,攵 / 11획 | 가르칠 교 | 점괘 효(爻) + 아들 자(子) + 칠 복(攵) | | | | 교육(教育) | | |

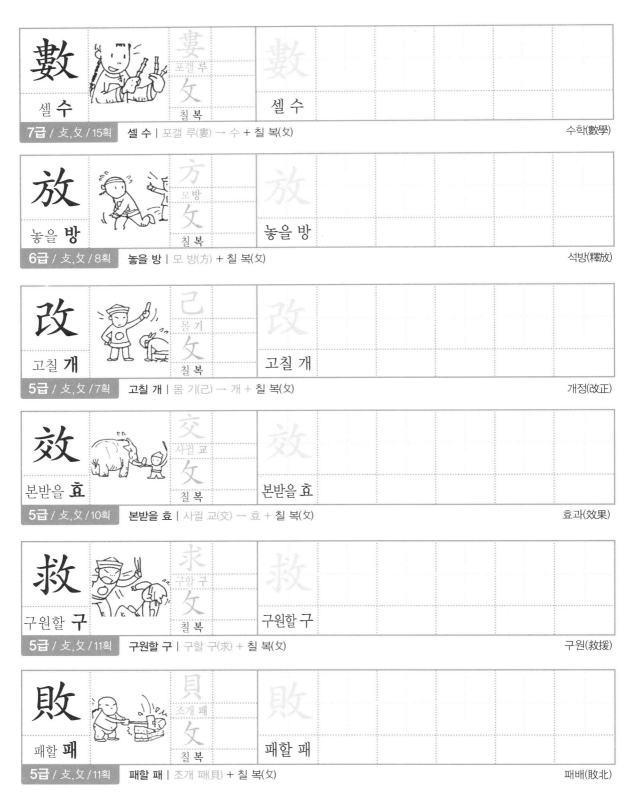

數

셀 **수**

妻
포갤 루
→
攵
칠 복

數
셀 수

7급 / 攴,攵 / 15획 　 **셀 수** | 포갤 루(婁) → 수 + 칠 복(攵) 　　　　　 수학(數學)

放

놓을 **방**

方
모 방
攵
칠 복

放
놓을 방

6급 / 攴,攵 / 8획 　 **놓을 방** | 모 방(方) + 칠 복(攵) 　　　　　 석방(釋放)

改

고칠 **개**

己
몸 기
攵
칠 복

改
고칠 개

5급 / 攴,攵 / 7획 　 **고칠 개** | 몸 기(己) → 개 + 칠 복(攵) 　　　　　 개정(改正)

效

본받을 **효**

交
사귈 교
攵
칠 복

效
본받을 효

5급 / 攴,攵 / 10획 　 **본받을 효** | 사귈 교(交) → 효 + 칠 복(攵) 　　　　　 효과(效果)

救

구원할 **구**

求
구할 구
攵
칠 복

救
구원할 구

5급 / 攴,攵 / 11획 　 **구원할 구** | 구할 구(求) + 칠 복(攵) 　　　　　 구원(救援)

敗

패할 **패**

貝
조개 패
攵
칠 복

敗
패할 패

5급 / 攴,攵 / 11획 　 **패할 패** | 조개 패(貝) + 칠 복(攵) 　　　　　 패배(敗北)

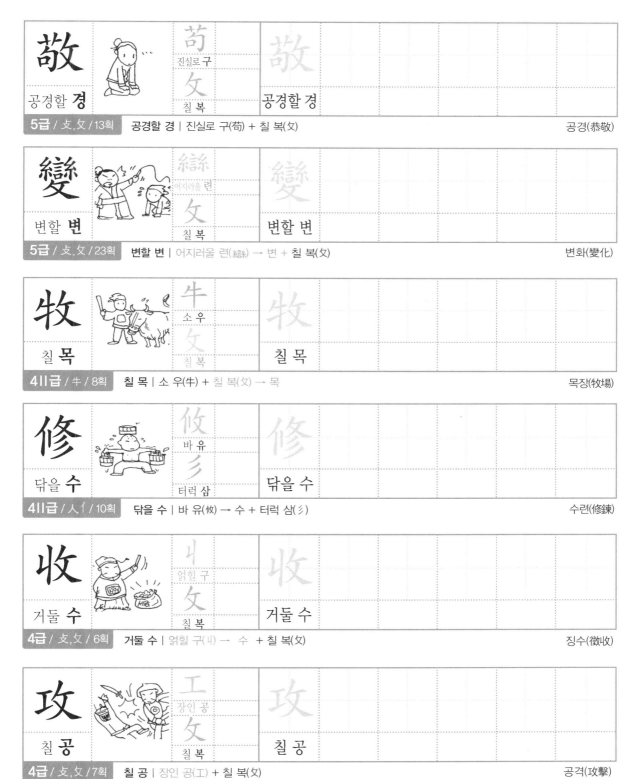

敬		苟 진실로 구	敬				
공경할 **경**		攵 칠 복	공경할 경				

5급 / 攴,攵 / 13획 　**공경할 경** | 진실로 구(苟) + 칠 복(攵)　　　　　　　　　공경(恭敬)

變		䜌 어지러울 련	變				
변할 **변**		攵 칠 복	변할 변				

5급 / 攴,攵 / 23획 　**변할 변** | 어지러울 련(䜌) → 변 + 칠 복(攵)　　　　　변화(變化)

牧		牛 소 우	牧				
칠 **목**		攵 칠 복	칠 목				

4II급 / 牛 / 8획 　**칠 목** | 소 우(牛) + 칠 복(攵) → 목　　　　　　　　　목장(牧場)

修		攸 바 유	修				
닦을 **수**		彡 터럭 삼	닦을 수				

4II급 / 人亻 / 10획 　**닦을 수** | 바 유(攸) → 수 + 터럭 삼(彡)　　　　　　　수련(修鍊)

收		丩 얽힐 구	收				
거둘 **수**		攵 칠 복	거둘 수				

4급 / 攴,攵 / 6획 　**거둘 수** | 얽힐 구(丩) → 수 + 칠 복(攵)　　　　　　　징수(徵收)

攻		工 장인 공	攻				
칠 **공**		攵 칠 복	칠 공				

4급 / 攴,攵 / 7획 　**칠 공** | 장인 공(工) + 칠 복(攵)　　　　　　　　　　공격(攻擊)

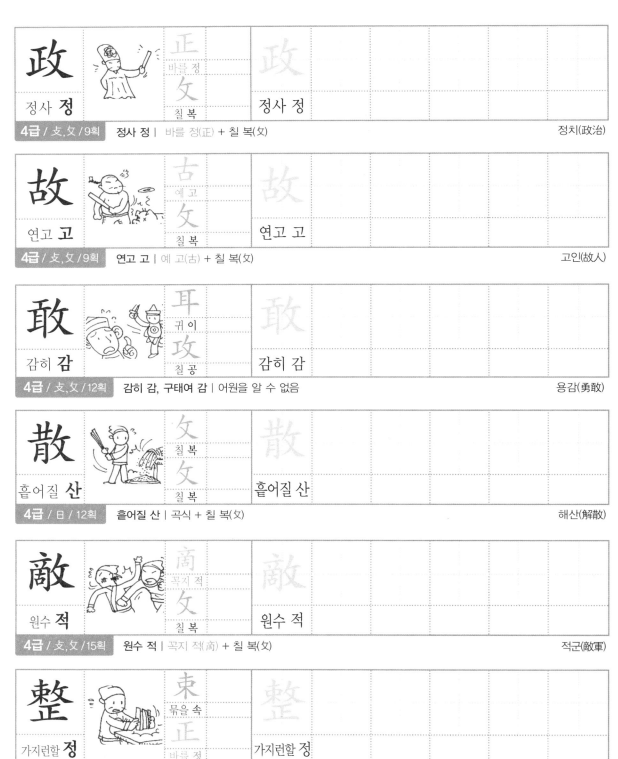

政

정사 정

正
바를 정

攵
칠 복

정사 정

4급 / 攴,攵 / 9획 　**정사 정** | 바를 정(正) + 칠 복(攵)

정치(政治)

故

연고 고

古
예 고

攵
칠 복

연고 고

4급 / 攴,攵 / 9획 　**연고 고** | 예 고(古) + 칠 복(攵)

고인(故人)

敢

감히 감

耳
귀 이

攻
칠 공

감히 감

4급 / 攴,攵 / 12획 　**감히 감, 구태여 감** | 어원을 알 수 없음

용감(勇敢)

散

흩어질 산

攵
칠 복

攵
칠 복

흩어질 산

4급 / 日 / 12획 　**흩어질 산** | 곡식 + 칠 복(攵)

해산(解散)

敵

원수 적

啇
꼭지 적

攵
칠 복

원수 적

4급 / 攴,攵 / 15획 　**원수 적** | 꼭지 적(啇) + 칠 복(攵)

적군(敵軍)

整

가지런할 정

束
묶을 속

正
바를 정

가지런할 정

4급 / 攴,攵 / 16획 　**가지런할 정** | 묶을 속(束) + 칠 복(攵) + 바를 정(正)

정리(整理)

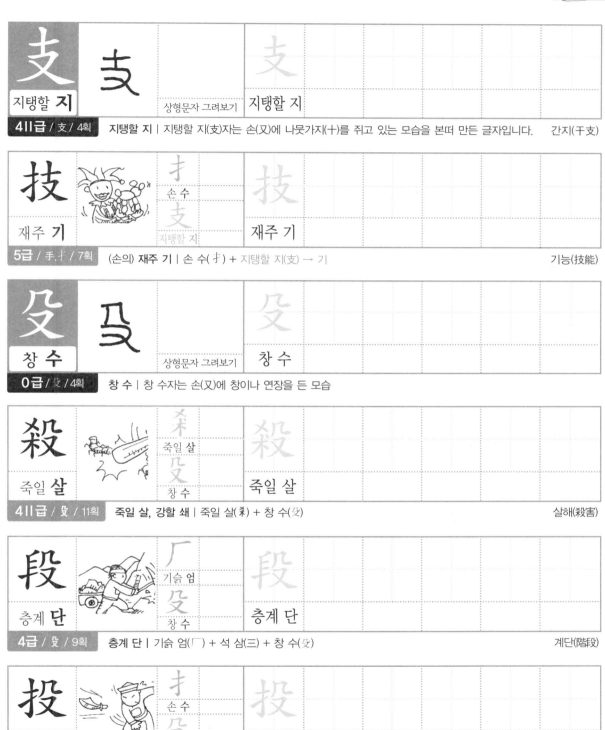

支 지탱할 지
상형문자 그려보기 | 지탱할 지

4II급 / 支 / 4획 | **지탱할 지** | 지탱할 지(支)자는 손(又)에 나뭇가지(十)를 쥐고 있는 모습을 본떠 만든 글자입니다. | 간지(干支)

技 재주 기
손 수
支
지탱할 지
재주 기

5급 / 手,扌 / 7획 | **(손의) 재주 기** | 손 수(扌) + 지탱할 지(支) → 기 | 기능(技能)

殳 창 수
상형문자 그려보기 | 창 수

0급 / 殳 / 4획 | **창 수** | 창 수자는 손(又)에 창이나 연장을 든 모습

殺 죽일 살
죽일 살
殳
창 수
죽일 살

4II급 / 殳 / 11획 | **죽일 살, 강할 쇄** | 죽일 살(柔) + 창 수(殳) | 살해(殺害)

段 층계 단
厂
기슭 엄
殳
창 수
층계 단

4급 / 殳 / 9획 | **층계 단** | 기슭 엄(厂) + 석 삼(三) + 창 수(殳) | 계단(階段)

投 던질 투
扌
손 수
殳
창 수
던질 투

4급 / 手,扌 / 7획 | **던질 투** | 손 수(扌) + 창 수(殳) → 투 | 투수(投手)

父 아비 **부**	상형문자 그려보기	아비 부		
8급 / 父 / 4획	아비 부 | 매를 든 손 모습			

史 역사 **사**		역사 사		
5급 / 口 / 5획	역사 사 | 붓을 든 손 모습			역사(歷史)

更 고칠 **경**	丙 남녁 병 攴 칠 복	更 고칠 경		
4급 / 日 / 7획	고칠 경 | 남녁 병(丙) + 칠 복(攴)			경신(更新), 갱생(更生)

止 그칠 **지**	상형문자 그려보기	그칠 지		
5급 / 止 / 4획	그칠 지 | 위로 향하는 발의 모습			정지(停止)

正 바를 **정**	一 한 일 止 그칠 지	바를 정		
7급 / 止 / 5획	바를 정 | 한 일(一) + 그칠 지(止)			정직(正直)

出 날 **출**	止 그칠 지 凵 입벌릴 감	날 출		
7급 / 凵 / 5획	(발로) 날 출 | 그칠 지(止) + 입벌릴 감(凵)			출입(出入)

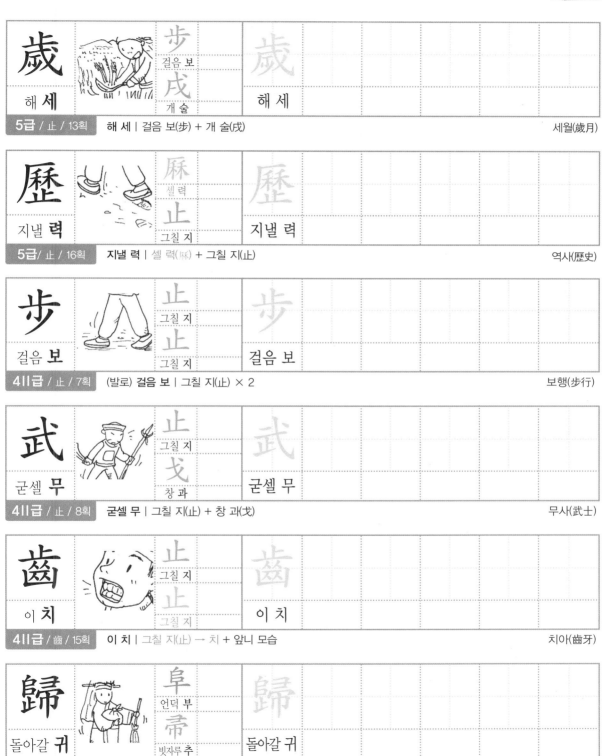

歲 해 세		步 걸음 보 戌 개 술	歲 해 세
5급 / 止 / 13획		해 세 | 걸음 보(步) + 개 술(戌)	세월(歲月)

歷 지낼 력		厤 셀 력 止 그칠 지	歷 지낼 력
5급 / 止 / 16획		지낼 력 | 셀 력(厤) + 그칠 지(止)	역사(歷史)

步 걸음 보		止 그칠 지 止 그칠 지	步 걸음 보
4II급 / 止 / 7획		(발로) 걸음 보 | 그칠 지(止) × 2	보행(步行)

武 굳셀 무		止 그칠 지 戈 창 과	武 굳셀 무
4II급 / 止 / 8획		굳셀 무 | 그칠 지(止) + 창 과(戈)	무사(武士)

齒 이 치		止 그칠 지 止 그칠 지	齒 이 치
4II급 / 齒 / 15획		이 치 | 그칠 지(止) → 치 + 앞니 모습	치아(齒牙)

歸 돌아갈 귀		阜 언덕 부 帚 빗자루 추	歸 돌아갈 귀
4급 / 止 / 18획		(발로) 돌아갈 귀 | 언덕 부(阜)+ 그칠 지(止) + 빗자루 추(帚)	귀국(歸國)

157

夊	夂			夊		
걸을 쇠		상형문자 그려보기	걸을 쇠			

0급 / 夊 / 3획 　 걸을 쇠 | 발이 뒤쪽(아래쪽)을 향한 모습입니다.

各	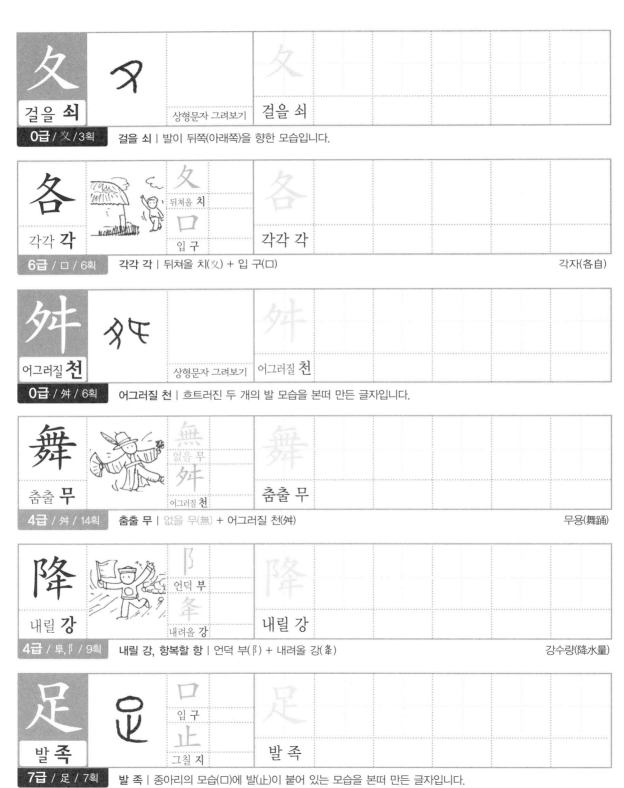	夊 뒤쳐올 치 ─ 口 입 구	各		
각각 각			각각 각		

6급 / 口 / 6획 　 **각각 각** | 뒤쳐올 치(夊) + 입 구(口) 　　　　　　　　　　　　　　　　각자(各自)

舛	外牛			舛		
어그러질 천		상형문자 그려보기	어그러질 천			

0급 / 舛 / 6획 　 어그러질 천 | 흐트러진 두 개의 발 모습을 본떠 만든 글자입니다.

舞		無 없을 무 ─ 舛 어그러질 천	舞		
춤출 무			춤출 무		

4급 / 舛 / 14획 　 **춤출 무** | 없을 무(無) + 어그러질 천(舛) 　　　　　　　　　　　　　　　　무용(舞踊)

降		阝 언덕 부 ─ 夅 내려올 강	降		
내릴 강			내릴 강		

4급 / 阜,阝 / 9획 　 **내릴 강, 항복할 항** | 언덕 부(阝) + 내려올 강(夅) 　　　　　　　　　강수량(降水量)

足	足	口 입 구 ─ 止 그칠 지	足		
발 족			발 족		

7급 / 足 / 7획 　 발 족 | 종아리의 모습(口)에 발(止)이 붙어 있는 모습을 본떠 만든 글자입니다.

路

발 족
足
각각 각
各

길 로

6급 / 足 / 13획 　 길 로 | 발 족(足) + 각각 각(各) → 로 　　　　　　　　　　　　대로(大路)

走

상형문자 그려보기

달릴 주

4II급 / 走 / 7획 　 달릴 주 | 달리고 있는 사람의 모습(大 → 土) 아래에 발의 모습인 그칠 지(止)자가 있는 모습입니다.

起

走
달릴 주
己
몸 기

일어날 기

4II급 / 走 / 10획 　 (가기위해) **일어날 기** | 달릴 주(走) + 몸 기(己) 　　　　　　　　　　기상(起床)

趣

走
달릴 주
取
가질 취

취미 취

4급 / 走 / 15획 　 **취미 취** | 달릴 주(走) + 가질 취(取) 　　　　　　　　　　　　　취미(趣味)

韋

상형문자 그려보기

가죽 위

2급 / 韋 / 9획 　 **가죽 위** | 성이나 지역(口) 위로 발의 모습을 그려 '둘러싸다'는 의미였으나, 가죽을 부드럽게 　위편(韋編)
하는 무두질 모습에서 '가죽'이란 의미가 생겼습니다. 둘러싸일 위(口) + 2개의 발

韓

韋
가죽 위
倝
아침해빛날 간

나라이름 한

8급 / 韋 / 17획 　 **나라이름 한** | 가죽/둘러쌀 위(韋) + [아침해빛날 간(倝) → 한] 　　　　　　한국(韓國)

159

偉 클 위		사람 인 / 가죽 위	偉 클 위			
5급 / 人,亻 / 11획	클 위 | 사람 인(亻) + 가죽/둘러쌀 위(韋)					위대(偉大)

衛 지킬 위		다닐 행 / 가죽 위	衛 지킬 위			
4II급 / 行 / 16획	(길에서) 지킬 위 | 다닐 행(行) + 가죽/둘러쌀 위(韋)					호위(護衛)

圍 둘레 위		둘러싸일 위 / 가죽 위	圍 둘레 위			
4급 / 囗 / 12획	둘레 위 | 둘러싸일 위(囗) + 가죽/둘러쌀 위(韋)					포위(包圍)

心/忄 마음 심		상형문자 그려보기	心 마음 심			
7급 / 心 / 4획,3획	마음 심 | 마음을 의미하는 마음 심(心/忄)자는 사람의 심장(心臟) 모습을 본떠 만든 글자입니다.					심신(心身)

急 급할 급		마음 심 / 미칠 급	急 급할 급			
6급 / 心,忄 / 9획	(마음이) 급할 급 | 마음 심(心) + 미칠 급(及 → 彐)					급사(急死)

愛 사랑 애		손톱 조 / 천천히걸을 쇠	愛 사랑 애			
6급 / 心,忄 / 13획	(마음의) 사랑 애 | 손톱 조(爪) + 덮을 멱(冖) + 마음 심(心) + 천천히걸을 쇠(夊)					애인(愛人)

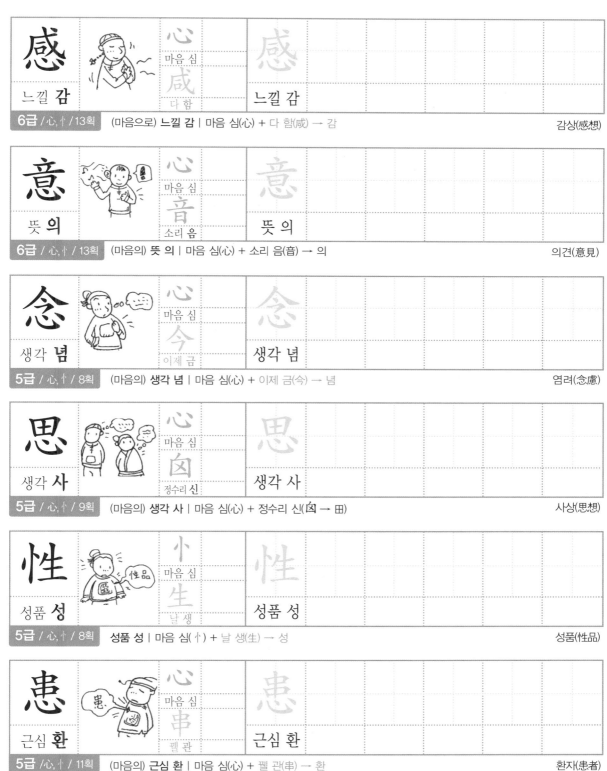

感 느낄 **감**		心 마음 심 咸 다 함	感 느낄 감		
6급 / 心,↑ / 13획	(마음으로) 느낄 감 | 마음 심(心) + 다 함(咸) → 감				감상(感想)

意 뜻 **의**		心 마음 심 音 소리 음	意 뜻 의		
6급 / 心,↑ / 13획	(마음의) 뜻 의 | 마음 심(心) + 소리 음(音) → 의				의견(意見)

念 생각 **념**		心 마음 심 今 이제 금	念 생각 념		
5급 / 心,↑ / 8획	(마음의) 생각 념 | 마음 심(心) + 이제 금(今) → 념				염려(念慮)

思 생각 **사**		心 마음 심 囟 정수리 신	思 생각 사		
5급 / 心,↑ / 9획	(마음의) 생각 사 | 마음 심(心) + 정수리 신(囟 → 田)				사상(思想)

性 성품 **성**		忄 마음 심 生 날 생	性 성품 성		
5급 / 心,↑ / 8획	성품 성 | 마음 심(忄) + 날 생(生) → 성				성품(性品)

患 근심 **환**		心 마음 심 串 꿸 관	患 근심 환		
5급 / 心,↑ / 11획	(마음의) 근심 환 | 마음 심(心) + 꿸 관(串) → 환				환자(患者)

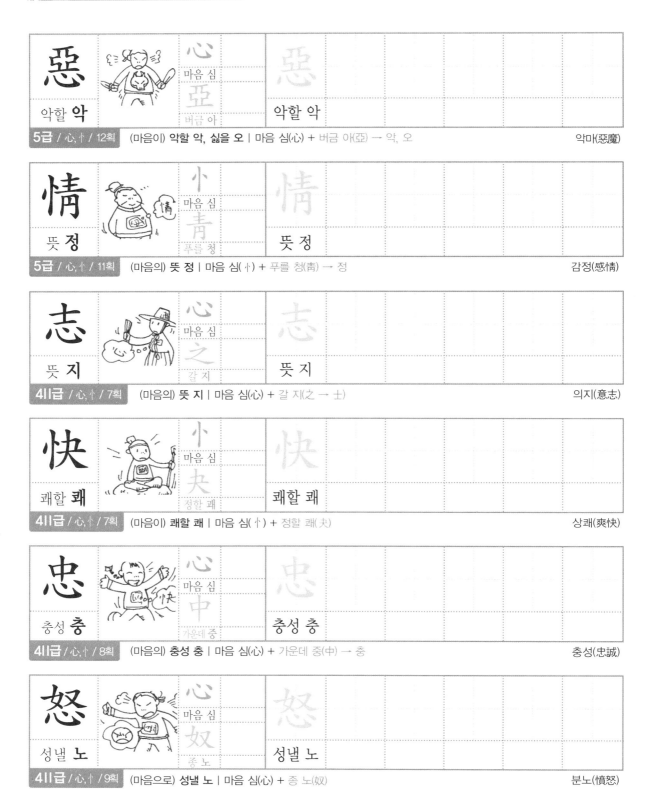

惡

악할 **악**

心 마음 심
亞 버금 아

악할 악

5급 / 心,↑ / 12획 | (마음이) 악할 악, 싫을 오 | 마음 심(心) + 버금 아(亞) → 악, 오 | 악마(惡魔)

情

뜻 **정**

忄 마음 심
靑 푸를 청

뜻 정

5급 / 心,↑ / 11획 | (마음의) 뜻 정 | 마음 심(忄) + 푸를 청(靑) → 정 | 감정(感情)

志

뜻 **지**

心 마음 심
之 갈 지

뜻 지

4II급 / 心,↑ / 7획 | (마음의) 뜻 지 | 마음 심(心) + 갈 지(之 → 士) | 의지(意志)

快

쾌할 **쾌**

忄 마음 심
夬 정할 쾌

쾌할 쾌

4II급 / 心,↑ / 7획 | (마음이) 쾌할 쾌 | 마음 심(忄) + 정할 쾌(夬) | 상쾌(爽快)

忠

충성 **충**

心 마음 심
中 가운데 중

충성 충

4II급 / 心,↑ / 8획 | (마음의) 충성 충 | 마음 심(心) + 가운데 중(中) → 충 | 충성(忠誠)

怒

성낼 **노**

心 마음 심
奴 종 노

성낼 노

4II급 / 心,↑ / 9획 | (마음으로) 성낼 노 | 마음 심(心) + 종 노(奴) | 분노(憤怒)

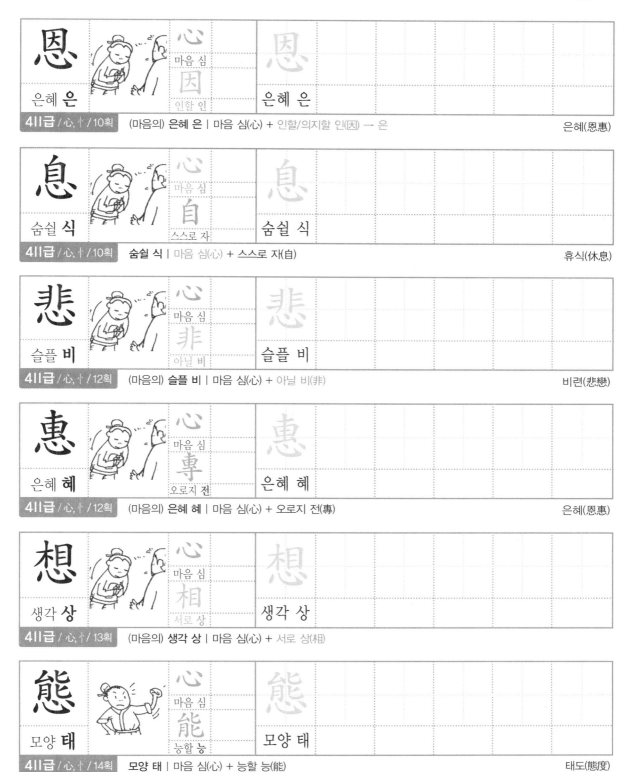

恩
은혜 **은**

心 마음 심
因 인할 인

恩 은혜 은

4II급 / 心, 忄 / 10획 (마음의) **은혜 은** | 마음 심(心) + 인할/의지할 인(因) → 은

은혜(恩惠)

息
숨쉴 **식**

心 마음 심
自 스스로 자

息 숨쉴 식

4II급 / 心, 忄 / 10획 **숨쉴 식** | 마음 심(心) + 스스로 자(自)

휴식(休息)

悲
슬플 **비**

心 마음 심
非 아닐 비

悲 슬플 비

4II급 / 心, 忄 / 12획 (마음의) **슬플 비** | 마음 심(心) + 아닐 비(非)

비련(悲戀)

惠
은혜 **혜**

心 마음 심
專 오로지 전

惠 은혜 혜

4II급 / 心, 忄 / 12획 (마음의) **은혜 혜** | 마음 심(心) + 오로지 전(專)

은혜(恩惠)

想
생각 **상**

心 마음 심
相 서로 상

想 생각 상

4II급 / 心, 忄 / 13획 (마음의) **생각 상** | 마음 심(心) + 서로 상(相)

態
모양 **태**

心 마음 심
能 능할 능

態 모양 태

4II급 / 心, 忄 / 14획 **모양 태** | 마음 심(心) + 능할 능(能)

태도(態度)

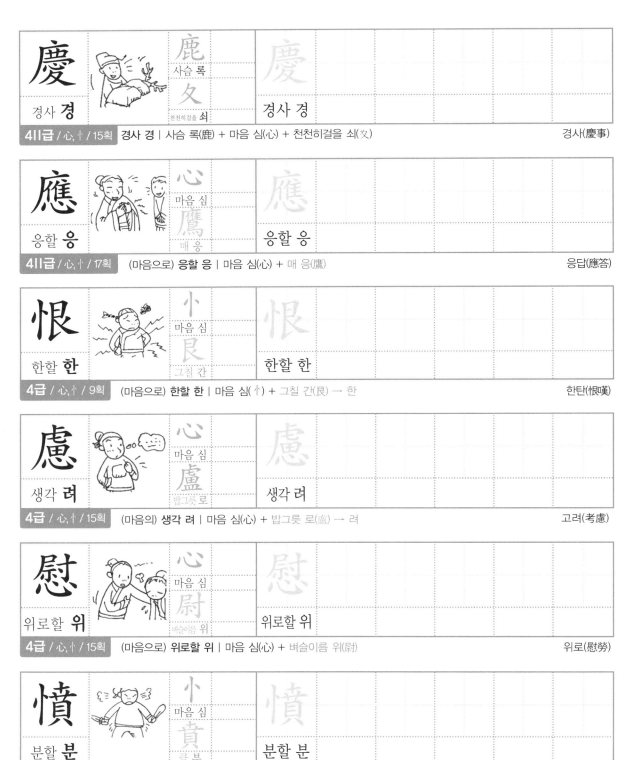

慶 경사 **경**		鹿 사슴 록 / 夂 천천히걸을 **쇠**	慶 경사 경	
4II급 / 心,忄 / 15획		경사 경 | 사슴 록(鹿) + 마음 심(心) + 천천히걸을 쇠(夂)		경사(慶事)

應 응할 **응**		心 마음 심 / 鷹 매 응	應 응할 응	
4II급 / 心,忄 / 17획		(마음으로) 응할 응 | 마음 심(心) + 매 응(鷹)		응답(應答)

恨 한할 **한**		小 마음 심 / 艮 그칠 간	恨 한할 한	
4급 / 心,忄 / 9획		(마음으로) 한할 한 | 마음 심(忄) + 그칠 간(艮) → 한		한탄(恨歎)

慮 생각 **려**		心 마음 심 / 盧 밥그릇 로	慮 생각 려	
4급 / 心,忄 / 15획		(마음의) 생각 려 | 마음 심(心) + 밥그릇 로(盧) → 려		고려(考慮)

慰 위로할 **위**		心 마음 심 / 尉 벼슬이름 위	慰 위로할 위	
4급 / 心,忄 / 15획		(마음으로) 위로할 위 | 마음 심(心) + 벼슬이름 위(尉)		위로(慰勞)

憤 분할 **분**		小 마음 심 / 賁 클 분	憤 분할 분	
4급 / 心,忄 / 15획		(마음이) 분할 분 | 마음 심(忄) + 클 분(賁)		분노(憤怒)

憲 법 **헌**		害 해칠 해 心 마음 심	憲 법 헌
4급 / 心,忄 / 16획	법 헌 | 해칠 해(害) + 눈 목(目 → 罒) + 마음 심(心)		헌법(憲法)

肉/月 고기 **육**		상형문자 그려보기	肉 고기 육
4II급 / 肉 / 6획,4획	고기 육 | 잘라 놓은 고기에 힘줄이 있는 모습을 본떠 만든 글자입니다.		골육(骨肉)

育 기를 **육**		云 아이돌아나올 돌 月 고기 육	育 기를 육
7급 / 肉,月 / 8획	기를 육 | 아이돌아나올 돌(云) + 고기 육(肉/月)		육아(育兒)

然 그럴 **연**		犬 개 견 灬 불 화	然 그럴 연
7급 / 火,灬 / 12획	그럴 연 | 고기 육(肉/月) + 개 견(犬) + 불 화(灬)		자연(自然)

能 능할 **능**			能 능할 능
5급 / 肉,月 / 10획	능할 능 | 곰의 모습		능력(能力)

脈 맥 **맥**		月 고기 육 辰 물갈래 파	脈 맥 맥
4II급 / 肉,月 / 10획	맥/혈관 맥 | 고기 육(肉/月) + 물갈래 파(辰)		맥박(脈搏)

165

背	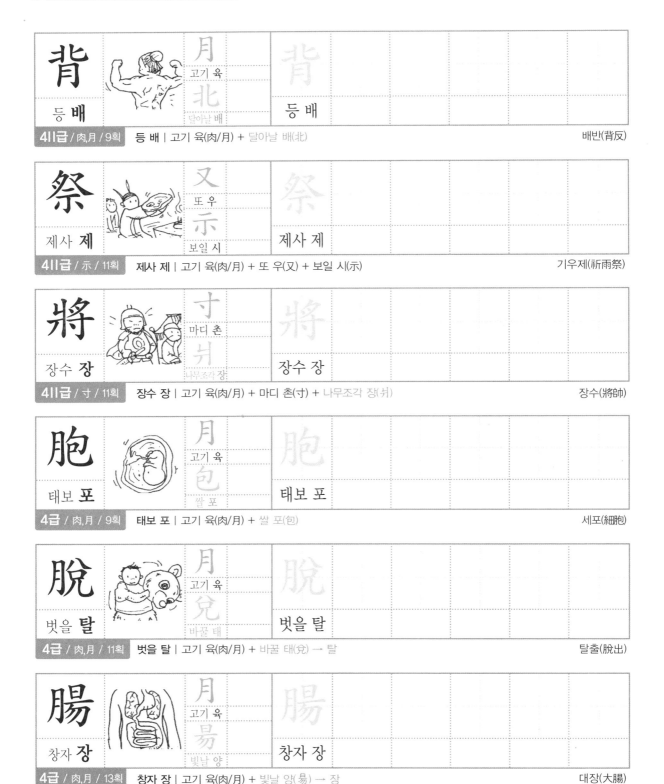	月 고기 육 北 달아날 배	背 등 배					

4II급 / 肉,月 / 9획 　　**등 배** | 고기 육(肉/月) + 달아날 배(北) 　　　　　　　　　　　배반(背反)

祭		又 또 우 示 보일 시	祭 제사 제					

4II급 / 示 / 11획 　　**제사 제** | 고기 육(肉/月) + 또 우(又) + 보일 시(示) 　　　　기우제(祈雨祭)

將		寸 마디 촌 爿 나무조각 장	將 장수 장					

4II급 / 寸 / 11획 　　**장수 장** | 고기 육(肉/月) + 마디 촌(寸) + 나무조각 장(爿) 　　장수(將帥)

胞		月 고기 육 包 쌀 포	胞 태보 포					

4급 / 肉,月 / 9획 　　**태보 포** | 고기 육(肉/月) + 쌀 포(包) 　　　　　　　　　　　세포(細胞)

脫		月 고기 육 兌 바꿀 태	脫 벗을 탈					

4급 / 肉,月 / 11획 　　**벗을 탈** | 고기 육(肉/月) + 바꿀 태(兌) → 탈 　　　　　　　탈출(脫出)

腸		月 고기 육 昜 빛날 양	腸 창자 장					

4급 / 肉,月 / 13획 　　**창자 장** | 고기 육(肉/月) + 빛날 양(昜) → 장 　　　　　　　대장(大腸)

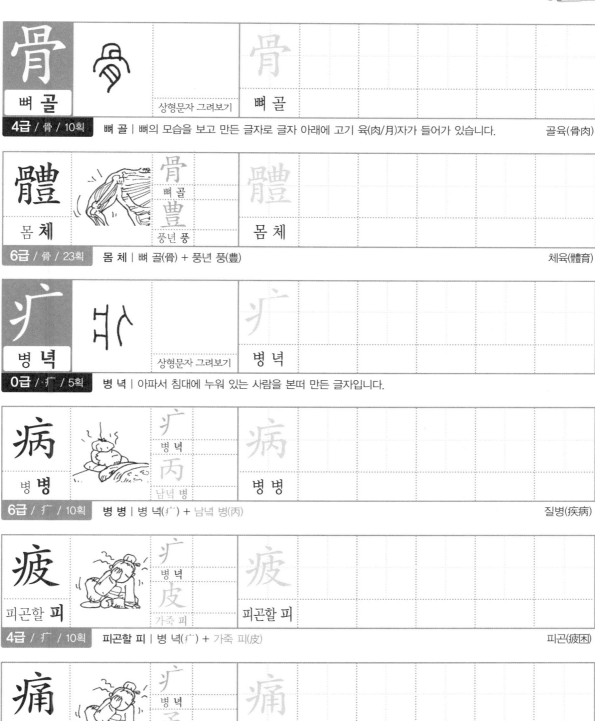

骨
뻐 **골**
4급 / 骨 / 10획 **뻐 골 | 뻐의 모습을 보고 만든 글자로 글자 아래에 고기 육(肉/月)자가 들어가 있습니다.**   골육(骨肉)

상형문자 그려보기
뻐 골

體
몸 **체**
6급 / 骨 / 23획 **몸 체 | 뻐 골(骨) + 풍년 풍(豊)**   체육(體育)

뻐 골
豊
풍년 풍
몸 체

疒
병 **녁**
0급 / 疒 / 5획 **병 녁 | 아파서 침대에 누워 있는 사람을 본떠 만든 글자입니다.**

상형문자 그려보기
병 녁

病
병 **병**
6급 / 疒 / 10획 **병 병 | 병 녁(疒) + 남녘 병(丙)**   질병(疾病)

병 녁
丙
남녘 병
병 병

疲
피곤할 **피**
4급 / 疒 / 10획 **피곤할 피 | 병 녁(疒) + 가죽 피(皮)**   피곤(疲困)

병 녁
皮
가죽 피
피곤할 피

痛
아플 **통**
4급 / 疒 / 12획 **아플 통 | 병 녁(疒) + 길 용(甬) → 통**   통증(痛症)

병 녁
甬
길 용
아플 통

歺/歹

부서진 뼈 알

0급 / 歺,歹 / 4획   부서진 뼈 알 | 썩어 부서진 뼈의 모습을 본떠 만든 글자입니다.

상형문자 그려보기   부서진 뼈 **알**

死

죽을 사

歹 부서진 뼈 알

匕 비수 비

죽을 사

6급 / 歺,歹 / 6획   죽을 사 | 부서진 뼈 알(歹) + 비수 비(匕)   생사(生死)

列

벌일 렬

歹 부서진 뼈 알

刂 칼 도

벌일 렬

4II급 / 刀,刂 / 6획   벌일 렬/열 | 부서진 뼈 알(歹) + 칼 도(刂)   열거(列擧)

殘

남을 잔

歹 부서진 뼈 알

戔 해칠 잔

남을 잔

4급 / 歺,歹 / 12획   (죽어서 뼈만) 남을 잔 | 부서진 뼈 알(歹) + 해칠 잔(戔)   잔인(殘忍)

넷째마당

생활

糸
실 사
0급 / 糸 / 6획
상형문자 그려보기
실 사

실 사 | 실 멱(糸)자는 누에고치에서 뽑은 실을 여러 가닥 꼰 실의 모습을 본떠 만든 글자입니다.

紙
종이 지
7급 / 糸 / 10획
실 사
氏
성씨 씨
종이 지

(실로 만든) 종이 지 | 실 사(糸) + 성씨 씨(氏) → 지

제지(製紙)

級
등급 급
6급 / 糸 / 10획
실 사
及
미칠 급
등급 급

등급 급 | 실 사(糸) + 미칠 급(及)

등급(等級)

綠
푸를 록
6급 / 糸 / 14획
실 사
彔
새길 록
푸를 록

푸를 록 | 실 사(糸) + 새길 록(彔)

녹색(綠色)

線
줄 선
6급 / 糸 / 15획
실 사
泉
샘 천
줄 선

줄 선 | 실 사(糸) + 샘 천(泉) → 선

곡선(曲線)

約
맺을 약
5급 / 糸 / 9획
실 사
勺
잔 작
맺을 약

(실을) 맺을 약 | 실 사(糸) + 구기/잔 작(勺) → 약

약혼(約婚)

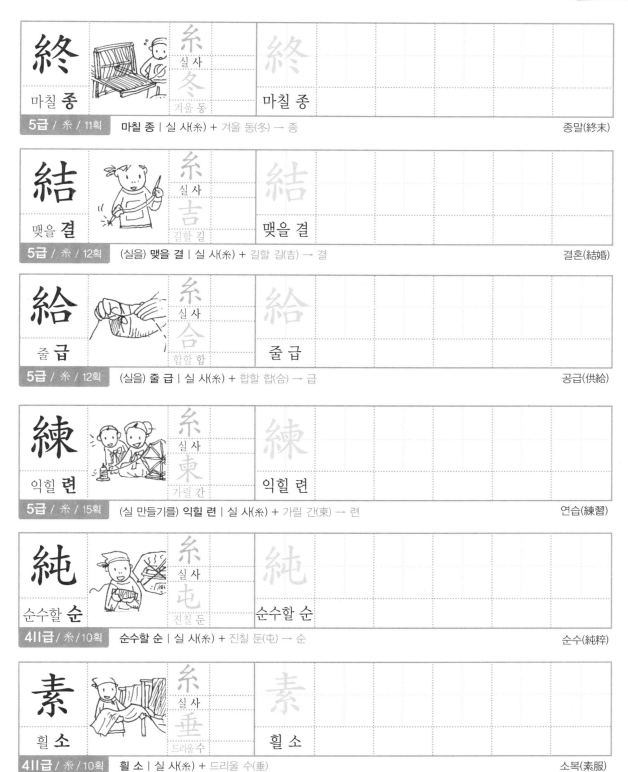

終 마칠 종
糸 실 사
冬 겨울 동
終 마칠 종
5급 / 糸 / 11획　　마칠 종 | 실 사(糸) + 겨울 동(冬) → 종　　　　　종말(終末)

結 맺을 결
糸 실 사
吉 길할 길
結 맺을 결
5급 / 糸 / 12획　　(실을) 맺을 결 | 실 사(糸) + 길할 길(吉) → 결　　　　결혼(結婚)

給 줄 급
糸 실 사
合 합할 합
給 줄 급
5급 / 糸 / 12획　　(실을) 줄 급 | 실 사(糸) + 합할 합(合) → 급　　　　　공급(供給)

練 익힐 련
糸 실 사
柬 가릴 간
練 익힐 련
5급 / 糸 / 15획　　(실 만들기를) 익힐 련 | 실 사(糸) + 가릴 간(柬) → 련　　　연습(練習)

純 순수할 순
糸 실 사
屯 진칠 둔
純 순수할 순
4II급 / 糸 / 10획　　순수할 순 | 실 사(糸) + 진칠 둔(屯) → 순　　　　순수(純粹)

素 흴 소
糸 실 사
垂 드리울 수
素 흴 소
4II급 / 糸 / 10획　　흴 소 | 실 사(糸) + 드리울 수(垂)　　　　　　　소복(素服)

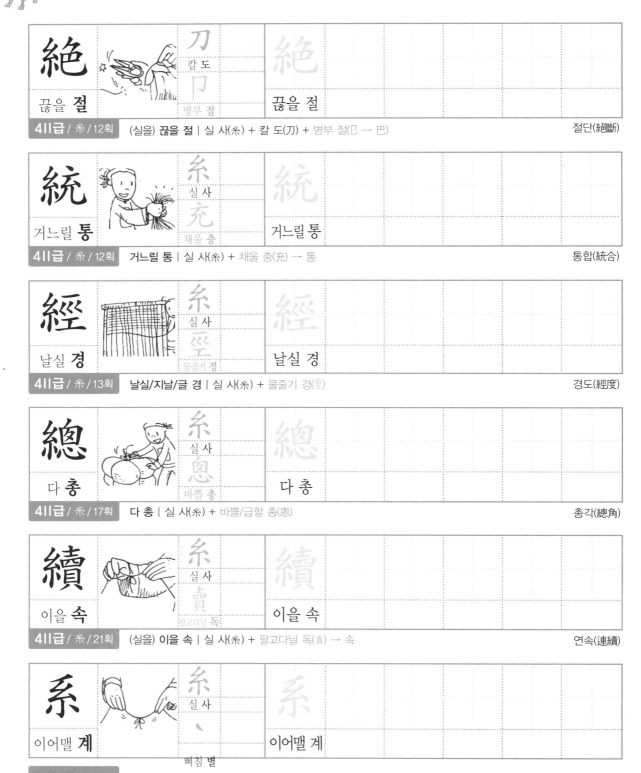

絕 끊을 **절**		刀 칼 도 卩 병부 절	絕 끊을 **절**
4II급 / 糸 / 12획	(실을) 끊을 절 | 실 사(糸) + 칼 도(刀) + 병부 절(卩 → 巴)		절단(絕斷)
統 거느릴 **통**		糸 실 사 充 채울 충	統 거느릴 **통**
4II급 / 糸 / 12획	거느릴 통 | 실 사(糸) + 채울 충(充) → 통		통합(統合)
經 날실 **경**		糸 실 사 巠 물줄기 경	經 날실 **경**
4II급 / 糸 / 13획	날실/지날/글 경 | 실 사(糸) + 물줄기 경(巠)		경도(經度)
總 다 **총**		糸 실 사 悤 바쁠 총	總 다 **총**
4II급 / 糸 / 17획	다 총 | 실 사(糸) + 바쁠/급할 총(悤)		총각(總角)
續 이을 **속**		糸 실 사 賣 팔고다닐 독	續 이을 **속**
4II급 / 糸 / 21획	(실을) 이을 속 | 실 사(糸) + 팔고다닐 독(賣) → 속		연속(連續)
系 이어맬 **계**		糸 실 사 丿 삐침 별	系 이어맬 **계**
4급 / 糸 / 7획	이어맬 계 | 실 사(糸) + 삐침 별(丿)		직계(直系)

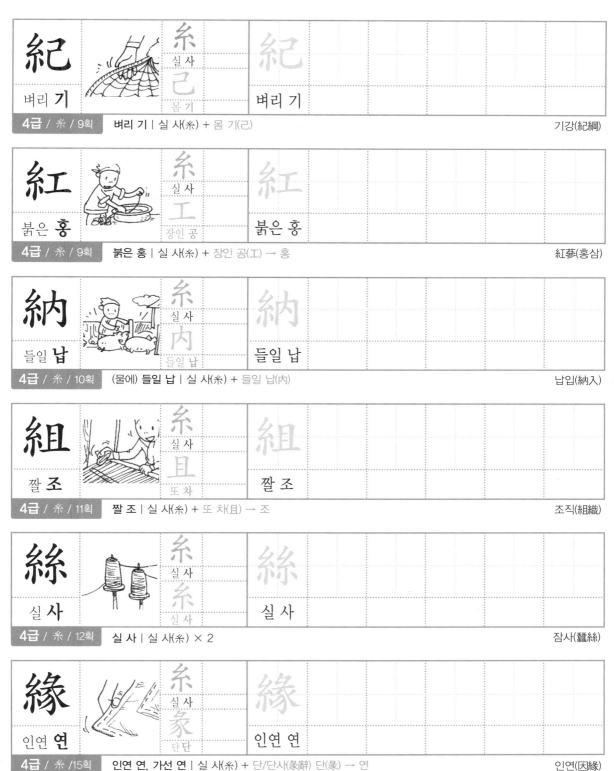

紀	糸 실 사 / 己 몸 기	紀			
벼리 **기**		벼리 기			

4급 / 糸 / 9획 | **벼리 기** | 실 사(糸) + 몸 기(己) | 기강(紀綱)

紅	糸 실 사 / 工 장인 공	紅			
붉은 **홍**		붉은 홍			

4급 / 糸 / 9획 | **붉은 홍** | 실 사(糸) + 장인 공(工) → 홍 | 紅蔘(홍삼)

納	糸 실 사 / 內 들일 납	納			
들일 **납**		들일 납			

4급 / 糸 / 10획 | **(물에) 들일 납** | 실 사(糸) + 들일 납(內) | 납입(納入)

組	糸 실 사 / 且 또 차	組			
짤 **조**		짤 조			

4급 / 糸 / 11획 | **짤 조** | 실 사(糸) + 또 차(且) → 조 | 조직(組織)

絲	糸 실 사 / 糸 실 사	絲			
실 **사**		실 사			

4급 / 糸 / 12획 | **실 사** | 실 사(糸) × 2 | 잠사(蠶絲)

緣	糸 실 사 / 彖 단 단	緣			
인연 **연**		인연 연			

4급 / 糸 /15획 | **인연 연, 가선 연** | 실 사(糸) + 단/단사(彖辭) 단(彖) → 연 | 인연(因緣)

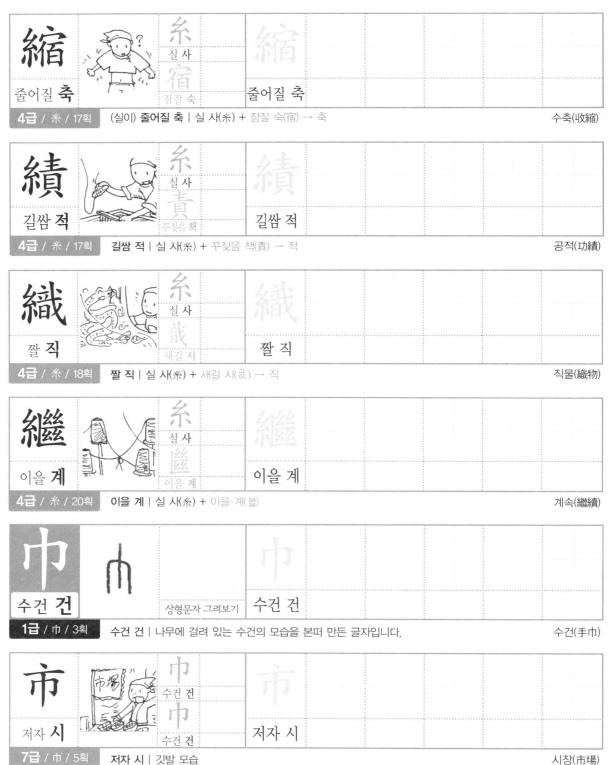

縮
줄어질 축

糸 실 사
宿 잠잘 숙

줄어질 축

4급 / 糸 / 17획   (실이) **줄어질 축** | 실 사(糸) + 잠잘 숙(宿) → 축   수축(收縮)

績
길쌈 적

糸 실 사
責 꾸짖을 책

길쌈 적

4급 / 糸 / 17획   **길쌈 적** | 실 사(糸) + 꾸짖을 책(責) → 적   공적(功績)

織
짤 직

糸 실 사
戠 새길 시

짤 직

4급 / 糸 / 18획   **짤 직** | 실 사(糸) + 새길 시(戠) → 직   직물(織物)

繼
이을 계

糸 실 사
䜌 이을 계

이을 계

4급 / 糸 / 20획   **이을 계** | 실 사(糸) + 이을 계(䜌)   계속(繼續)

巾
수건 건

상형문자 그려보기   수건 건

1급 / 巾 / 3획   **수건 건** | 나무에 걸려 있는 수건의 모습을 본떠 만든 글자입니다.   수건(手巾)

市
저자 시

巾 수건 건
巾 수건 건

저자 시

7급 / 巾 / 5획   **저자 시** | 깃발 모습   시장(市場)

席
자리 **석**

6급 / 巾 / 10획 ｜ (베로 만든) **자리 석, 돗자리 석** ｜ 수건 건(巾) + 무리 서(庶) → 석 ｜ 좌석(座席)

巾 수건 건
庶 무리 서

자리 석

布
베 **포**

4II급 / 巾 / 5획 ｜ **베 포, 보시 보** ｜ 수건 건(巾) + 왼손 좌(屮) ｜ 포목점(布木店)

巾 수건 건
屮 왼손 좌

베 포

希
바랄 **희**

4II급 / 巾 / 7획 ｜ **바랄 희** ｜ 수건 건(巾) + 점괘 효(爻) ｜ 희망(希望)

巾 수건 건
爻 점괘 효

바랄 희

師
스승 **사**

4II급 / 巾 / 10획 ｜ (언덕위의) **스승 사** ｜ 언덕 부(𠂤) + 깃발 잡(帀) ｜ 사단(師團)

𠂤 언덕 부
帀 깃발 잡

스승 사

帶
띠 **대**

4II급 / 巾 / 11획 ｜ (베로 만든) **띠 대** ｜ 수건 건(巾) + 띠의 모습 ｜ 열대(熱帶)

巾 수건 건
巾 수건 건

띠 대

常
항상 **상**

4II급 / 巾 / 11획 ｜ **항상 상** ｜ 수건 건(巾) + 오히려 상(尙) ｜ 항상(恒常)

巾 수건 건
尙 오히려 상

항상 상

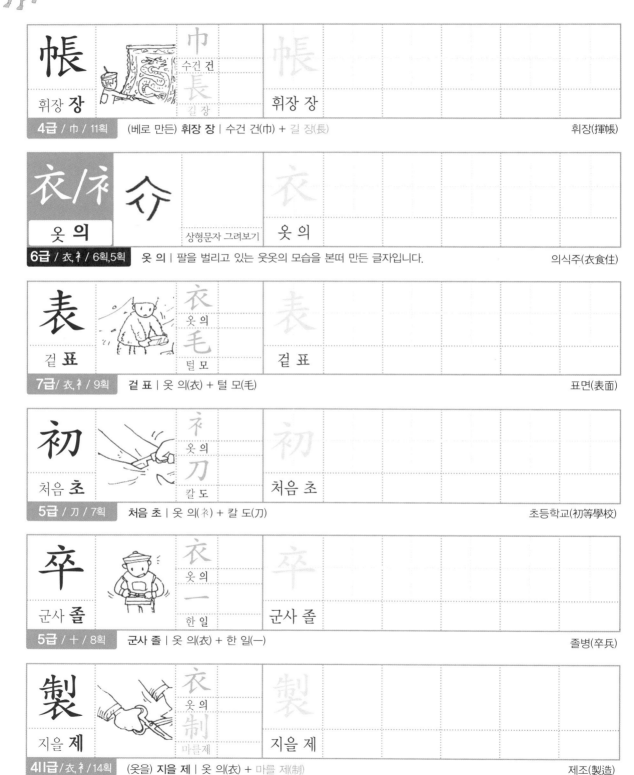

求		求	
구할 **구**		구할 구	

4II급 / 水 / 7획   **구할 구** | 털옷 모습   구직(求職)

裝		衣 옷 의 壯 씩씩할 장	裝	
꾸밀 **장**			꾸밀 장	

4급 / 衣 ネ / 13획   **(옷을) 꾸밀 장** | 옷 의(衣) + 씩씩할 장(壯)   장식(裝飾)

依		亻 사람 인 衣 옷 의	依	
의지할 **의**			의지할 의	

4급 / 人 亻 / 8획   **의지할 의** | 사람 인(亻) + 옷 의(衣)   의지(依支)

複		ネ 옷 의 复 반복할 복	複	
겹칠 **복**			겹칠 복	

4급 / 衣 ネ / 14획   **(옷을) 겹칠 복** | 옷 의(ネ) + 반복할 복(复)   복사(複寫)

田		상형문자 그려보기	田	
밭 전			밭 전	

4II급 / 田 / 5획   **밭 전** | 가로 세로로 구분 되어 있는 밭의 모양을 본떠 만든 글자입니다.   전답(田畓)

男		田 밭 전 力 힘 력	男	
사내 **남**			사내 남	

7급 / 田 / 7획   **사내 남** | 밭 전(田) + 힘 력(力)

남녀(男女)

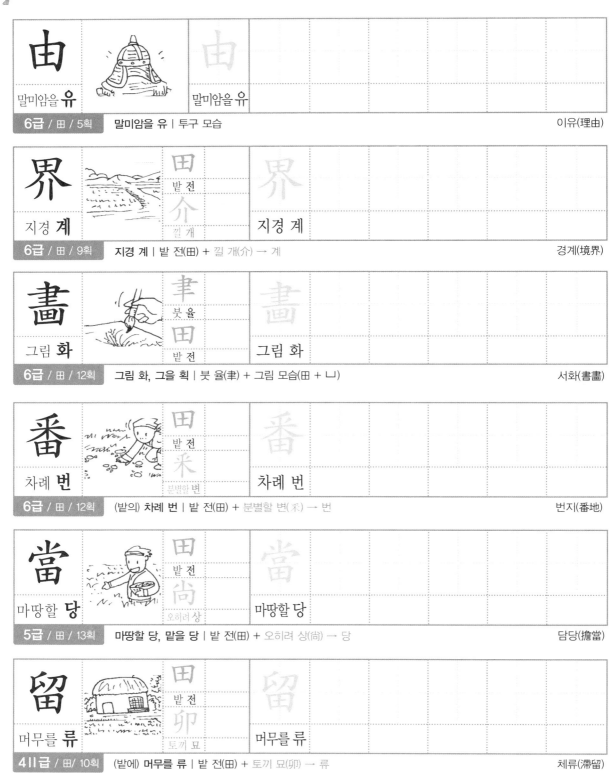

由 말미암을 유	말미암을 유		
6급 / 田 / 5획	**말미암을 유**	투구 모습	이유(理由)

界 지경 계	田 밭 전 / 介 낄 개	지경 계	
6급 / 田 / 9획	**지경 계**	밭 전(田) + 낄 개(介) → 계	경계(境界)

畵 그림 화	聿 붓 율 / 田 밭 전	그림 화	
6급 / 田 / 12획	**그림 화, 그을 획**	붓 율(聿) + 그림 모습(田 + ㄴ)	서화(書畵)

番 차례 번	田 밭 전 / 釆 분별할 변	차례 번	
6급 / 田 / 12획	(밭의) **차례 번**	밭 전(田) + 분별할 변(釆) → 번	번지(番地)

當 마땅할 당	田 밭 전 / 尙 오히려 상	마땅할 당	
5급 / 田 / 13획	**마땅할 당, 맡을 당**	밭 전(田) + 오히려 상(尙) → 당	담당(擔當)

留 머무를 류	田 밭 전 / 卯 토끼 묘	머무를 류	
4II급 / 田/ 10획	(밭에) **머무를 류**	밭 전(田) + 토끼 묘(卯) → 류	체류(滯留)

異 다를 이
4급 / 田 / 11획 | 다를 이 | 귀신의 모습 | 이견(異見)

다를 이

略 간략할 략
4급 / 田 / 11획 | 간략할 략, 노략질할 략, 꾀 략 | 밭 전(田) + 각각 각(各) → 략 | 약도(略圖)

田 밭 전
各 각각 각
간략할 략

力 힘 력
7급 / 力 / 2획 | 힘 력 | 논밭을 가는 쟁기의 모습을 본떠 만든 글자입니다. | 노력(努力)

상형문자 그려보기
힘 력

動 움직일 동
7급 / 力 / 11획 | (힘으로) 움직일 동 | 힘 력(力) + 무거울 중(重) → 동 | 동력(動力)

力 힘 력
重 무거울 중
움직일 동

男 사내 남
7급 / 田 / 7획 | 사내 남 | 밭 전(田) + 힘 력(力) | 남녀(男女)

田 밭 전
力 힘 력
사내 남

功 공 공
6급 / 力 / 5획 | 공 공 | 힘 력(力) + 장인 공(工) | 공로(功勞)

力 힘 력
工 장인 공
공 공

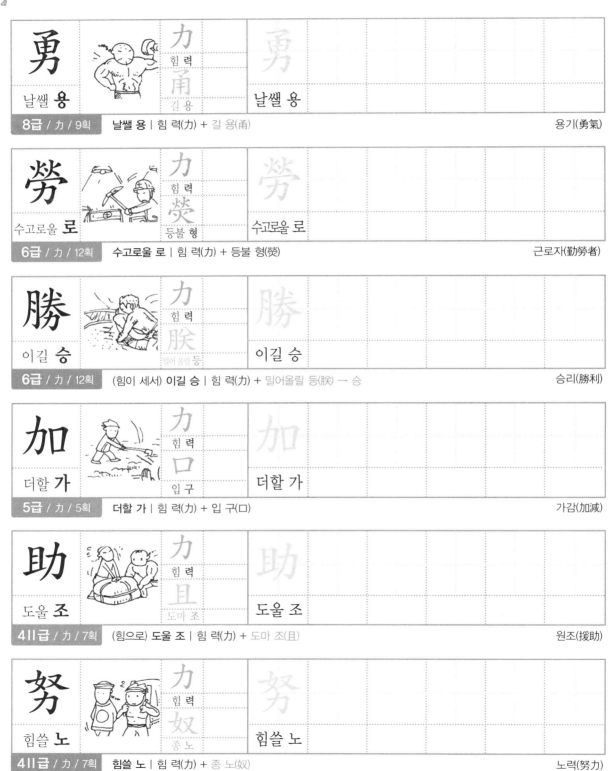

勇

날쌜 **용**

8급 / 力 / 9획 ㅤ **날쌜 용** | 힘 력(力) + 길 용(甬)ㅤㅤㅤㅤㅤㅤㅤㅤㅤㅤㅤㅤ용기(勇氣)

力 힘 력
甬 길 용

勇 날쌜 용

勞

수고로울 **로**

6급 / 力 / 12획ㅤ **수고로울 로** | 힘 력(力) + 등불 형(熒)ㅤㅤㅤㅤㅤㅤㅤㅤㅤ근로자(勤勞者)

力 힘 력
熒 등불 형

勞 수고로울 로

勝

이길 **승**

6급 / 力 / 12획ㅤ (힘이 세서) **이길 승** | 힘 력(力) + 밀어올릴 등(朕) → 승ㅤㅤㅤ승리(勝利)

力 힘 력
朕 밀어올릴 등

勝 이길 승

加

더할 **가**

5급 / 力 / 5획ㅤ **더할 가** | 힘 력(力) + 입 구(口)ㅤㅤㅤㅤㅤㅤㅤㅤㅤㅤㅤ가감(加減)

力 힘 력
口 입 구

加 더할 가

助

도울 **조**

4II급 / 力 / 7획ㅤ (힘으로) **도울 조** | 힘 력(力) + 도마 조(且)ㅤㅤㅤㅤㅤㅤㅤ원조(援助)

力 힘 력
且 도마 조

助 도울 조

努

힘쓸 **노**

4II급 / 力 / 7획ㅤ **힘쓸 노** | 힘 력(力) + 종 노(奴)ㅤㅤㅤㅤㅤㅤㅤㅤㅤㅤㅤ노력(努力)

力 힘 력
奴 종 노

努 힘쓸 노

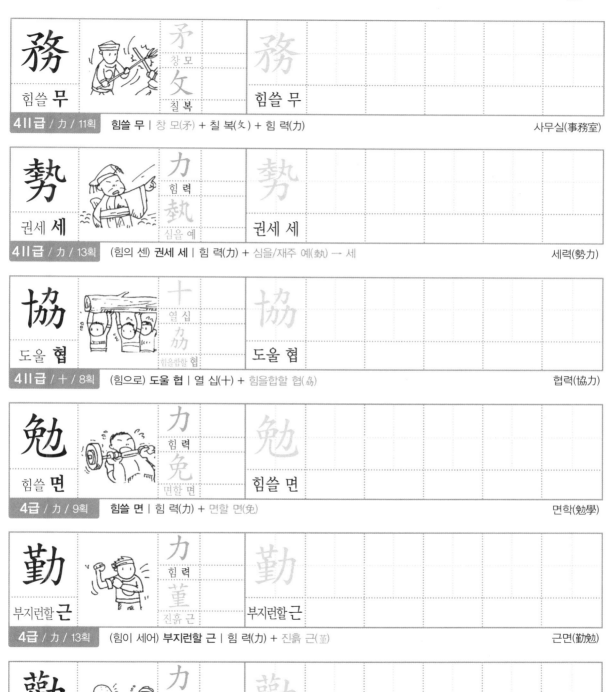

務		矛 창 모 夂 칠 복	務 힘쓸 무				
힘쓸 **무**							

4II급 / 力 / 11획 | 힘쓸 무 | 창 모(矛) + 칠 복(夂) + 힘 력(力) | 사무실(事務室)

勢		力 힘 력 執 심을 예	勢 권세 세				
권세 **세**							

4II급 / 力 / 13획 | (힘의 센) 권세 세 | 힘 력(力) + 심을/재주 예(執) → 세 | 세력(勢力)

協		十 열 십 劦 힘음합할 협	協 도울 협				
도울 **협**							

4II급 / 十 / 8획 | (힘으로) 도울 협 | 열 십(十) + 힘을합할 협(劦) | 협력(協力)

勉		力 힘 력 免 면할 면	勉 힘쓸 면				
힘쓸 **면**							

4급 / 力 / 9획 | 힘쓸 면 | 힘 력(力) + 면할 면(免) | 면학(勉學)

勤		力 힘 력 堇 진흙 근	勤 부지런할 근				
부지런할 **근**							

4급 / 力 / 13획 | (힘이 세어) 부지런할 근 | 힘 력(力) + 진흙 근(堇) | 근면(勤勉)

勸		力 힘 력 雚 황새 관	勸 권할 권				
권할 **권**							

4급 / 力 / 20획 | (힘으로) 권할 권 | 힘 력(力) + 황새 관(雚) → 권 | 권고(勸告)

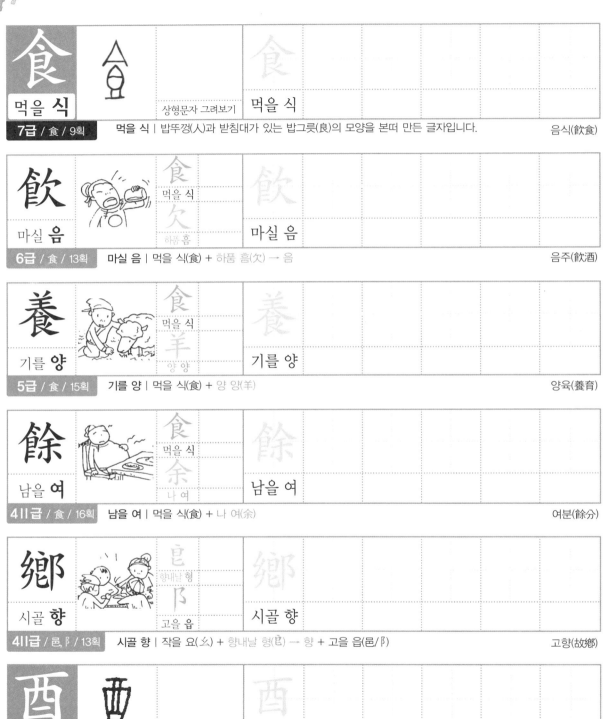

食 먹을 식		상형문자 그려보기	먹을 식	
7급 / 食 / 9획	먹을 식 | 밥뚜껑(人)과 받침대가 있는 밥그릇(良)의 모양을 본떠 만든 글자입니다.			음식(飲食)

飲 마실 음		먹을 식 / 하품 흠	마실 음	
6급 / 食 / 13획	마실 음 | 먹을 식(食) + 하품 흠(欠) → 음			음주(飲酒)

養 기를 양		먹을 식 / 양 양	기를 양	
5급 / 食 / 15획	기를 양 | 먹을 식(食) + 양 양(羊)			양육(養育)

餘 남을 여		먹을 식 / 나 여	남을 여	
4II급 / 食 / 16획	남을 여 | 먹을 식(食) + 나 여(余)			여분(餘分)

鄕 시골 향		향내날 형 / 고을 읍	시골 향	
4II급 / 邑, 阝 / 13획	시골 향 | 작을 요(幺) + 향내날 형(皀) → 향 + 고을 읍(邑/阝)			고향(故鄕)

酉 닭 유		상형문자 그려보기	닭 유	
3급 / 酉 / 7획	닭 유 | 술을 빚어 담는 술병의 모양을 본떠 만든 글자입니다.			

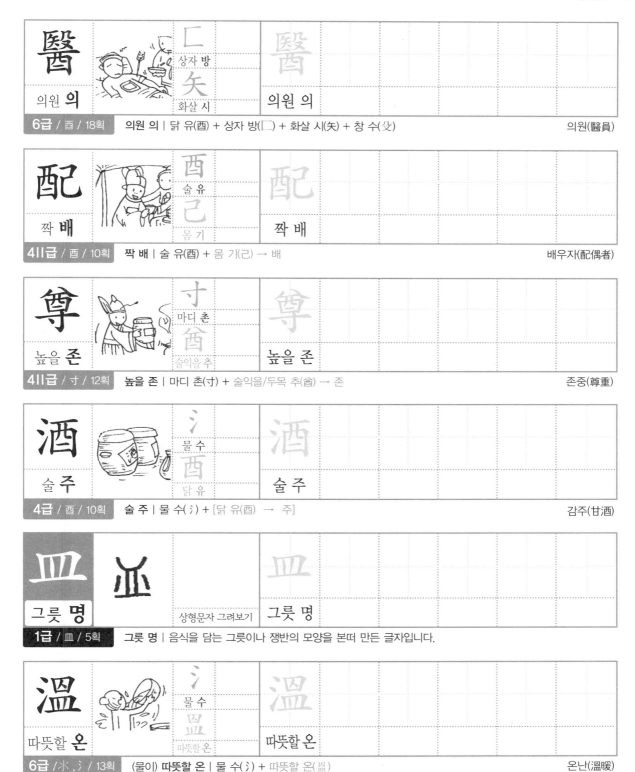

| 醫 의원 **의** | | ㄷ 상자 방
矢 화살 시 | 醫
의원 의 | | | | | |
| 6급 / 酉 / 18획 | **의원 의** \| 닭 유(酉) + 상자 방(ㄷ) + 화살 시(矢) + 창 수(殳) | | | | | 의원(醫員) | | |

| 配 짝 **배** | | 酉 술 유
己 몸 기 | 配
짝 배 | | | | | |
| 4II급 / 酉 / 10획 | **짝 배** \| 술 유(酉) + 몸 기(己) → 배 | | | | | 배우자(配偶者) | | |

| 尊 높을 **존** | | 寸 마디 촌
酋 술익을 추 | 尊
높을 존 | | | | | |
| 4II급 / 寸 / 12획 | **높을 존** \| 마디 촌(寸) + 술익을/두목 추(酋) → 존 | | | | | 존중(尊重) | | |

| 酒 술 **주** | | 氵 물 수
酉 닭 유 | 酒
술 주 | | | | | |
| 4급 / 酉 / 10획 | **술 주** \| 물 수(氵) + [닭 유(酉) → 주] | | | | | 감주(甘酒) | | |

| 皿
그릇 **명** | | 상형문자 그려보기 | 皿
그릇 명 | | | | | |
| 1급 / 皿 / 5획 | **그릇 명** \| 음식을 담는 그릇이나 쟁반의 모양을 본떠 만든 글자입니다. | | | | | | | |

| 溫 따뜻할 **온** | | 氵 물 수
皿 따뜻할 온 | 溫
따뜻할 온 | | | | | |
| 6급 / 水, 氵 / 13획 | (물이) **따뜻할 온** \| 물 수(氵) + 따뜻할 온(昷) | | | | | 온난(溫暖) | | |

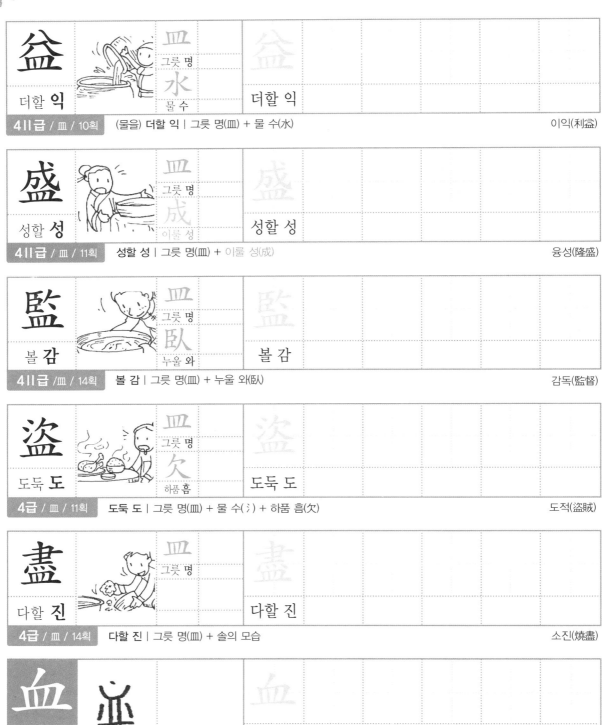

| 益 더할 익 | | 皿 그릇 명 / 水 물 수 | | 益 더할 익 | | | | | | |

4Ⅱ급 / 皿 / 10획　(물을) 더할 익 | 그릇 명(皿) + 물 수(水)　　　　　　　　　　　　이익(利益)

| 盛 성할 성 | | 皿 그릇 명 / 成 이룰 성 | | 盛 성할 성 | | | | | | |

4Ⅱ급 / 皿 / 11획　성할 성 | 그릇 명(皿) + 이룰 성(成)　　　　　　　　　　　　융성(隆盛)

| 監 볼 감 | | 皿 그릇 명 / 臥 누울 와 | | 監 볼 감 | | | | | | |

4Ⅱ급 / 皿 / 14획　볼 감 | 그릇 명(皿) + 누울 와(臥)　　　　　　　　　　　　감독(監督)

| 盜 도둑 도 | | 皿 그릇 명 / 欠 하품 흠 | | 盜 도둑 도 | | | | | | |

4급 / 皿 / 11획　도둑 도 | 그릇 명(皿) + 물 수(氵) + 하품 흠(欠)　　　　　　　도적(盜賊)

| 盡 다할 진 | | 皿 그릇 명 | | 盡 다할 진 | | | | | | |

4급 / 皿 / 14획　다할 진 | 그릇 명(皿) + 솔의 모습　　　　　　　　　　　　소진(燒盡)

| 血 피 혈 | | 상형문자 그려보기 | | 血 피 혈 | | | | | | |

4Ⅱ급 / 血 / 6획　피 혈 | 제사를 지낼 때 희생된 동물의 피를 그릇에 담아 놓은 모습을 본떠 만든 글자입니다.　　혈맹(血盟)

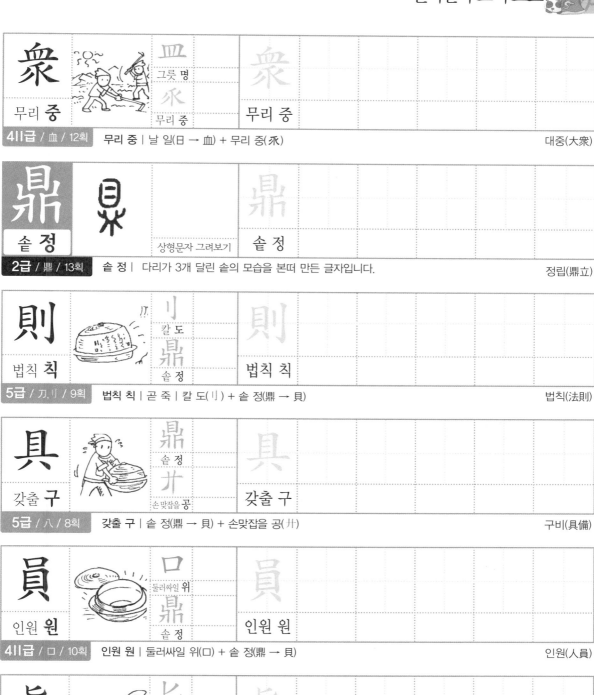

衆
무리 중

皿
그릇 명

乑
무리 중

衆
무리 중

4II급 / 血 / 12획 | 무리 중 | 날 일(日 → 血) + 무리 중(乑) | 대중(大衆)

鼎
솥 정

상형문자 그려보기

鼎
솥 정

2급 / 鼎 / 13획 | 솥 정 | 다리가 3개 달린 솥의 모습을 본떠 만든 글자입니다. | 정립(鼎立)

則
법칙 칙

刂
칼 도

鼎
솥 정

則
법칙 칙

5급 / 刀,刂 / 9획 | 법칙 칙 | 곧 죽 | 칼 도(刂) + 솥 정(鼎 → 貝) | 법칙(法則)

具
갖출 구

鼎
솥 정

廾
손 맞잡을 공

具
갖출 구

5급 / 八 / 8획 | 갖출 구 | 솥 정(鼎 → 貝) + 손맞잡을 공(廾) | 구비(具備)

員
인원 원

口
둘러싸일 위

鼎
솥 정

員
인원 원

4II급 / 口 / 10획 | 인원 원 | 둘러싸일 위(口) + 솥 정(鼎 → 貝) | 인원(人員)

眞
참 진

匕
비수 비

鼎
솥 정

眞
참 진

4II급 / 目 / 10획 | 참 진 | 비수 비(匕) + 솥 정(鼎 → 貝) | 진리(眞理)

宀

집 면

상형문자 그려보기

집 면

0급 / 宀 / 3획   집 면 | 땅에 구멍을 파고 그 위에 지붕을 덮은 움막집의 모습을 본떠 만든 글자입니다.

室

집 실

집 면
至
이를 지

집 실

8급 / 宀 / 9획   집 실 | 집 면(宀) + 이를 지(至) → 실   실내(室內)

安

편안할 안

집 면
女
여자 녀

편안할 안

7급 / 宀 / 6획   편안할 안 | 집 면(宀) + 여자 녀(女)   편안(便安)

家

집 가

집 면
豕
돼지 시

집 가

7급 / 宀 / 10획   집 가 | 집 면(宀) + 돼지 시(豕)   가축(家畜)

內

안 내

집 면
入
들 입

안 내

7급 / 入 / 4획   안 내, 들일 납 | 집 면(宀) + 들 입(入)   내외(內外)

定

정할 정

집 면
正
바를 정

정할 정

6급 / 宀 / 8획   정할 정 | 집 면(宀) + 바를 정(正)   定處(정처)

186

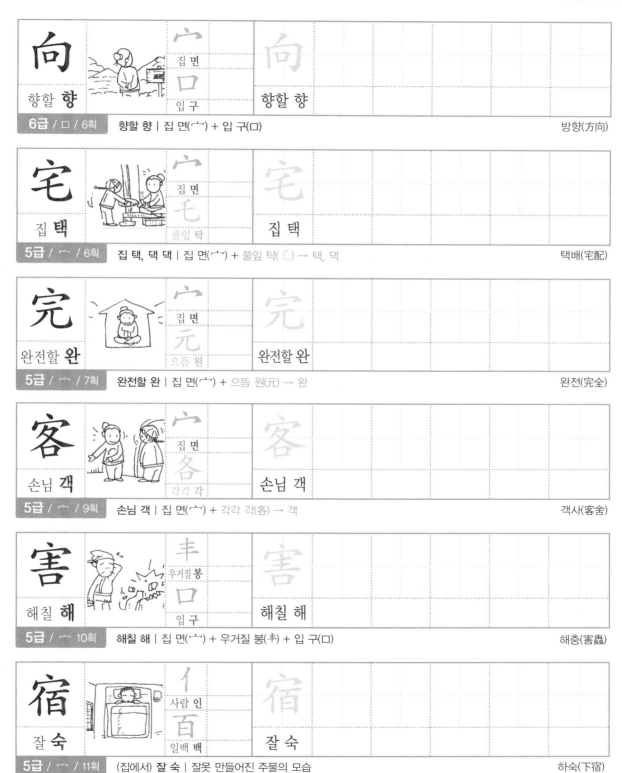

| 向 | | 집 면 | 向 | | | | | |
| 향할 **향** | | 입 구 | 향할 향 | | | | | |

6급 / 口 / 6획 ｜ 향할 향 ｜ 집 면(宀) + 입 구(口)　　　　　　　　　　　　방향(方向)

| 宅 | | 집 면 | 宅 | | | | | |
| 집 **택** | | 풀잎 탁 | 집 택 | | | | | |

5급 / 宀 / 6획 ｜ 집 택, 댁 댁 ｜ 집 면(宀) + 풀잎 탁(乇) → 택, 댁　　　택배(宅配)

| 完 | | 집 면 | 完 | | | | | |
| 완전할 **완** | | 으뜸 원 | 완전할 완 | | | | | |

5급 / 宀 / 7획 ｜ 완전할 완 ｜ 집 면(宀) + 으뜸 원(元) → 완　　　　완전(完全)

| 客 | | 집 면 | 客 | | | | | |
| 손님 **객** | | 각각 각 | 손님 객 | | | | | |

5급 / 宀 / 9획 ｜ 손님 객 ｜ 집 면(宀) + 각각 각(各) → 객　　　　　객사(客舍)

| 害 | | 우거질 봉 | 害 | | | | | |
| 해칠 **해** | | 입 구 | 해칠 해 | | | | | |

5급 / 宀 / 10획 ｜ 해칠 해 ｜ 집 면(宀) + 우거질 봉(丰) + 입 구(口)　　　해충(害蟲)

| 宿 | | 사람 인 | 宿 | | | | | |
| 잘 **숙** | | 일백 백 | 잘 숙 | | | | | |

5급 / 宀 / 11획 ｜ (집에서) 잘 숙 ｜ 잘못 만들어진 주물의 모습　　　　　하숙(下宿)

寒
찰 **한**

宀
집 면

冫
얼음 빙

寒
찰 한

5급 / 宀 /12획 　(얼음처럼) **찰 한** | 집 면(宀) + 볏짚 + 사람 인(人) + 얼음 빙(冫)　　　　한파(寒波)

實
열매 **실**

宀
집 면

貫
꿸 관

實
열매 실

5급 / 宀 /14획 　**열매 실** | 집 면(宀) + 꿸 관(貫)　　　　실리(實利)

寫
베낄 **사**

宀
집 면

烏
까치 작

寫
베낄 사

5급 / 宀 /15획 　**베낄 사** | 집 면(宀) + 까치 작(烏) → 사　　　　복사(複寫)

守
지킬 **수**

宀
집 면

寸
마디 촌

守
지킬 수

4II급 / 宀 / 6획 　**지킬 수** | 집 면(宀) + 마디 촌(寸)　　　　수비(守備)

宗
마루 **종**

示
보일 시

宀
집 면

宗
마루 종

4II급 / 宀 / 8획 　**마루 종** | 집 면(宀) + 보일 시(示)　　　　종묘(宗廟)

官
벼슬 **관**

宀
집 면

阜
언덕 부

官
벼슬 관

4II급 / 宀 / 8획 　**벼슬 관** | 집 면(宀) + 언덕 부(阜)　　　　관청(官廳)

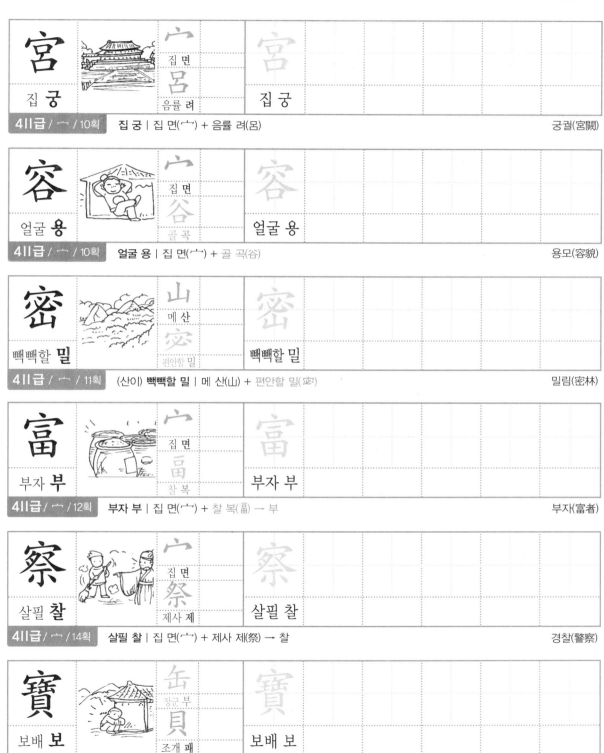

宮 집 궁		宀 집 면 呂 음률 려	宮 집 궁	
4II급 / 宀 / 10획	**집 궁** | 집 면(宀) + 음률 려(呂)			궁궐(宮闕)

容 얼굴 용		宀 집 면 谷 골 곡	容 얼굴 용	
4II급 / 宀 / 10획	**얼굴 용** | 집 면(宀) + 골 곡(谷)			용모(容貌)

密 빽빽할 밀		山 메 산 宓 편안할 밀	密 빽빽할 밀	
4II급 / 宀 / 11획	**(산이) 빽빽할 밀** | 메 산(山) + 편안할 밀(宓)			밀림(密林)

富 부자 부		宀 집 면 畐 찰 복	富 부자 부	
4II급 / 宀 / 12획	**부자 부** | 집 면(宀) + 찰 복(畐) → 부			부자(富者)

察 살필 찰		宀 집 면 祭 제사 제	察 살필 찰	
4II급 / 宀 / 14획	**살필 찰** | 집 면(宀) + 제사 제(祭) → 찰			경찰(警察)

寶 보배 보		缶 장군 부 貝 조개 패	寶 보배 보	
4II급 / 宀 / 20획	**보배 보** | 집 면(宀) + 구슬 옥(王) + 장군 부(缶) → 보 + 조개 패(貝)			보배(寶貝)

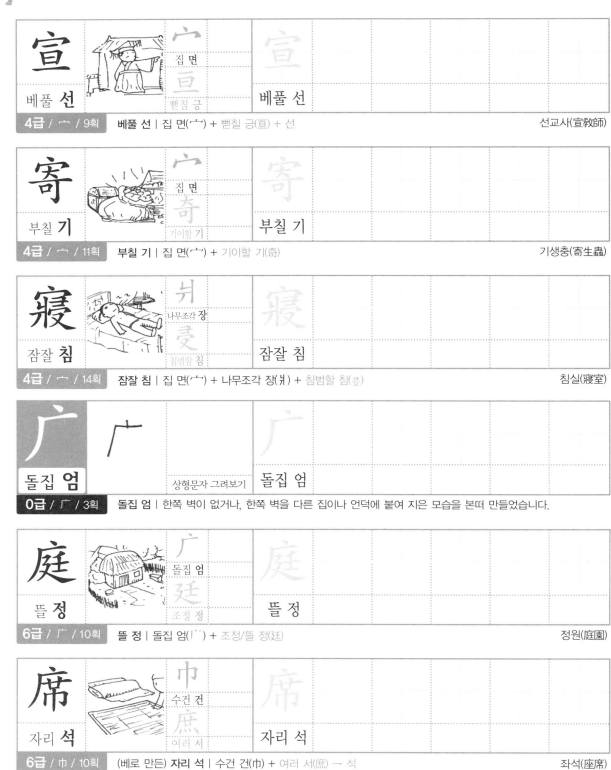

宣 베풀 선	宀 집 면 / 亘 뻗칠 긍	宣 베풀 선		
4급 / 宀 / 9획	베풀 선 | 집 면(宀) + 뻗칠 긍(亘) + 선			선교사(宣敎師)
寄 부칠 기	宀 집 면 / 奇 기이할 기	寄 부칠 기		
4급 / 宀 / 11획	부칠 기 | 집 면(宀) + 기이할 기(奇)			기생충(寄生蟲)
寢 잠잘 침	爿 나무조각 장 / 㑴 침범할 침	寢 잠잘 침		
4급 / 宀 / 14획	잠잘 침 | 집 면(宀) + 나무조각 장(爿) + 침범할 침(㑴)			침실(寢室)
广 돌집 엄	广 / 상형문자 그려보기	广 돌집 엄		
0급 / 广 / 3획	돌집 엄 | 한쪽 벽이 없거나, 한쪽 벽을 다른 집이나 언덕에 붙여 지은 모습을 본떠 만들었습니다.			
庭 뜰 정	广 돌집 엄 / 廷 조정 정	庭 뜰 정		
6급 / 广 / 10획	뜰 정 | 돌집 엄(广) + 조정/뜰 정(廷)			정원(庭園)
席 자리 석	巾 수건 건 / 庶 여러 서	席 자리 석		
6급 / 巾 / 10획	(베로 만든) 자리 석 | 수건 건(巾) + 여러 서(庶) → 석			좌석(座席)

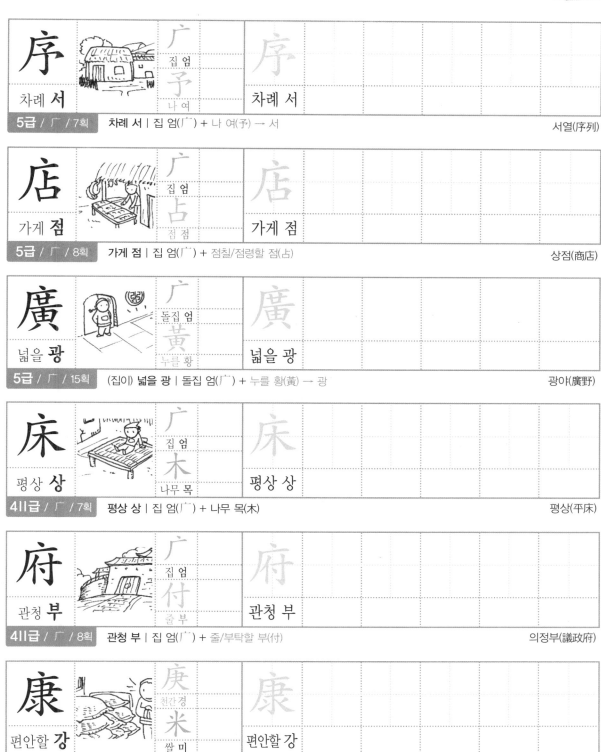

序
차례 **서**

广 집 엄
予 나 여

차례 서

5급 / 广 / 7획　　**차례 서** | 집 엄(广) + 나 여(予) → 서

서열(序列)

店
가게 **점**

广 집 엄
占 점 점

가게 점

5급 / 广 / 8획　　**가게 점** | 집 엄(广) + 점칠/점령할 점(占)

상점(商店)

廣
넓을 **광**

广 돌집 엄
黃 누를 황

넓을 광

5급 / 广 / 15획　　**(집이) 넓을 광** | 돌집 엄(广) + 누를 황(黃) → 광

광야(廣野)

床
평상 **상**

广 집 엄
木 나무 목

평상 상

4II급 / 广 / 7획　　**평상 상** | 집 엄(广) + 나무 목(木)

평상(平床)

府
관청 **부**

广 집 엄
付 줄 부

관청 부

4II급 / 广 / 8획　　**관청 부** | 집 엄(广) + 줄/부탁할 부(付)

의정부(議政府)

康
편안할 **강**

庚 천간 경
米 쌀 미

편안할 강

4II급 / 广 / 11획　　**편안할 강** | 천간 경(庚) → 강 + 쌀 미(米)

건강(健康)

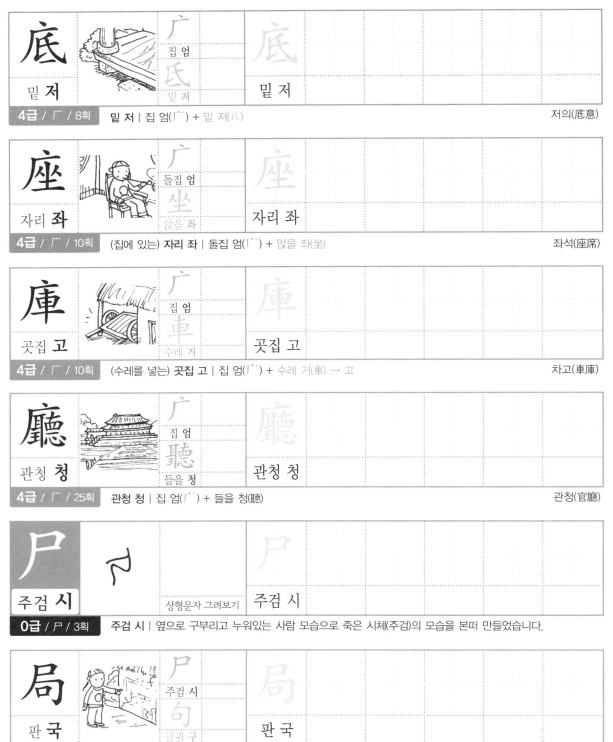

底
밑 **저**

广 집 엄 / 氐 밑 저

底

밑 저

4급 / 广 / 8획　밑 저 | 집 엄(广) + 밑 저(氐)　저의(底意)

座
자리 **좌**

广 돌집 엄 / 坐 앉을 좌

座

자리 좌

4급 / 广 / 10획　(집에 있는) 자리 좌 | 돌집 엄(广) + 앉을 좌(坐)　좌석(座席)

庫
곳집 **고**

广 집 엄 / 車 수레 거

庫

곳집 고

4급 / 广 / 10획　(수레를 넣는) 곳집 고 | 집 엄(广) + 수레 거(車) → 고　차고(車庫)

廳
관청 **청**

广 집 엄 / 聽 들을 청

廳

관청 청

4급 / 广 / 25획　관청 청 | 집 엄(广) + 들을 청(聽)　관청(官廳)

尸
주검 **시**

상형문자 그려보기

尸

주검 시

0급 / 尸 / 3획　주검 시 | 옆으로 구부리고 누워있는 사람 모습으로 죽은 시체(주검)의 모습을 본떠 만들었습니다.

局
판 **국**

尸 주검 시 / 句 글귀 구

局

판 국

5급 / 尸 / 7획　판 국 | 주검 시(尸) + 글귀 구(句)　편집국(編輯局)

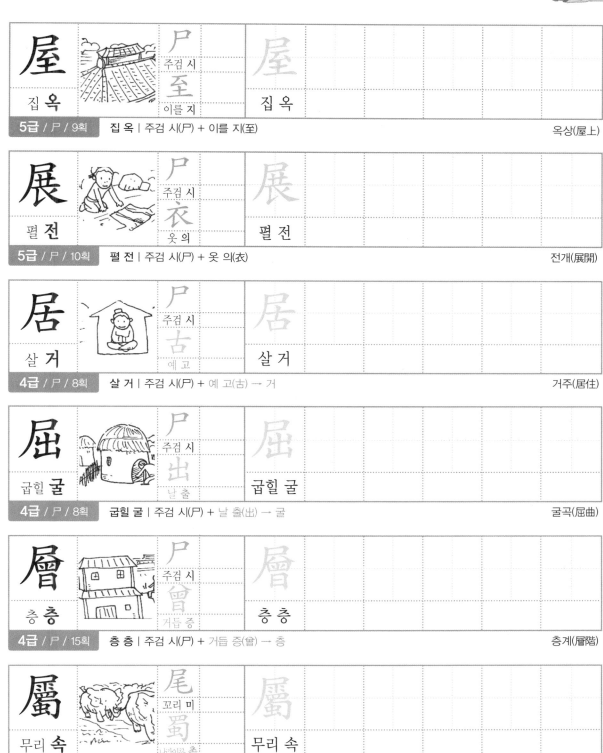

屋 집 옥		尸 주검 시 / 至 이를 지		屋 집 옥				
5급 / 尸 / 9획		집 옥	주검 시(尸) + 이를 지(至)					옥상(屋上)

展 펼 전		尸 주검 시 / 衣 옷 의		展 펼 전				
5급 / 尸 / 10획		펼 전	주검 시(尸) + 옷 의(衣)					전개(展開)

居 살 거		尸 주검 시 / 古 예 고		居 살 거				
4급 / 尸 / 8획		살 거	주검 시(尸) + 예 고(古) → 거					거주(居住)

屈 굽힐 굴		尸 주검 시 / 出 날 출		屈 굽힐 굴				
4급 / 尸 / 8획		굽힐 굴	주검 시(尸) + 날 출(出) → 굴					굴곡(屈曲)

層 층 층		尸 주검 시 / 曾 거듭 증		層 층 층				
4급 / 尸 / 15획		층 층	주검 시(尸) + 거듭 증(曾) → 층					층계(層階)

屬 무리 속		尾 꼬리 미 / 蜀 나라이름 촉		屬 무리 속				
4급 / 尸 / 21획		무리 속	꼬리 미(尾) + [나라이름 촉(蜀) → 속]					종속(從屬)

高
높을 고

상형문자 그려보기

높을 고

6급 / 高 / 10획 　**높을 고** | 높이 지은 누각이나 성문을 본떠 만든 글자입니다.　　　고저(高低)

京
서울 경

서울 경

6급 / 亠 / 8획 　**서울 경** | 높은 건물 모습　　　경향(京鄉)

會
모일 회

모일 회

6급 / 日 / 13획 　**모일 회** | 창고 모습　　　회의(會議)

良
어질 량

어질 량

5급 / 艮 / 7획 　**어질 량** | 건물 좌우의 회랑, 혹은 안채와 바깥채를 구분짓는 단의 모습입니다.　　　양심(良心)

商
장사 상

장사 상

5급 / 口 / 11획 　**장사 상, 헤아릴 상, 상나라 상** | 높은 건물을 본떠 만든 글자입니다.　　　상점(商店)

舍
집 사

집 사

4II급 / 舌 / 8획 　**집 사** | 나무(干)로 지붕(人)을 받친 모양 아래, 입구(口)가 있는 집의 모습입니다.　　　사옥(舍屋)

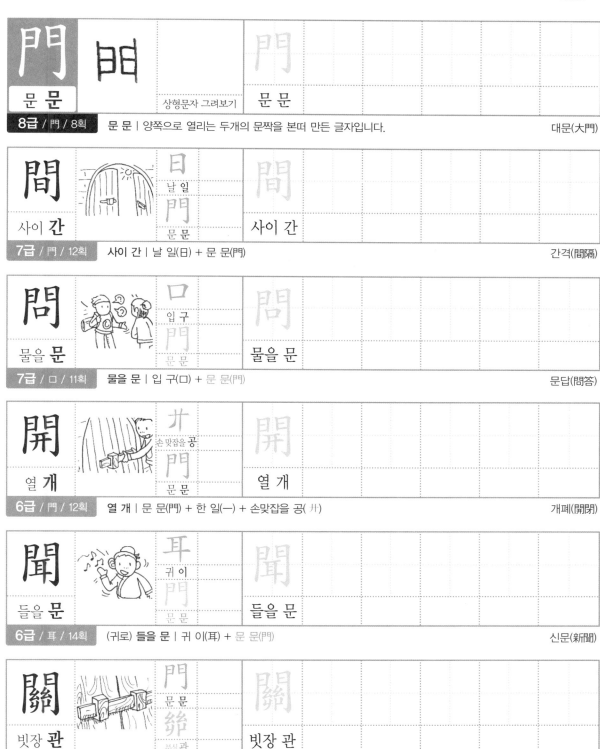

門 문 문	상형문자 그려보기	門 문 문			
8급 / 門 / 8획	문 문	양쪽으로 열리는 두개의 문짝을 본떠 만든 글자입니다.			대문(大門)

間 사이 간	日 날 일 / 門 문 문	間 사이 간			
7급 / 門 / 12획	사이 간	날 일(日) + 문 문(門)			간격(間隔)

問 물을 문	口 입 구 / 門 문 문	問 물을 문			
7급 / 口 / 11획	물을 문	입 구(口) + 문 문(門)			문답(問答)

開 열 개	廾 손 맞잡을 공 / 門 문 문	開 열 개			
6급 / 門 / 12획	열 개	문 문(門) + 한 일(一) + 손맞잡을 공(廾)			개폐(開閉)

聞 들을 문	耳 귀 이 / 門 문 문	聞 들을 문			
6급 / 耳 / 14획	(귀로) 들을 문	귀 이(耳) + 문 문(門)			신문(新聞)

關 빗장 관	門 문 문 / 絲 북실 관	關 빗장 관			
5급 / 門 / 19획	관계할 관, 빗장 관	문 문(門) + 북실 관(丱)			관문(關門)

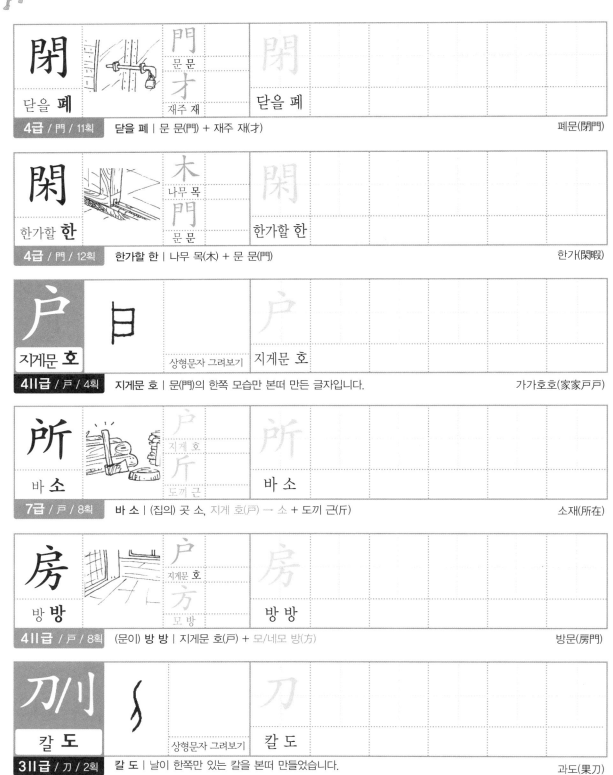

閉
닫을 **폐**
門 문 문
才 재주 재
닫을 폐
4급 / 門 / 11획 닫을 폐 | 문 문(門) + 재주 재(才)
폐문(閉門)

閑
한가할 **한**
木 나무 목
門 문 문
한가할 한
4급 / 門 / 12획 한가할 한 | 나무 목(木) + 문 문(門)
한가(閑暇)

戶
지게문 **호**
상형문자 그려보기 지게문 호
4II급 / 戶 / 4획 지게문 호 | 문(門)의 한쪽 모습만 본떠 만든 글자입니다.
가가호호(家家戶戶)

所
바 **소**
戶 지게 호
斤 도끼 근
바 소
7급 / 戶 / 8획 바 소 | (집의) 곳 소, 지게 호(戶) → 소 + 도끼 근(斤)
소재(所在)

房
방 **방**
戶 지게문 호
方 모 방
방 방
4II급 / 戶 / 8획 (문이) 방 방 | 지게문 호(戶) + 모/네모 방(方)
방문(房門)

刀/刂
칼 **도**
상형문자 그려보기 칼 도
3II급 / 刀 / 2획 칼 도 | 날이 한쪽만 있는 칼을 본떠 만들었습니다.
과도(果刀)

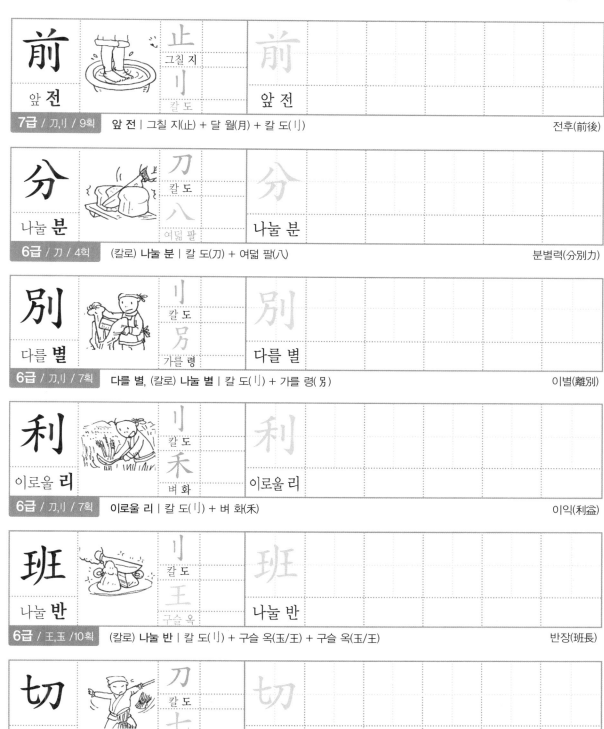

前	止 그칠 지 / 刂 칼 도	前 앞 전	
앞 **전**			
7급 / 刀,刂 / 9획	앞 전	그칠 지(止) + 달 월(月) + 칼 도(刂)	전후(前後)

分	刀 칼 도 / 八 여덟 팔	分 나눌 분	
나눌 **분**			
6급 / 刀 / 4획	(칼로) 나눌 분	칼 도(刀) + 여덟 팔(八)	분별력(分別力)

別	刂 칼 도 / 另 가를 령	別 다를 별	
다를 **별**			
6급 / 刀,刂 / 7획	다를 별, (칼로) 나눌 별	칼 도(刂) + 가를 령(另)	이별(離別)

利	刂 칼 도 / 禾 벼 화	利 이로울 리	
이로울 **리**			
6급 / 刀,刂 / 7획	이로울 리	칼 도(刂) + 벼 화(禾)	이익(利益)

班	刂 칼 도 / 王 구슬 옥	班 나눌 반	
나눌 **반**			
6급 / 王,玉 / 10획	(칼로) 나눌 반	칼 도(刂) + 구슬 옥(玉/王) + 구슬 옥(玉/王)	반장(班長)

切	刀 칼 도 / 七 일곱 칠	切 끊을 절	
끊을 **절**			
5급 / 刀 / 4획	(칼로) 끊을 절, 온통 체	칼 도(刀) + 일곱 칠(七) → 절, 체	일체, 일절(一切)

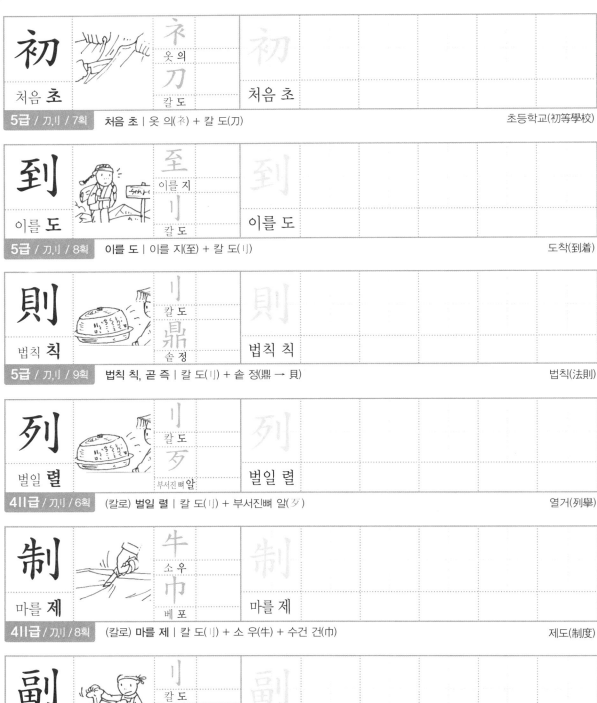

初		衤 옷 의 刀 칼 도	初			
처음 **초**			처음 초			
5급 / 刀,刂 / 7획	**처음 초** | 옷 의(衤) + 칼 도(刀)					초등학교(初等學校)

到		至 이를 지 刂 칼 도	到			
이를 **도**			이를 도			
5급 / 刀,刂 / 8획	**이를 도** | 이를 지(至) + 칼 도(刂)					도착(到着)

則		刂 칼 도 鼎 솥 정	則			
법칙 **칙**			법칙 칙			
5급 / 刀,刂 / 9획	**법칙 칙, 곧 즉** | 칼 도(刂) + 솥 정(鼎 → 貝)					법칙(法則)

列		刂 칼 도 歹 부서진뼈 알	列			
벌일 **렬**			벌일 렬			
4II급 / 刀,刂 / 6획	**(칼로) 벌일 렬** | 칼 도(刂) + 부서진뼈 알(歹)					열거(列擧)

制		牛 소 우 巾 베 포	制			
마를 **제**			마를 제			
4II급 / 刀,刂 / 8획	**(칼로) 마를 제** | 칼 도(刂) + 소 우(牛) + 수건 건(巾)					제도(制度)

副		刂 칼 도 畐 찰 복	副			
버금 **부**			버금 부			
4II급 / 刀,刂 / 11획	**버금 부, (칼로) 쪼갤 복** | 칼 도(刂) + 찰 복(畐)					부사장(副社長)

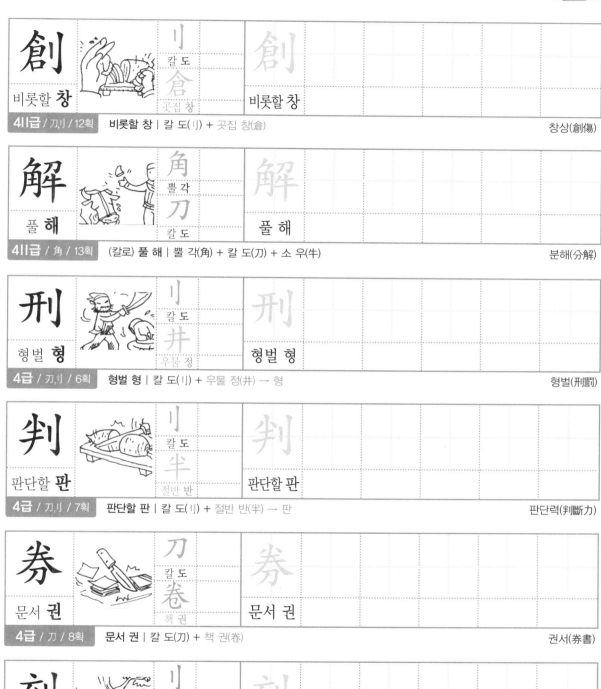

創
비롯할 **창**

リ 칼 도
倉 곳집 창

創
비롯할 **창**

4II급 / 刀,リ / 12획 **비롯할 창** | 칼 도(リ) + 곳집 창(倉)

창상(創傷)

解
풀 **해**

角 뿔 각
刀 칼 도

解
풀 **해**

4II급 / 角 / 13획 (칼로) **풀 해** | 뿔 각(角) + 칼 도(刀) + 소 우(牛)

분해(分解)

刑
형벌 **형**

リ 칼 도
井 우물 정

刑
형벌 **형**

4급 / 刀,リ / 6획 **형벌 형** | 칼 도(リ) + 우물 정(井) → 형

형벌(刑罰)

判
판단할 **판**

リ 칼 도
半 절반 반

判
판단할 **판**

4급 / 刀,リ / 7획 **판단할 판** | 칼 도(リ) + 절반 반(半) → 판

판단력(判斷力)

券
문서 **권**

刀 칼 도
卷 책 권

券
문서 **권**

4급 / 刀 / 8획 **문서 권** | 칼 도(刀) + 책 권(卷)

권서(券書)

刻
새길 **각**

リ 칼 도
亥 돼지 해

刻
새길 **각**

4급 / 刀,リ / 8획 (칼로) **새길 각** | 칼 도(リ) + 돼지 해(亥) → 각

조각(彫刻)

劇 심할 극		刂 칼 도 / 豦 큰돼지 거	劇 심할 극	
4급 / 刀,刂 / 15획	심할 극 l 칼 도(刂) + 큰돼지 거(豦) → 극			연극(演劇)

戈 창 과		상형문자 그려보기	戈 창 과	
3급 / 戈 / 4획	창 과 l 긴 막대기 끝에 낫이나 갈고리가 붙어 있는 모습을 본떠 만든 글자입니다.			간과(干戈)

成 이룰 성		戌 개 술 / ㅣ 뚫을 곤	成 이룰 성	
6급 / 戈 / 7획	이룰 성 l 개 술(戌) + 뚫을 곤(ㅣ)			성공(成功)

戰 싸움 전		戈 창 과 / 單 오랑캐이름 선	戰 싸움 전	
6급 / 戈 / 16획	싸움 전 l 창 과(戈) + 오랑캐이름 선(單) → 전			전쟁(戰爭)

歲 해 세		步 걸음 보 / 戌 개 술	歲 해 세	
5급 / 止 / 13획	해 세 l 걸음 보(步) + 개 술(戌)			세월(歲月)

武 굳셀 무		止 그칠 지 / 戈 창 과	武 굳셀 무	
4II급 / 止 / 8획	굳셀 무 l 그칠 지(止) + 창 과(戈)			무사(武士)

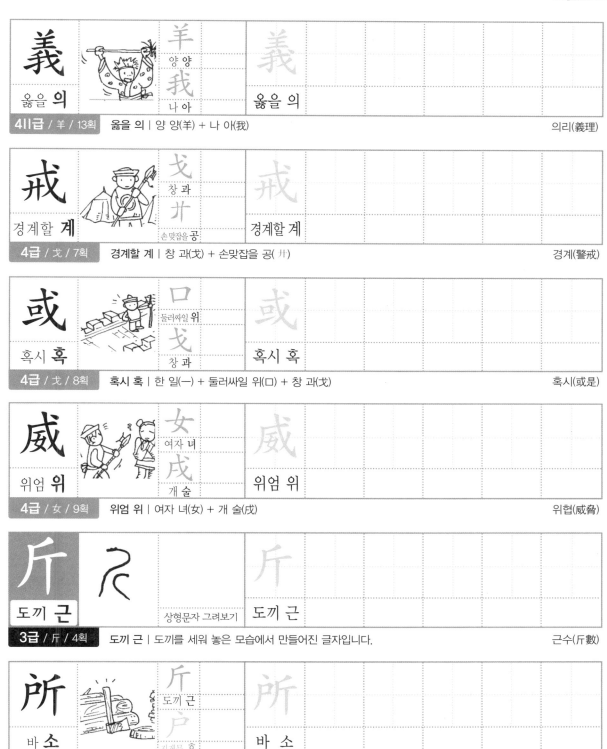

義		羊 양 양 我 나 아	義 옳을 의
옳을 의			

4II급 / 羊 / 13획 　　옳을 의 | 양 양(羊) + 나 아(我) 　　　　　　　　　　　　　　　　　　　　　　의리(義理)

戒		戈 창 과 廾 손맞잡을공	戒 경계할 계
경계할 **계**			

4급 / 戈 / 7획 　　경계할 계 | 창 과(戈) + 손맞잡을 공(廾) 　　　　　　　　　　　　　　경계(警戒)

或		口 둘러싸일 위 戈 창 과	或 혹시 혹
혹시 **혹**			

4급 / 戈 / 8획 　　혹시 혹 | 한 일(一) + 둘러싸일 위(口) + 창 과(戈) 　　　　　　　　혹시(或是)

威		女 여자 녀 戌 개 술	威 위엄 위
위엄 **위**			

4급 / 女 / 9획 　　위엄 위 | 여자 녀(女) + 개 술(戌) 　　　　　　　　　　　　　　　　위협(威脅)

斤		상형문자 그려보기	斤 도끼 근
도끼 근			

3급 / 斤 / 4획 　　도끼 근 | 도끼를 세워 놓은 모습에서 만들어진 글자입니다. 　　　　　　근수(斤數)

所		斤 도끼 근 戶 지게문 호	所 바 소
바 소			

7급 / 戶 / 8획 　　바 소 | 도끼 근(斤) + 지게문 호(戶) → 소 　　　　　　　　　　　소재(所在)

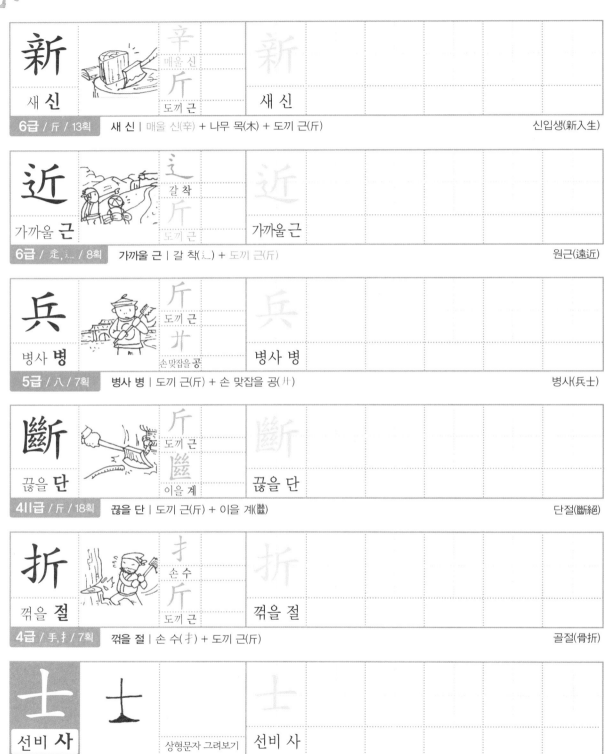

新
새 신
6급 / 斤 / 13획
새 신 | 매울 신(辛) + 나무 목(木) + 도끼 근(斤)
辛 매울 신
斤 도끼 근
새 신
신입생(新入生)

近
가까울 근
6급 / 辵,辶 / 8획
가까울 근 | 갈 착(辶) + 도끼 근(斤)
辶 갈 착
斤 도끼 근
가까울 근
원근(遠近)

兵
병사 병
5급 / 八 / 7획
병사 병 | 도끼 근(斤) + 손 맞잡을 공(廾)
斤 도끼 근
廾 손 맞잡을 공
병사 병
병사(兵士)

斷
끊을 단
4II급 / 斤 / 18획
끊을 단 | 도끼 근(斤) + 이을 계(㡭)
斤 도끼 근
㡭 이을 계
끊을 단
단절(斷絶)

折
꺾을 절
4급 / 手,扌 / 7획
꺾을 절 | 손 수(扌) + 도끼 근(斤)
扌 손 수
斤 도끼 근
꺾을 절
골절(骨折)

士
선비 사
5급 / 士 / 3획
선비 사 | 자루가 없는 도끼 모습을 본떠 만든 글자입니다.
상형문자 그려보기
선비 사
무사(武士)

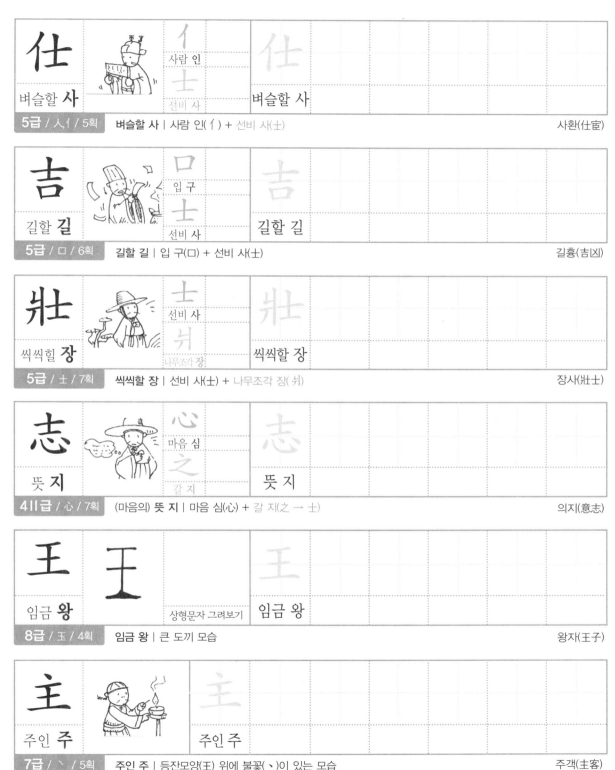

仕
벼슬할 **사**

사람 인 (亻)
선비 사

벼슬할 사

5급 / 人亻 / 5획 | **벼슬할 사** | 사람 인 (亻) + 선비 사 (士) | 사환(仕宦)

吉
길할 **길**

입 구
선비 사

길할 길

5급 / 口 / 6획 | **길할 길** | 입 구 (口) + 선비 사 (士) | 길흉(吉凶)

壯
씩씩힐 **장**

선비 사
나무조각 장

씩씩할 장

5급 / 士 / 7획 | **씩씩할 장** | 선비 사 (士) + 나무조각 장 (爿) | 장사(壯士)

志
뜻 **지**

마음 심
갈 지

뜻 지

4II급 / 心 / 7획 | **(마음의) 뜻 지** | 마음 심 (心) + 갈 지 (之 → 士) | 의지(意志)

王
임금 **왕**

상형문자 그려보기

임금 왕

8급 / 玉 / 4획 | **임금 왕** | 큰 도끼 모습 | 왕자(王子)

主
주인 **주**

주인 주

7급 / 丶 / 5획 | **주인 주** | 등잔모양(王) 위에 불꽃(丶)이 있는 모습 | 주객(主客)

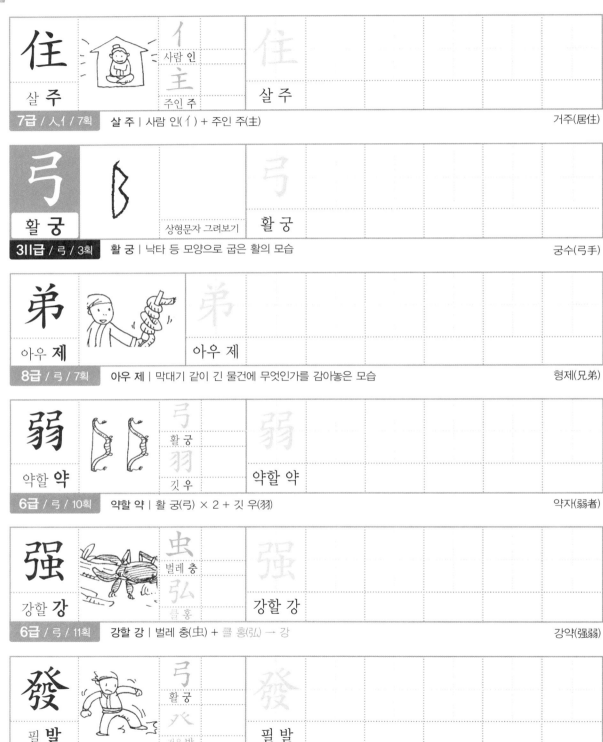

住 살 주		사람 인 主 주인 주	住 살 주		
7급 / 人,亻 / 7획	살 주 | 사람 인(亻) + 주인 주(主)				거주(居住)

弓 활 궁		상형문자 그려보기	弓 활 궁		
3II급 / 弓 / 3획	활 궁 | 낙타 등 모양으로 굽은 활의 모습				궁수(弓手)

弟 아우 제		아우 제	弟		
8급 / 弓 / 7획	아우 제 | 막대기 같이 긴 물건에 무엇인가를 감아놓은 모습				형제(兄弟)

弱 약할 약		弓 활 궁 羽 깃 우	弱 약할 약		
6급 / 弓 / 10획	약할 약 | 활 궁(弓) × 2 + 깃 우(羽)				약자(弱者)

强 강할 강		虫 벌레 충 弘 클 홍	强 강할 강		
6급 / 弓 / 11획	강할 강 | 벌레 충(虫) + 클 홍(弘) → 강				강약(强弱)

發 필 발		弓 활 궁 癶 걸을 발	發 필 발		
6급 / 癶 / 12획	필 발 | 걸을 발(癶) + 활 궁(弓) + 창 수(殳)				발사(發射)

引		弓 활 궁 ㅣ 뚫을 곤	引			
끌 **인**			끌 인			

4Ⅱ급 / 弓 / 4획 　끌 인 | 활 궁(弓) + 뚫을 곤(丨) 　　　　　　　　　　　　　　　　견인(牽引)

張		弓 활 궁 長 길 장	張			
베풀 **장**			베풀 장			

4급 / 弓 / 11획 　베풀 장 | 활 궁(弓) + 길 장(長) 　　　　　　　　　　　　　　　　장력(張力)

彈		弓 활 궁 單 홀 단	彈			
탄알 **탄**			탄알 탄			

4급 / 弓 / 15획 　탄알 탄, (활을) 쏠 탄 | 활 궁(弓) + 홑 단(單) → 탄 　　　　　　　　탄환(彈丸)

矢	𠂉		矢			
화살 시	상형문자 그려보기		화살 시			

3급 / 矢 / 5획 　화살 시 | 화살의 모습을 본떠 만든 글자로 위쪽은 화살촉이고, 아래 쪽은 화살 뒷부분의 　궁시(弓矢)
깃털이 붙어있는 모습입니다.

短		矢 화살 시 豆 콩 두	短			
짧을 **단**			짧을 단			

6급 / 矢 / 12획 　짧을 단 | 화살 시(矢) + 콩 두(豆) → 단 　　　　　　　　　　　　　　장단(長短)

醫		殳 창 수 酉 닭 유	醫			
의원 **의**			의원 의			

6급 / 酉 / 18획 　의원 의 | 상자 방(匚) + 화살 시(矢) + 창 수(殳) + 닭 유(酉) 　　　　　의원(醫員)

知 알 지		口 입 구 矢 화살 시	知 알 지				
5급 / 矢 / 8획		알 지 | 입 구(口) + 화살 시(矢) → 지					지식(知識)

智 지혜 지		日 날 일 知 알 지	智 지혜 지				
4급 / 日 / 12획		지혜 지 | 날 일(日) + 알 지(知)					지혜(知慧)

傷 상할 상		矢 화살 시 昜 빛날 양	傷 상할 상				
4급 / 人 亻 / 13획		상할 상 | 사람 인(亻) + 화살 시(矢) → 人 + 빛날 양(昜) → 상					상처(傷處)

疑 의심할 의		矢 화살 시 矛 창 모	疑 의심할 의				
4급 / 疋 / 14획		의심할 의 | 짝 필(疋) + 비수 비(匕) + 화살 시(矢) + 창 모(矛) 머리					의심(疑心)

至 이를 지	상형문자 그려보기	至 이를 지				
4II급 / 至 / 6획	이를 지 | 땅 위에 화살(矢)이 거꾸로 서 있는 모습을 본떠 만든 글자입니다.				지성(至誠)

室 집 실		宀 집 면 至 이를 지	室 집 실				
8급 / 宀 / 9획		집 실 | 집 면(宀) + 이를 지(至) → 실					실내(室內)

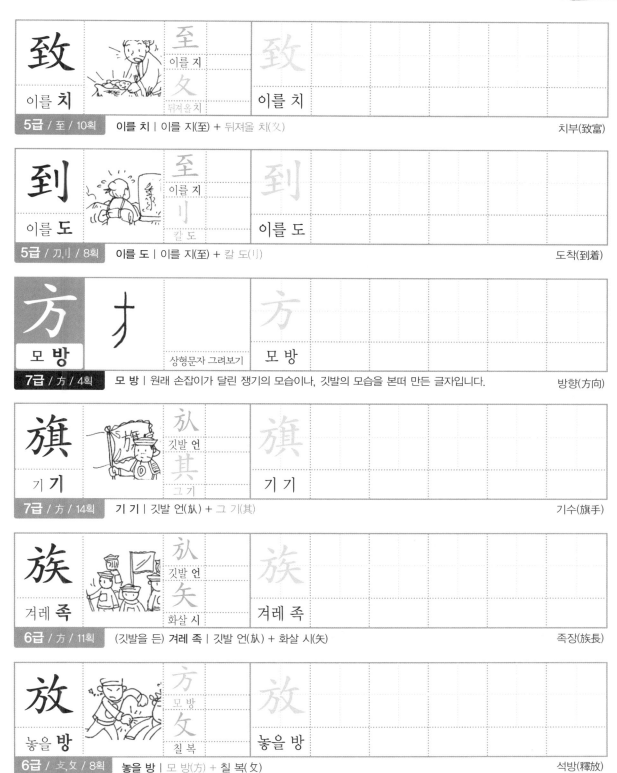

| 致 이를 치 | | 至 이를 지 / 攵 뒤져올 치 | 致 이를 치 |
| **5급** / 至 / 10획 | **이를 치** \| 이를 지(至) + 뒤져올 치(攵) | | 치부(致富) |

| 到 이를 도 | | 至 이를 지 / 刂 칼 도 | 到 이를 도 |
| **5급** / 刀,刂 / 8획 | **이를 도** \| 이를 지(至) + 칼 도(刂) | | 도착(到着) |

| 方 모 방 | 丿 | 상형문자 그려보기 | 方 모 방 |
| **7급** / 方 / 4획 | **모 방** \| 원래 손잡이가 달린 쟁기의 모습이나, 깃발의 모습을 본떠 만든 글자입니다. | | 방향(方向) |

| 旗 기 기 | | 㫃 깃발 언 / 其 그 기 | 旗 기 기 |
| **7급** / 方 / 14획 | **기 기** \| 깃발 언(㫃) + 그 기(其) | | 기수(旗手) |

| 族 겨레 족 | | 㫃 깃발 언 / 矢 화살 시 | 族 겨레 족 |
| **6급** / 方 / 11획 | **(깃발을 든) 겨레 족** \| 깃발 언(㫃) + 화살 시(矢) | | 족장(族長) |

| 放 놓을 방 | | 方 모 방 / 攵 칠 복 | 放 놓을 방 |
| **6급** / 攴,攵 / 8획 | **놓을 방** \| 모 방(方) + 칠 복(攵) | | 석방(釋放) |

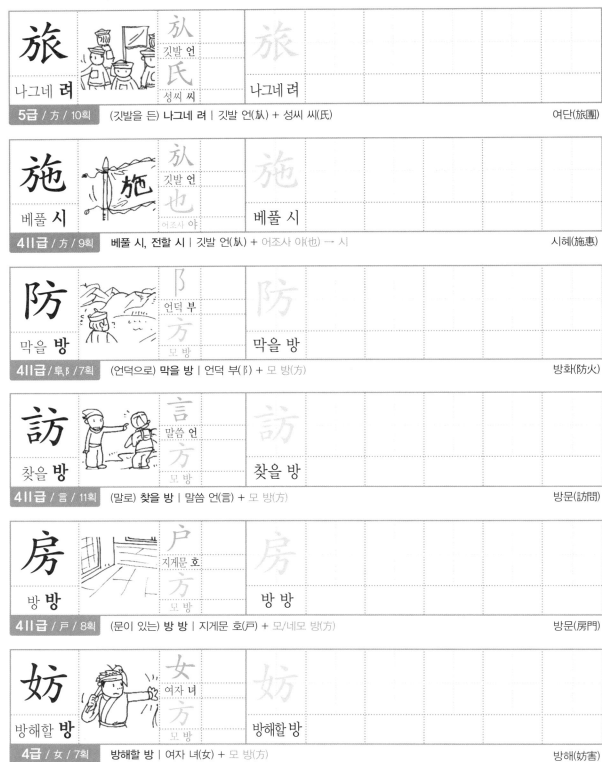

旅 나그네 **려**	깃발 언 氏 성씨 씨	나그네 려			
5급 / 方 / 10획	(깃발을 든) 나그네 려 | 깃발 언(㫃) + 성씨 씨(氏)				여단(旅團)

施 베풀 **시**	깃발 언 也 어조사 야	베풀 시			
4II급 / 方 / 9획	베풀 시, 전할 시 | 깃발 언(㫃) + 어조사 야(也) → 시				시혜(施惠)

防 막을 **방**	阝 언덕 부 方 모 방	막을 방			
4II급 / 阜阝 / 7획	(언덕으로) 막을 방 | 언덕 부(阝) + 모 방(方)				방화(防火)

訪 찾을 **방**	言 말씀 언 方 모 방	찾을 방			
4II급 / 言 / 11획	(말로) 찾을 방 | 말씀 언(言) + 모 방(方)				방문(訪問)

房 방 **방**	戶 지게문 호 方 모 방	방 방			
4II급 / 戶 / 8획	(문이 있는) 방 방 | 지게문 호(戶) + 모/네모 방(方)				방문(房門)

妨 방해할 **방**	女 여자 녀 方 모 방	방해할 방			
4급 / 女 / 7획	방해할 방 | 여자 녀(女) + 모 방(方)				방해(妨害)

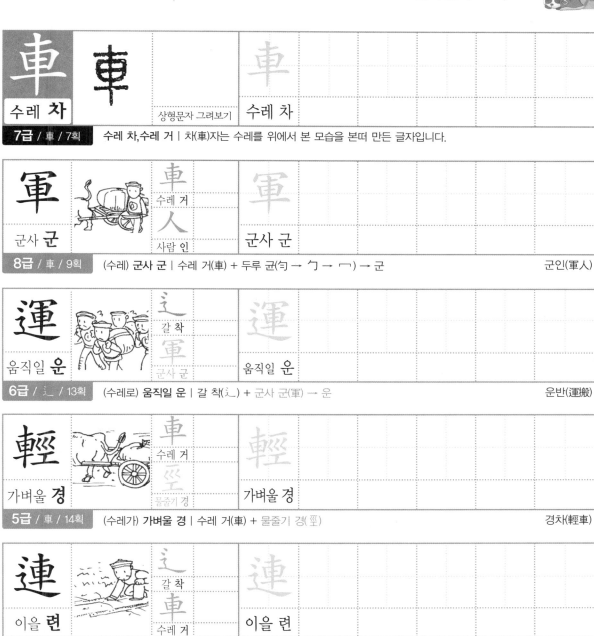

車	車	상형문자 그려보기	車 수레 차
수레 차			

7급 / 車 / 7획 수레 차, 수레 거 | 차(車)자는 수레를 위에서 본 모습을 본떠 만든 글자입니다.

軍	車 수레 거 / 人 사람 인	軍 군사 군
군사 군		

8급 / 車 / 9획 (수레) 군사 군 | 수레 거(車) + 두루 균(勻 → ⼓ → ⼌) → 군   군인(軍人)

運	辶 갈 착 / 軍 군사 군	運 움직일 운
움직일 운		

6급 / 辶 / 13획 (수레로) 움직일 운 | 갈 착(辶) + 군사 군(軍) → 운   운반(運搬)

輕	車 수레 거 / 巠 물줄기 경	輕 가벼울 경
가벼울 경		

5급 / 車 / 14획 (수레가) 가벼울 경 | 수레 거(車) + 물줄기 경(巠)   경차(輕車)

連	辶 갈 착 / 車 수레 거	連 이을 련
이을 련		

4II급 / 辶 / 11획 (바퀴자국이) 이을 련 | 갈 착(辶) + 수레 거(車)   연결(連結)

兩		兩 두 량
두 량		

4II급 / 入 / 8획 두 량 | 말 두 마리를 묶는 멍에의 모습   양면(兩面)

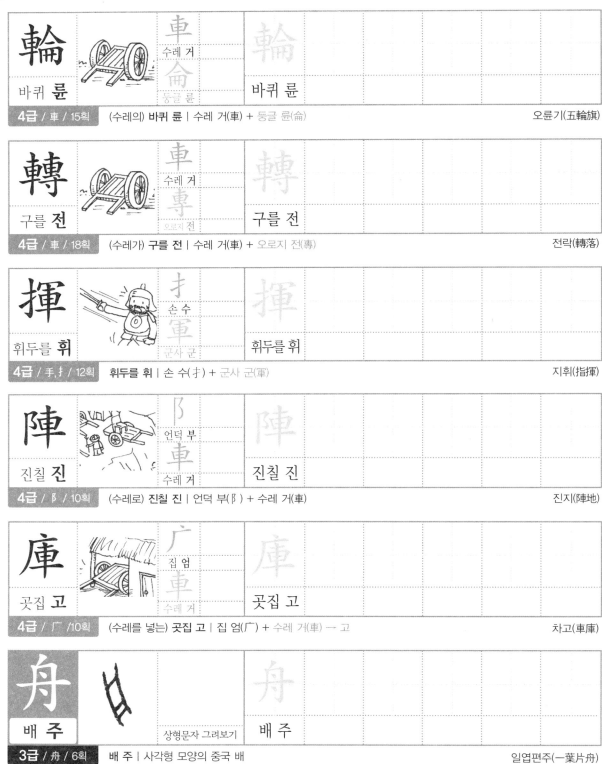

輪
바퀴 **륜**
車 수레 거
侖 둥글 륜
輪
바퀴 륜
4급 / 車 / 15획 | (수레의) **바퀴 륜** | 수레 거(車) + 둥글 륜(侖) | 오륜기(五輪旗)

轉
구를 **전**
車 수레 거
專 오로지 전
轉
구를 전
4급 / 車 / 18획 | (수레가) **구를 전** | 수레 거(車) + 오로지 전(專) | 전락(轉落)

揮
휘두를 **휘**
扌 손 수
軍 군사 군
揮
휘두를 휘
4급 / 手,扌 / 12획 | **휘두를 휘** | 손 수(扌) + 군사 군(軍) | 지휘(指揮)

陣
진칠 **진**
阝 언덕 부
車 수레 거
陣
진칠 진
4급 / 阝 / 10획 | (수레로) **진칠 진** | 언덕 부(阝) + 수레 거(車) | 진지(陣地)

庫
곳집 **고**
广 집 엄
車 수레 거
庫
곳집 고
4급 / 广 /10획 | (수레를 넣는) **곳집 고** | 집 엄(广) + 수레 거(車) → 고 | 차고(車庫)

舟
배 **주**
상형문자 그려보기
舟
배 주
3급 / 舟 / 6획 | **배 주** | 사각형 모양의 중국 배 | 일엽편주(一葉片舟)

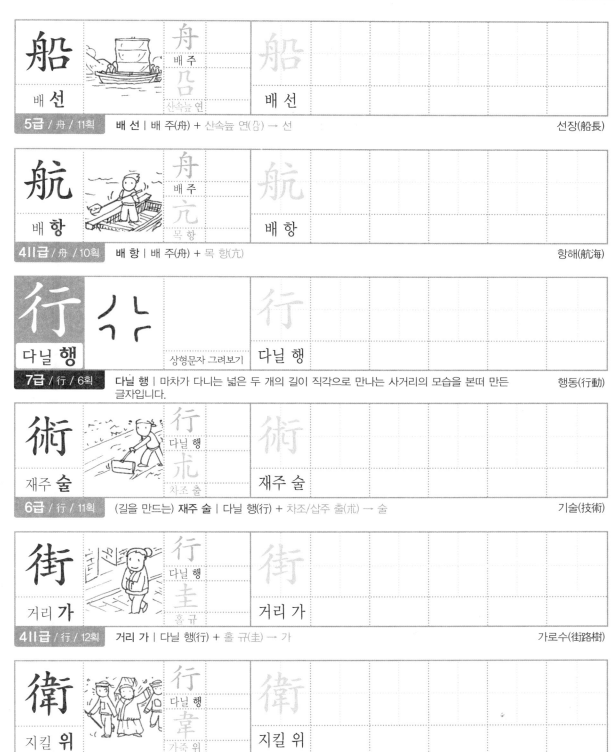

船		舟 배 주	船	
배 **선**		呂 산속늪 연	배 선	

5급 / 舟 / 11획 | **배 선** | 배 주(舟) + 산속늪 연(㕣) → 선 | 선장(船長)

航		舟 배 주	航	
배 **항**		亢 목 항	배 항	

4II급 / 舟 / 10획 | **배 항** | 배 주(舟) + 목 항(亢) | 항해(航海)

行	彳		行	
다닐 **행**		상형문자 그려보기	다닐 행	

7급 / 行 / 6획 | **다닐 행** | 마차가 다니는 넓은 두 개의 길이 직각으로 만나는 사거리의 모습을 본떠 만든 | 행동(行動)
글자입니다.

術		行 다닐 행	術	
재주 **술**		朮 차조 출	재주 술	

6급 / 行 / 11획 | (길을 만드는) **재주 술** | 다닐 행(行) + 차조/삽주 출(朮) → 술 | 기술(技術)

街		行 다닐 행	街	
거리 **가**		圭 홀 규	거리 가	

4II급 / 行 / 12획 | **거리 가** | 다닐 행(行) + 홀 규(圭) → 가 | 가로수(街路樹)

衛		行 다닐 행	衛	
지킬 **위**		韋 가죽 위	지킬 위	

4II급 / 行 / 15획 | (길에서) **지킬 위** | 다닐 행(行) + 가죽/둘러쌀 위(韋) | 호위(護衛)

彳 걸을 척	彳		상형문자 그려보기	걸을 척	彳 걸을 척					

0급 / 彳 / 3획   걸을 척 | 사거리 모습을 본떠 만든 글자인 행(行)자를 간단하게 만든 글자입니다.

後 뒤 후
彳 걸을 척 / 幺 작을 요
뒤 후

7급 / 彳 / 9획   뒤 후 | 걸을 척(彳) + 작을 요(幺) + 천천히걸을 쇠(夂)   전후(前後)

待 기다릴 대
彳 걸을 척 / 寺 모실 시
기다릴 대

6급 / 彳 / 9획   (길에서) 기다릴 대 | 걸을 척(彳) + 모실 시(寺)   대기(待機)

德 덕 덕
彳 걸을 척 / 悳 큰 덕
덕 덕

5급 / 彳 / 15획   덕 덕 | 걸을 척(彳) + 큰 덕(悳)   도덕(道德)

往 갈 왕
彳 걸을척 / 王 임금 왕
갈 왕

4II급 / 彳 / 8획   (발로) 갈 왕 | 걸을 척(彳) + 그칠 지(止 → 丶) + 임금 왕(王)   왕복(往復)

律 법 률
彳 걸을 척 / 聿 붓 율
법률

4II급 / 彳 / 9획   법 률 | 걸을 척(彳) + 붓 율(聿) → 률   법률(法律)

得		彳 걸을 척	得	
얻을 **득**		貝 조개 패	얻을 득	

4II급 / 彳 / 11획 　(길에서 돈을) **얻을 득** | 걸을 척(彳) + 조개 패(貝 → 旦) + 마디 촌(寸)　　획득(獲得)

復		彳 걸을 척	復	
돌아올 **복**		复 갈 복	돌아올 복	

4II급 / 彳 / 12획 　(걸어서) **돌아올 복, 다시 부** | 걸을 척(彳) + 갈 복(复)　　복귀(復歸)

徒		彳 걸을 척	徒	
무리 **도**		走 달릴 주	무리 도	

4급 / 彳 / 10획 　(걷는) **무리 도** | 걸을 척(彳) + 달릴 주(走) → 도　　도보(徒步)

從		彳 걸을 척	從	
좇을 **종**		人 사람 인	좇을 종	

4급 / 彳 / 11획 　(걸어서) **좇을 종** | 걸을 척(彳) + 따를 종(𠇍)　　복종(服從)

辵/辶	상형문자 그려보기	辶	
갈 착		갈 착	

0급 / 辵,辶 / 7획 / 4획 　**갈 착** | '길'을 의미하는 다닐 행(行)자와 '발'을 의미하는 그칠 지(止)자를 합쳐 만든 글자입니다.

道		辶 갈 착	道	
길 **도**		首 머리 수	길 도	

7급 / 辵,辶 / 13획 　**길 도** | 갈 착(辶) + 머리 수(首)　　도로(道路)

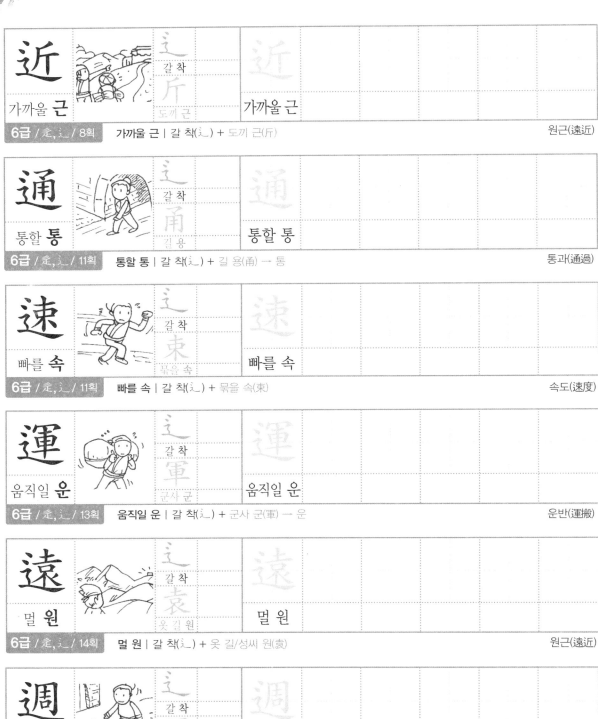

近
가까울 근
6급 / 辵,辶 / 8획　가까울 근 | 갈 착(辶) + 도끼 근(斤)　원근(遠近)

갈 착
斤
도끼 근

近
가까울 근

通
통할 통
6급 / 辵,辶 / 11획　통할 통 | 갈 착(辶) + 길 용(甬) → 통　통과(通過)

갈 착
甬
길 용

通
통할 통

速
빠를 속
6급 / 辵,辶 / 11획　빠를 속 | 갈 착(辶) + 묶을 속(束)　속도(速度)

갈 착
束
묶을 속

速
빠를 속

運
움직일 운
6급 / 辵,辶 / 13획　움직일 운 | 갈 착(辶) + 군사 군(軍) → 운　운반(運搬)

갈 착
軍
군사 군

運
움직일 운

遠
멀 원
6급 / 辵,辶 / 14획　멀 원 | 갈 착(辶) + 옷 길/성씨 원(袁)　원근(遠近)

갈 착
袁
옷 길 원

遠
멀 원

週
돌 주
5급 / 辵,辶 / 12획　돌 주, 주일 주 | 갈 착(辶) + 두루 주(周)　일주일(一週日)

갈 착
周
두루 주

週
돌 주

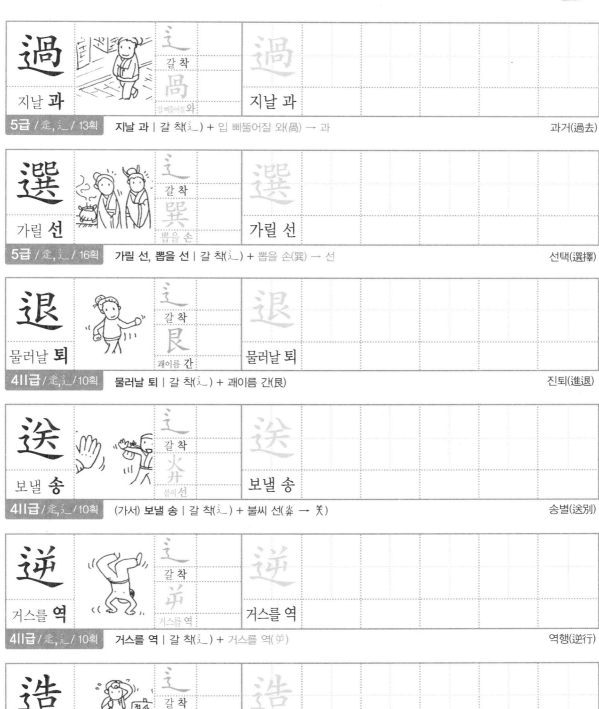

過		辶 갈 착	過				
지날 **과**		咼 입 삐뚤어질 **와**	지날 과				

5급 / 辶, 辶 / 13획 | **지날 과** | 갈 착(辶) + 입 삐뚤어질 와(咼) → 과 　　　　　　　과거(過去)

選		辶 갈 착	選				
가릴 **선**		巽 뽑을 **손**	가릴 선				

5급 / 辶, 辶 / 16획 | **가릴 선, 뽑을 선** | 갈 착(辶) + 뽑을 손(巽) → 선 　　　　선택(選擇)

退		辶 갈 착	退				
물러날 **퇴**		艮 괘이름 **간**	물러날 퇴				

4II급 / 辶, 辶 / 10획 | **물러날 퇴** | 갈 착(辶) + 괘이름 간(艮) 　　　　　　진퇴(進退)

送		辶 갈 착	送				
보낼 **송**		灷 불씨 **선**	보낼 송				

4II급 / 辶, 辶 / 10획 | **(가서) 보낼 송** | 갈 착(辶) + 불씨 선(灷 → 关) 　　　송별(送別)

逆		辶 갈 착	逆				
거스를 **역**		屰 거스를 **역**	거스를 역				

4II급 / 辶, 辶 / 10획 | **거스를 역** | 갈 착(辶) + 거스를 역(屰) 　　　　　　역행(逆行)

造		辶 갈 착	造				
지을 **조**		告 고할 **고**	지을 조				

4II급 / 辶, 辶 / 11획 | **지을 조** | 갈 착(辶) + 고할 고(告) → 조 　　　　　조선(造船)

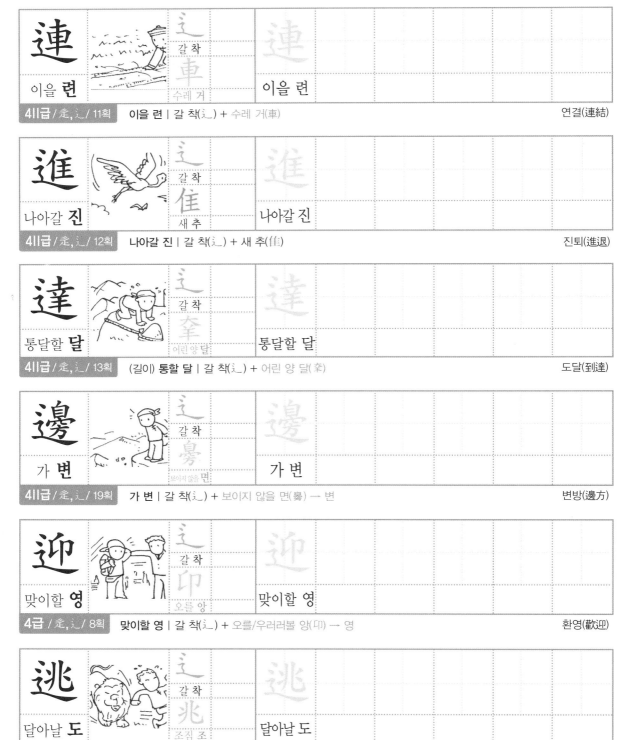

連		辶 갈 착 / 車 수레 거	連 이을 련	
이을 **련**				

4II급 / 辵, 辶 / 11획 | 이을 련 | 갈 착(辶) + 수레 거(車) | 연결(連結)

進		辶 갈 착 / 隹 새 추	進 나아갈 진	
나아갈 **진**				

4II급 / 辵, 辶 / 12획 | 나아갈 진 | 갈 착(辶) + 새 추(隹) | 진퇴(進退)

達		辶 갈 착 / 奎 어린 양 달	達 통달할 달	
통달할 **달**				

4II급 / 辵, 辶 / 13획 | (길이) 통할 달 | 갈 착(辶) + 어린 양 달(奎) | 도달(到達)

邊		辶 갈 착 / 臱 보이지 않을 면	邊 가 변	
가 **변**				

4II급 / 辵, 辶 / 19획 | 가 변 | 갈 착(辶) + 보이지 않을 면(臱) → 변 | 변방(邊方)

迎		辶 갈 착 / 卬 오를 앙	迎 맞이할 영	
맞이할 **영**				

4급 / 辵, 辶 / 8획 | 맞이할 영 | 갈 착(辶) + 오를/우러러볼 앙(卬) → 영 | 환영(歡迎)

逃		辶 갈 착 / 兆 조짐 조	逃 달아날 도	
달아날 **도**				

4급 / 辵, 辶 / 10획 | 달아날 도 | 갈 착(辶) + 조/조짐 조(兆) → 도 | 도망(逃亡)

216

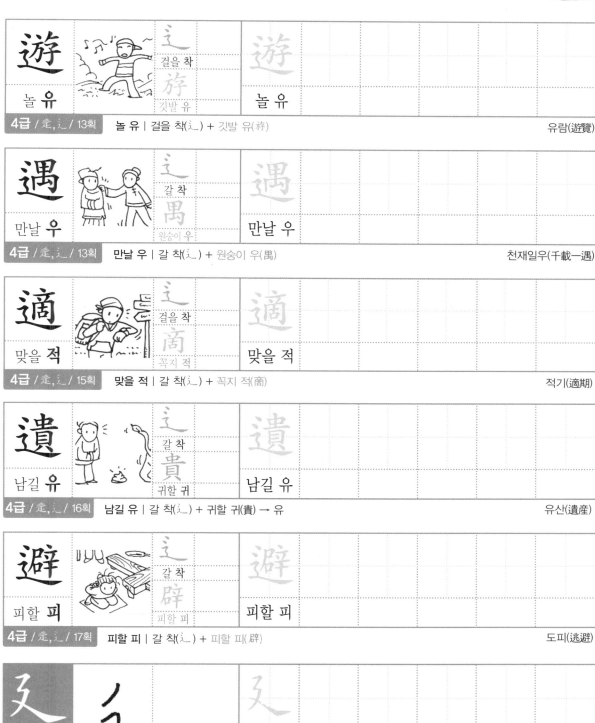

遊 놀 유		辶 걸을 착 / 㫃 깃발 유	遊 놀 유
4급 / 辵,辶 / 13획	놀 유 | 걸을 착(辶) + 깃발 유(㫃)		유람(遊覽)
遇 만날 우		辶 갈 착 / 禺 원숭이 우	遇 만날 우
4급 / 辵,辶 / 13획	만날 우 | 갈 착(辶) + 원숭이 우(禺)		천재일우(千載一遇)
適 맞을 적		辶 걸을 착 / 啇 꼭지 적	適 맞을 적
4급 / 辵,辶 / 15획	맞을 적 | 갈 착(辶) + 꼭지 적(啇)		적기(適期)
遺 남길 유		辶 갈 착 / 貴 귀할 귀	遺 남길 유
4급 / 辵,辶 / 16획	남길 유 | 갈 착(辶) + 귀할 귀(貴) → 유		유산(遺産)
避 피할 피		辶 갈 착 / 辟 피할 피	避 피할 피
4급 / 辵,辶 / 17획	피할 피 | 갈 착(辶) + 피할 피(辟)		도피(逃避)
廴 길게 걸을 인	彳	상형문자 그려보기	廴 길게 걸을 인
0급 / 廴 / 3획	길게 걸을 인 | 걸을 척(彳)자의 아랫부분을 길게 늘여 쓴 글자입니다.		

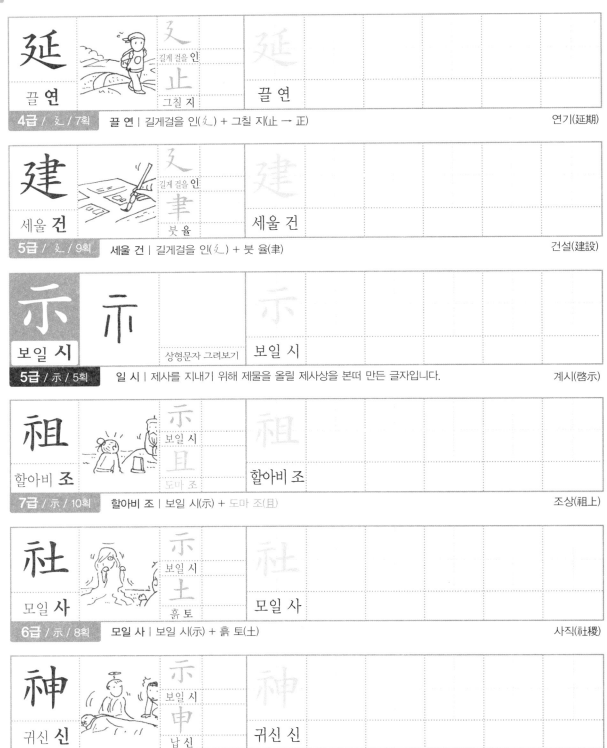

延 끌 연
4급 / 廴 / 7획 | 끌 연 | 길게걸을 인(廴) + 그칠 지(止 → 正)
길게걸을 인
그칠 지
끌 연
연기(延期)

建 세울 건
5급 / 廴 / 9획 | 세울 건 | 길게걸을 인(廴) + 붓 율(聿)
길게걸을 인
붓 율
세울 건
건설(建設)

示 보일 시
5급 / 示 / 5획 | 일 시 | 제사를 지내기 위해 제물을 올릴 제사상을 본떠 만든 글자입니다.
상형문자 그려보기
보일 시
계시(啓示)

祖 할아비 조
7급 / 示 / 10획 | 할아비 조 | 보일 시(示) + 도마 조(且)
보일 시
도마 조
할아비 조
조상(祖上)

社 모일 사
6급 / 示 / 8획 | 모일 사 | 보일 시(示) + 흙 토(土)
보일 시
흙 토
모일 사
사직(社稷)

神 귀신 신
6급 / 示 / 8획 | 귀신 신 | 보일 시(示) + 납 신(申)
보일 시
납 신
귀신 신
귀신(鬼神)

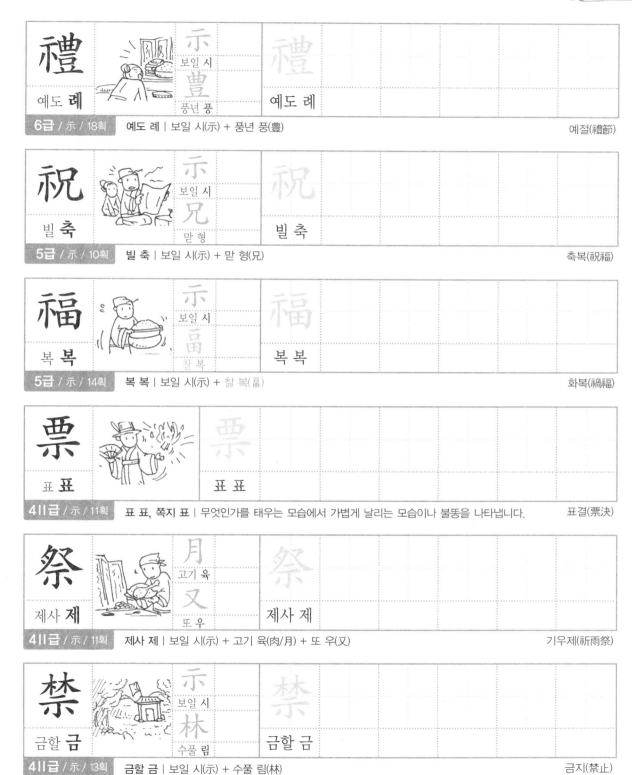

禮
예도 **례**
6급 / 示 / 18획   예도 례 | 보일 시(示) + 풍년 풍(豊)

示 보일 시
豊 풍년 풍

예도 례   예절(禮節)

祝
빌 **축**
5급 / 示 / 10획   빌 축 | 보일 시(示) + 맏 형(兄)

示 보일 시
兄 맏 형

빌 축   축복(祝福)

福
복 **복**
5급 / 示 / 14획   복 복 | 보일 시(示) + 찰 복(畐)

示 보일 시
畐 찰 복

복 복   화복(禍福)

票
표 **표**
4II급 / 示 / 11획   표 표, 쪽지 표 | 무엇인가를 태우는 모습에서 가볍게 날리는 모습이나 불똥을 나타냅니다.

표 표   표결(票決)

祭
제사 **제**
4II급 / 示 / 11획   제사 제 | 보일 시(示) + 고기 육(肉/月) + 또 우(又)

月 고기 육
又 또 우

제사 제   기우제(祈雨祭)

禁
금할 **금**
4II급 / 示 / 13획   금할 금 | 보일 시(示) + 수풀 림(林)

示 보일 시
林 수풀 림

금할 금   금지(禁止)

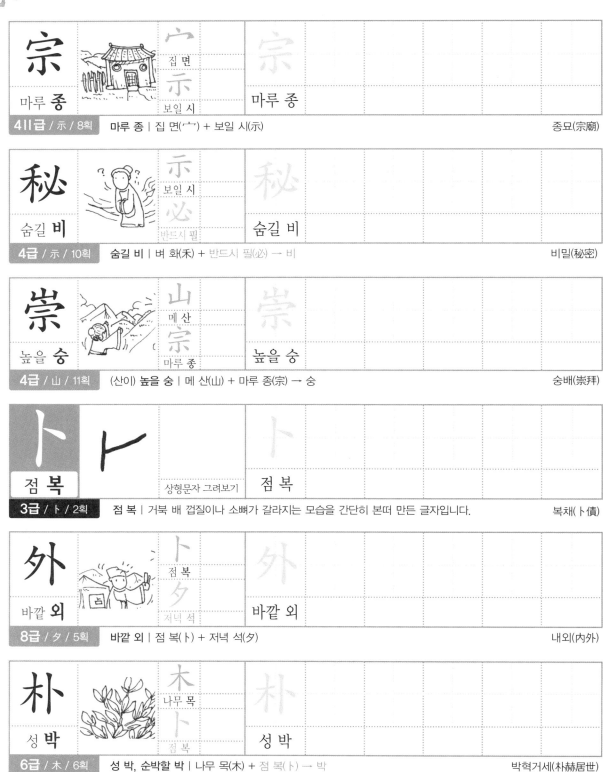

宗
마루 **종**

宀
집 면

示
보일 시

宗
마루 종

4II급 / 示 / 8획 　　**마루 종** | 집 면(宀) + 보일 시(示)　　　　　　　　　　　종묘(宗廟)

秘
숨길 **비**

示
보일 시

必
반드시 필

秘
숨길 비

4급 / 示 / 10획 　　**숨길 비** | 벼 화(禾) + 반드시 필(必) → 비　　　　　　비밀(秘密)

崇
높을 **숭**

山
메 산

宗
마루 종

崇
높을 숭

4급 / 山 / 11획 　　(산이) **높을 숭** | 메 산(山) + 마루 종(宗) → 숭　　　　숭배(崇拜)

卜
점 복

상형문자 그려보기

卜
점 복

3급 / 卜 / 2획 　　**점 복** | 거북 배 껍질이나 소뼈가 갈라지는 모습을 간단히 본떠 만든 글자입니다.　　복채(卜債)

外
바깥 **외**

卜
점 복

夕
저녁 석

外
바깥 외

8급 / 夕 / 5획 　　**바깥 외** | 점 복(卜) + 저녁 석(夕)　　　　　　　　　　내외(內外)

朴
성 **박**

木
나무 목

卜
점 복

朴
성 박

6급 / 木 / 6획 　　**성 박, 순박할 박** | 나무 목(木) + 점 복(卜) → 박　　　박혁거세(朴赫居世)

占		卜 점 복	占	
점칠 **점**		ㅁ 입구	점칠 점	

4급 / 卜 / 5획 | **점칠 점** | 점 복(卜) + 입 구(口) | 점성술(占星術)

爻	× ×		爻	
점괘 **효**		상형문자 그려보기	점괘 효	

1급 / 爻 / 4획 | **점괘 효** | 점을 치거나 셈하기 위해 사용하는 젓가락 모양의 산(算)가지가 흩어져 있는 모습을 본떠 만든 글자입니다. | 육효(六爻)

敎		爻 점괘 효 子 아들 자	敎	
가르칠 **교**			가르칠 교	

8급 / 攴,攵 / 11획 | **가르칠 교** | 점괘 효(爻) + 아들 자(子) + 칠 복(攵) | 교육(敎育)

學		白 절구 구 爻 점괘 효	學	
배울 **학**			배울 학	

8급 / 子 / 16획 | **배울 학** | 아들 자(子) + 절구 구(臼) + 점괘 효(爻) + 집 면(宀 → 冖) | 학교(學校)

希		巾 수건 건 爻 점괘 효	希	
바랄 **희**			바랄 희	

4Ⅱ급 / 巾 / 7획 | **바랄 희** | 수건 건(巾) + 점괘 효(爻) | 희망(希望)

覺		見 볼 견 宀 집 면	覺	
깨달을 **각**			깨달을 각	

4급 / 見 / 20획 | **깨달을 각** | 볼 견(見) + 절구 구(臼) + 점괘 효(爻) + 집 면(宀 → 冖) | 각성(覺醒)

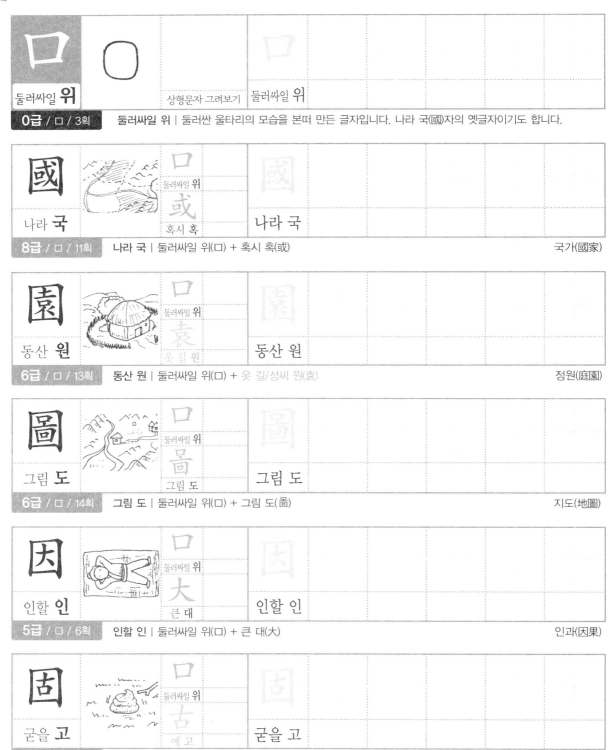

口	○		口			
둘러싸일 **위**		상형문자 그려보기	둘러싸일 **위**			

0급 / 口 / 3획 | 둘러싸일 위 | 둘러싼 울타리의 모습을 본떠 만든 글자입니다. 나라 국(國)자의 옛글자이기도 합니다.

國		口 둘러싸일 **위** 或 혹시 혹	國	나라 국		
나라 **국**						

8급 / 口 / 11획 | 나라 국 | 둘러싸일 위(口) + 혹시 혹(或)   국가(國家)

園		口 둘러싸일 **위** 袁 옷 길 원	園	동산 원		
동산 **원**						

6급 / 口 / 13획 | 동산 원 | 둘러싸일 위(口) + 옷 길/성씨 원(袁)   정원(庭園)

圖		口 둘러싸일 **위** 啚 그림 도	圖	그림 도		
그림 **도**						

6급 / 口 / 14획 | 그림 도 | 둘러싸일 위(口) + 그림 도(啚)   지도(地圖)

因		口 둘러싸일 **위** 大 큰 대	因	인할 인		
인할 **인**						

5급 / 口 / 6획 | 인할 인 | 둘러싸일 위(口) + 큰 대(大)   인과(因果)

固		口 둘러싸일 **위** 古 예 고	固	굳을 고		
굳을 **고**						

5급 / 口 / 8획 | 굳을 고 | 둘러싸일 위(口) + 예 고(古)   고착(固着)

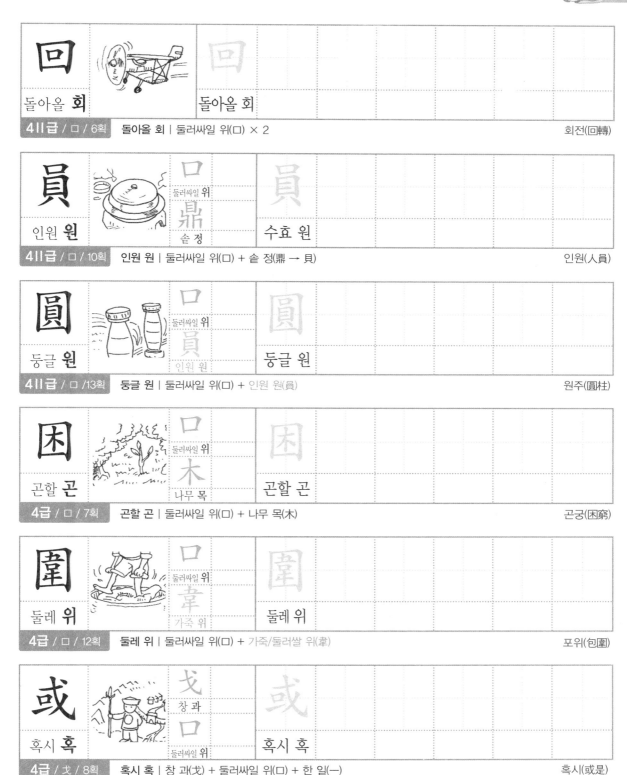

回 돌아올 **회**	돌아올 회
4II급 / 口 / 6획	돌아올 회 | 둘러싸일 위(口) × 2	회전(回轉)

員 인원 **원**	口 둘러싸일 위 / 鼎 솥 정	수효 원
4II급 / 口 / 10획	인원 원 | 둘러싸일 위(口) + 솥 정(鼎 → 貝)	인원(人員)

圓 둥글 **원**	口 둘러싸일 위 / 員 인원 원	둥글 원
4II급 / 口 / 13획	둥글 원 | 둘러싸일 위(口) + 인원 원(員)	원주(圓柱)

困 곤할 **곤**	口 둘러싸일 위 / 木 나무 목	곤할 곤
4급 / 口 / 7획	곤할 곤 | 둘러싸일 위(口) + 나무 목(木)	곤궁(困窮)

圍 둘레 **위**	口 둘러싸일 위 / 韋 가죽 위	둘레 위
4급 / 口 / 12획	둘레 위 | 둘러싸일 위(口) + 가죽/둘러쌀 위(韋)	포위(包圍)

或 혹시 **혹**	戈 창 과 / 口 둘러싸일 위	혹시 혹
4급 / 戈 / 8획	혹시 혹 | 창 과(戈) + 둘러싸일 위(口) + 한 일(一)	혹시(或是)

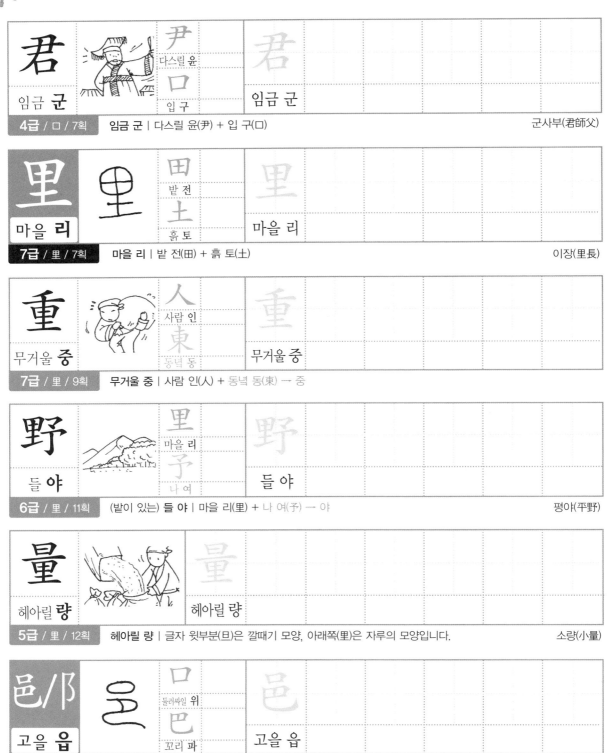

君 임금 군		尹 다스릴 윤 口 입 구	君 임금 군
4급 / 口 / 7획	임금 군 | 다스릴 윤(尹) + 입 구(口)		군사부(君師父)

里 마을 리	里	田 밭 전 土 흙 토	里 마을 리
7급 / 里 / 7획	마을 리 | 밭 전(田) + 흙 토(土)		이장(里長)

重 무거울 중		人 사람 인 東 동녘 동	重 무거울 중
7급 / 里 / 9획	무거울 중 | 사람 인(人) + 동녘 동(東) → 중		

野 들 야		里 마을 리 予 나 여	野 들 야
6급 / 里 / 11획	(밭이 있는) 들 야 | 마을 리(里) + 나 여(予) → 야		평야(平野)

量 헤아릴 량			量 헤아릴 량
5급 / 里 / 12획	헤아릴 량 | 글자 윗부분(旦)은 깔때기 모양, 아래쪽(里)은 자루의 모양입니다.		소량(小量)

邑/阝 고을 읍	邑	口 둘러싸일 위 巴 꼬리 파	邑 고을 읍
7급 / 邑 / 7획	고을 읍 | 둘러싸일 위(口) + 꼬리 파(巴)		읍장(邑長)

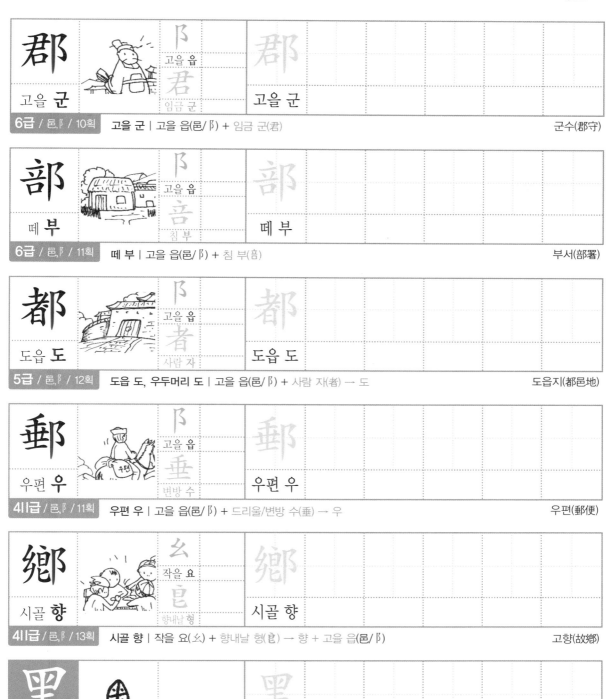

郡
고을 군
6급 / 邑,阝 / 10획

阝 고을 읍
君 임금 군

고을 군

고을 군 | 고을 읍(邑/阝) + 임금 군(君)　　　　　군수(郡守)

部
떼 부
6급 / 邑,阝 / 11획

阝 고을 읍
音 침 부

떼 부

떼 부 | 고을 읍(邑/阝) + 침 부(音)　　　　　부서(部署)

都
도읍 도
5급 / 邑,阝 / 12획

阝 고을 읍
者 사람 자

도읍 도

도읍 도, 우두머리 도 | 고을 읍(邑/阝) + 사람 자(者) → 도　　　　　도읍지(都邑地)

郵
우편 우
4II급 / 邑,阝 / 11획

阝 고을 읍
垂 변방 수

우편 우

우편 우 | 고을 읍(邑/阝) + 드리울/변방 수(垂) → 우　　　　　우편(郵便)

鄕
시골 향
4II급 / 邑,阝 / 13획

幺 작을 요
皀 향내날 형

시골 향

시골 향 | 작을 요(幺) + 향내날 형(皀) → 향 + 고을 읍(邑/阝)　　　　　고향(故鄕)

黑
검을 흑
5급 / 黑 / 12획

상형문자 그려보기

검을 흑

검을 흑 | 노예나 죄인의 얼굴에 먹으로 문신을 새기는 모습을 본떠 만든 글자입니다.　　　　　흑백(黑白)

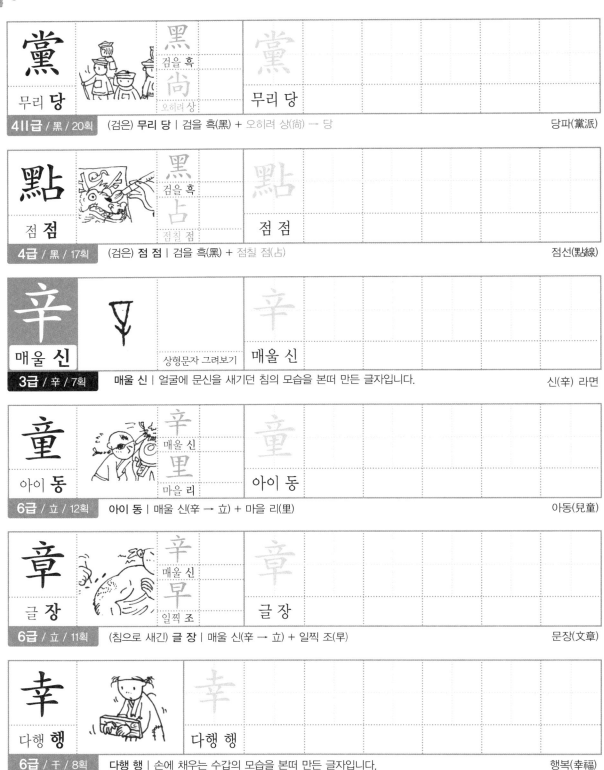

黨		黑 검을 흑 / 尚 오히려 상	黨 무리 당
무리 **당**			

4II급 / 黑 / 20획 | (검은) 무리 당 | 검을 흑(黑) + 오히려 상(尚) → 당 | 당파(黨派)

點		黑 검을 흑 / 占 점칠 점	點 점 점
점 **점**			

4급 / 黑 / 17획 | (검은) 점 점 | 검을 흑(黑) + 점칠 점(占) | 점선(點線)

辛		상형문자 그려보기	辛 매울 신
매울 신			

3급 / 辛 / 7획 | 매울 신 | 얼굴에 문신을 새기던 침의 모습을 본떠 만든 글자입니다. | 신(辛) 라면

童		辛 매울 신 / 里 마을 리	童 아이 동
아이 **동**			

6급 / 立 / 12획 | 아이 동 | 매울 신(辛 → 立) + 마을 리(里) | 아동(兒童)

章		辛 매울 신 / 早 일찍 조	章 글 장
글 **장**			

6급 / 立 / 11획 | (침으로 새긴) 글 장 | 매울 신(辛 → 立) + 일찍 조(早) | 문장(文章)

幸			幸 다행 행
다행 **행**			

6급 / 干 / 8획 | 다행 행 | 손에 채우는 수갑의 모습을 본떠 만든 글자입니다. | 행복(幸福)

報 알릴 **보**		幸 다행 행 / 卩 병부 절	報 알릴 보	
4II급 / 土 / 12획		알릴 보, 갚을 보	다행 행(幸) + 병부 절(卩) + 또 우(又)	보고(報告)

辭 말잘할 **사**		𤔔 다스릴 란 / 辛 매울 신	辭 말잘할 사	
4급 / 辛 / 19획		말잘할 사	다스릴 란(𤔔) + 매울 신(辛)	사령장(辭令狀)

辯 말잘할 **변**		言 말씀 언 / 辡 죄인 서로 송사할 변	辯 말잘할 변	
4급 / 辛 / 21획		말잘할 변	말씀 언(言) + 죄인 서로 송사할 변(辡)	변호(辯護)

避 피할 **피**		辶 갈 착 / 辟 피할 피	避 피할 피	
4급 / 辶 / 17획		피할 피	갈 착(辶) + 피할 피(辟)	도피(逃避)

文 글월 **문**		상형문자 그려보기	文 글월 문	
7급 / 文 / 4획		글월 문	가슴에 문신을 새기고 서있는 사람(大)의 모습을 본떠 만든 글입니다.	문장(文章)

网/罒 그물 **망**		网 상형문자 그려보기	罒 그물 망	
0급 / 网, 罒 / 6획		그물 망	그물을 쳐 놓은 모습을 본떠 만든 글자입니다. 그물과 관련되는 글자 외에 잘못한 사람을 꾸짖거나 형벌을 주는 뜻의 글자에도 들어갑니다.	

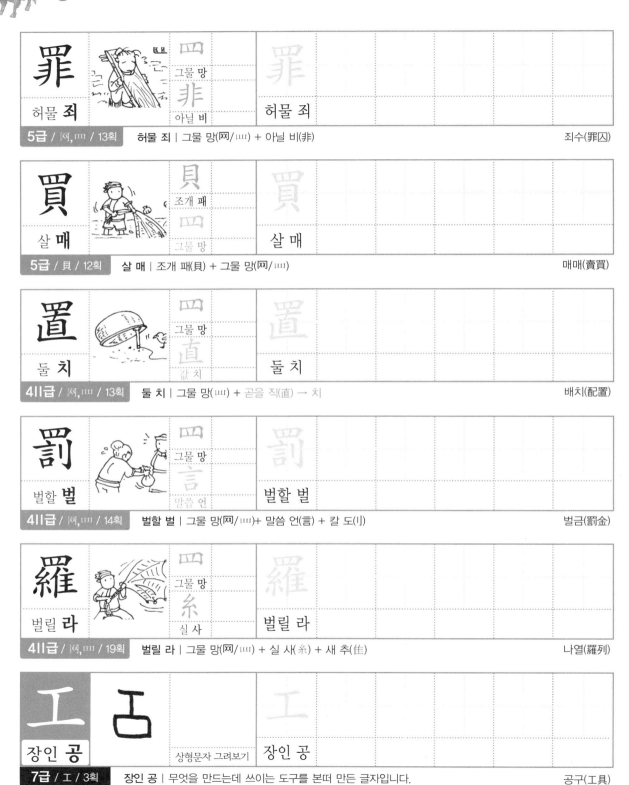

| 罪 | | 四 그물 망
非 아닐 비 | 罪

허물 죄 | | | | | |

허물 **죄**

5급 / 网,罒 / 13획 · 허물 죄 | 그물 망(网/罒) + 아닐 비(非) · 죄수(罪囚)

| 買 | | 貝 조개 패
四 그물 망 | 買

살 매 | | | | | |

살 **매**

5급 / 貝 / 12획 · 살 매 | 조개 패(貝) + 그물 망(网/罒) · 매매(賣買)

| 置 | | 四 그물 망
直 값 치 | 置

둘 치 | | | | | |

둘 **치**

4II급 / 网,罒 / 13획 · 둘 치 | 그물 망(罒) + 곧을 직(直) → 치 · 배치(配置)

| 罰 | | 四 그물 망
言 말씀 언 | 罰

벌할 벌 | | | | | |

벌할 **벌**

4II급 / 网,罒 / 14획 · 벌할 벌 | 그물 망(网/罒)+ 말씀 언(言) + 칼 도(刂) · 벌금(罰金)

| 羅 | | 四 그물 망
糸 실 사 | 羅

벌릴 라 | | | | | |

벌릴 **라**

4II급 / 网,罒 / 19획 · 벌릴 라 | 그물 망(网/罒) + 실 사(糸) + 새 추(隹) · 나열(羅列)

| 工 | 占 | | 工

장인 공 | | | | | |

장인 공

상형문자 그려보기

7급 / 工 / 3획 · 장인 공 | 무엇을 만드는데 쓰이는 도구를 본떠 만든 글자입니다. · 공구(工具)

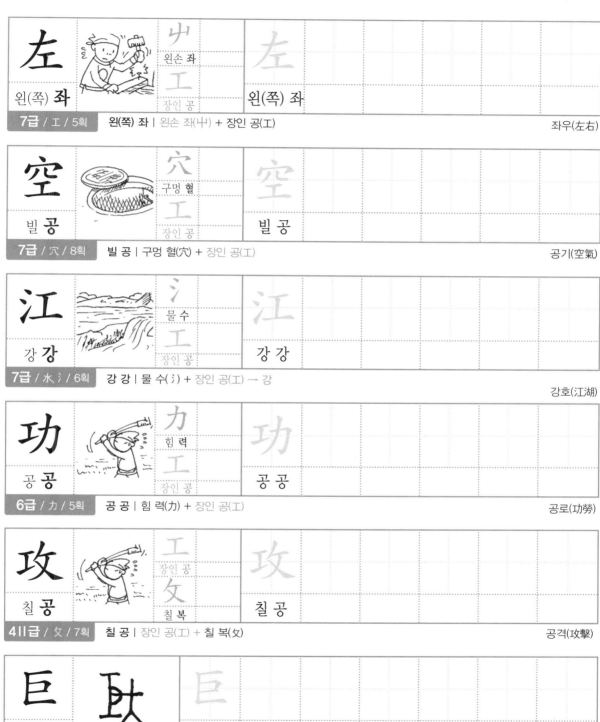

左
왼(쪽) 좌
ㄓ 왼손 좌
工 장인 공
左
왼(쪽) 좌
7급 / 工 / 5획 | 왼(쪽) 좌 | 왼손 좌(屮) + 장인 공(工)
좌우(左右)

空
빌 공
穴 구멍 혈
工 장인 공
空
빌 공
7급 / 穴 / 8획 | 빌 공 | 구멍 혈(穴) + 장인 공(工)
공기(空氣)

江
강 강
氵 물 수
工 장인 공
江
강 강
7급 / 水, 氵 / 6획 | 강 강 | 물 수(氵) + 장인 공(工) → 강
강호(江湖)

功
공 공
力 힘 력
工 장인 공
功
공 공
6급 / 力 / 5획 | 공 공 | 힘 력(力) + 장인 공(工)
공로(功勞)

攻
칠 공
工 장인 공
攵 칠 복
攻
칠 공
4Ⅱ급 / 攵 / 7획 | 칠 공 | 장인 공(工) + 칠 복(攵)
공격(攻擊)

巨
클 거
巨
클 거
巨
클 거
4급 / 工 / 5획 | 클 거 | 손에 도구를 들고 있는 사람(大)의 모습을 본떠 만들었습니다.
거인(巨人)

差		差	
다를 **차**	다를 차		

4급 / 工 / 10획 　 **다를 차** | 어떤 모습을 본떠 만들었는지 정확히 알 수 없습니다. 　　　　　차이(差異)

紅	糸 실 사 工 장인 공	紅	
붉은 **홍**		붉은 홍	

4급 / 糸 / 9획 　 **붉은 홍** | 실 사(糸) + 장인 공(工) → 홍 　　　　　紅蔘(홍삼)

一	一		
한 **일**	한 일		

8급 / 一 / 1획 　 **한 일** | 1을 나타내는 기호입니다.

二	二		
두 **이**	두 이		

8급 / 二 / 2획 　 **두 이** | 2를 나타내는 기호입니다.

三	三		
석 **삼**	석 삼		

8급 / 一 / 3획 　 **석 삼** | 3을 나타내는 기호입니다.

四	四		
넉 **사**	넉 사		

6급 / 口 / 5획 　 **넉 사** | 짐승의 콧구멍과 입. 4를 나타냅니다.

五	五
다섯 **오**	다섯 오

8급 / 二 / 4획 **다섯 오** | 5를 나타내는 기호입니다. 갑골문자에서는 X자로 표시합니다.

六	六
여섯 **륙**	여섯 륙

8급 / 八 / 4획 **여섯 륙** | 집의 모양

七	七
일곱 **칠**	일곱 칠

8급 / 一 / 2획 **일곱 칠** | 갑골문자에서는 十으로 표시되어 있는데, 세로선은 자르는 칼을, 가로선은 잘리는 물건을 표시합니다.

八	八
여덟 **팔**	여덟 팔

8급 / 八 / 2획 **여덟 팔** | 둘로 나누어져 있는 물건의 모습입니다.

九	九
아홉 **구**	아홉 구

8급 / 乙 / 2획 **아홉 구** | 손과 팔의 모습입니다.

十	十
열 **십**	열 십

8급 / 十 / 2획 **열 십** | 10을 나타내는 기호입니다. 갑골문자에서는 丨로 표시되어 있습니다.

百	百
일백 **백**	일백 백

7급 / 白 / 6획 **일백 백** | 숫자를 의미하는 한 일(一)자와 소리를 나타내는 흰 백(白)자가 합쳐진 글자입니다.

千	千
일천 **천**	일천 천

7급 / 十 / 3획 **일천 천** | 사람 인(亻)자와 한 일(一)자가 합쳐진 글자로 많은 사람을 의미합니다.

萬	萬
일만 **만**	일만 만

8급 / 艸, ++ / 13획 **일만 만** | 전갈의 모양을 본떠 만든 글자입니다만 숫자 10000과 소리가 같아서 빌려 쓴 글자입니다.

中	中
가운데 **중**	가운데 중

8급 / 丨 / 4획 **가운데 중** | 북(口)을 막대기(丨)나 깃발에 끼워 땅에 세워 놓은 모습을 본떠 만든 글자입니다.

上	上
위 **상**	위 상

7급 / 一 / 3획 **위 상** | 기준 선(一)의 위를 나타내는 모습입니다.

下	下
아래 **하**	아래 하

7급 / 一 / 3획 **아래 하** | 기준 선(一)의 아래를 나타내는 모습입니다.

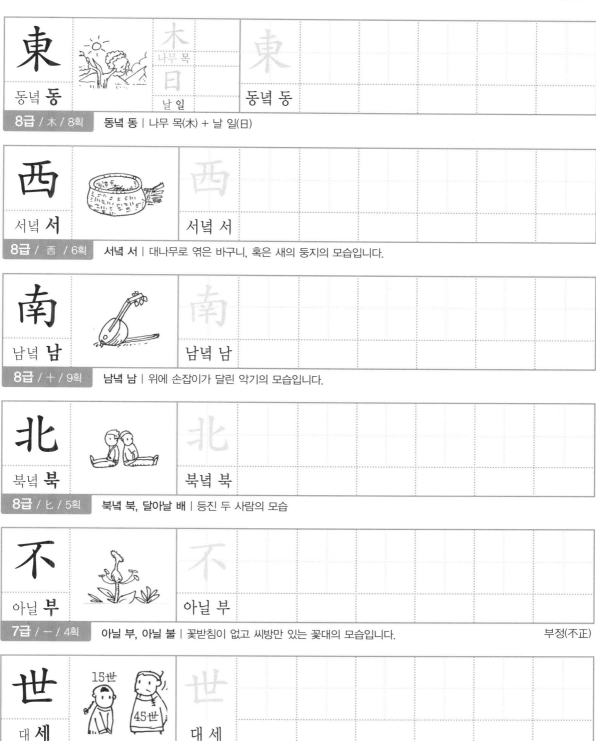

東 동녘 **동** 8급 / 木 / 8획	나무 목 날 일	東 동녘 동

동녘 동 | 나무 목(木) + 날 일(日)

西 서녘 **서** 8급 / 西 / 6획		西 서녘 서

서녘 서 | 대나무로 엮은 바구니, 혹은 새의 둥지의 모습입니다.

南 남녘 **남** 8급 / 十 / 9획		南 남녘 남

남녘 남 | 위에 손잡이가 달린 악기의 모습입니다.

北 북녘 **북** 8급 / ヒ / 5획		北 북녘 북

북녘 북, 달아날 배 | 등진 두 사람의 모습

不 아닐 **부** 7급 / 一 / 4획		不 아닐 부

아닐 부, 아닐 불 | 꽃받침이 없고 씨방만 있는 꽃대의 모습입니다.　　　　　　부정(不正)

世 대 **세** 7급 / 一 / 5획	15世　45世	世 대 세

대 세, 인간 세 | 열 십(十)자가 3개 합쳐진 글자입니다.　　　　　　세대(世代)

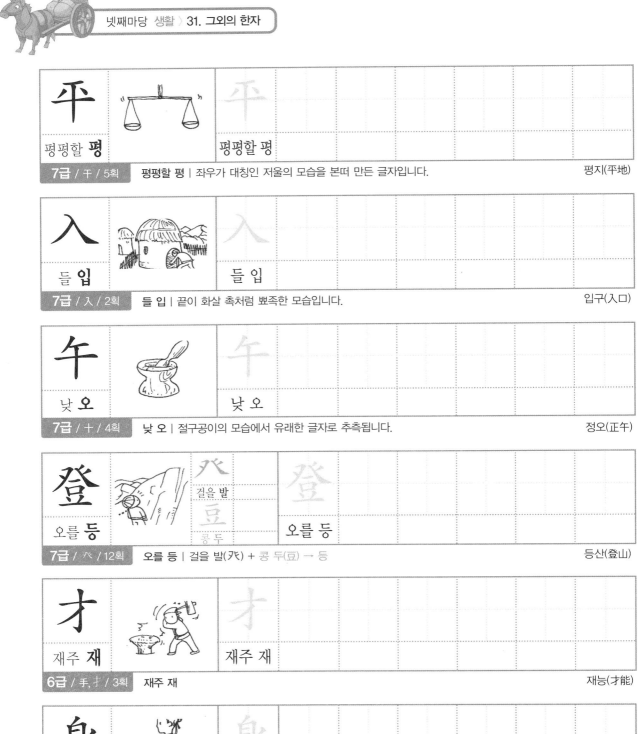

| 平 | | 平 | | | | | |
| 평평할 **평** | | 평평할 평 | | | | | |

7급 / 干 / 5획 | **평평할 평** | 좌우가 대칭인 저울의 모습을 본떠 만든 글자입니다.   평지(平地)

| 入 | | 入 | | | | | |
| 들 **입** | | 들 입 | | | | | |

7급 / 入 / 2획 | **들 입** | 끝이 화살 촉처럼 뾰족한 모습입니다.   입구(入口)

| 午 | | 午 | | | | | |
| 낮 **오** | | 낮 오 | | | | | |

7급 / 十 / 4획 | **낮 오** | 절구공이의 모습에서 유래한 글자로 추측됩니다.   정오(正午)

| 登 | | 癶 걸을 발 豆 콩 두 | 登 | | | | |
| 오를 **등** | | | 오를 등 | | | | |

7급 / 癶 / 12획 | **오를 등** | 걸을 발(癶) + 콩 두(豆) → 등   등산(登山)

| 才 | | 才 | | | | | |
| 재주 **재** | | 재주 재 | | | | | |

6급 / 手, 扌 / 3획 | **재주 재**   재능(才能)

| 身 | | 身 | | | | | |
| 몸 **신** | | 몸 신 | | | | | |

6급 / 身 / 7획 | **몸 신** | 임신한 여자의 배가 불룩한 모습을 옆에서 바라본 모습입니다.   신체(身體)

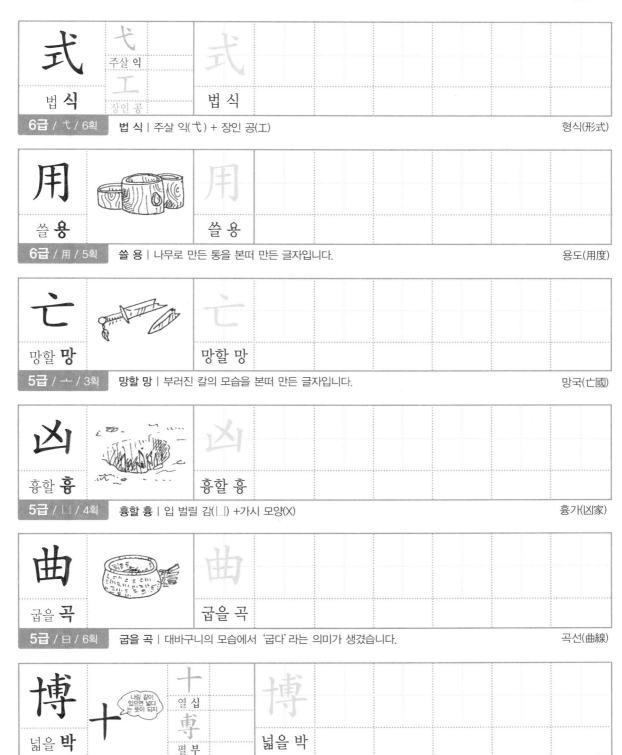

式
주살 익(弋)
工
장인 공

법 **식**

법 **식**

6급 / 弋 / 6획　　**법 식** | 주살 익(弋) + 장인 공(工)　　　　　　　　　　　　　　　형식(形式)

用

쓸 **용**

쓸 **용**

6급 / 用 / 5획　　**쓸 용** | 나무로 만든 통을 본떠 만든 글자입니다.　　　　　　　　　　용도(用度)

亡

망할 **망**

망할 **망**

5급 / 亠 / 3획　　**망할 망** | 부러진 칼의 모습을 본떠 만든 글자입니다.　　　　　　　　망국(亡國)

凶

흉할 **흉**

흉할 **흉**

5급 / 凵 / 4획　　**흉할 흉** | 입 벌릴 감(凵) + 가시 모양(X)　　　　　　　　　　　　　흉가(凶家)

曲

굽을 **곡**

굽을 **곡**

5급 / 日 / 6획　　**굽을 곡** | 대바구니의 모습에서 '굽다' 라는 의미가 생겼습니다.　　　　　곡선(曲線)

博
十
나랑 같이
있으면 넓다
는 뜻이 되지
十
열 십
尃
펼 부

넓을 **박**

넓을 **박**

4II급 / 十 / 12획　　**넓을 박** | 열 십(十) + [펼 부(尃) → 박]　　　　　　　　　　　　박사(博士)

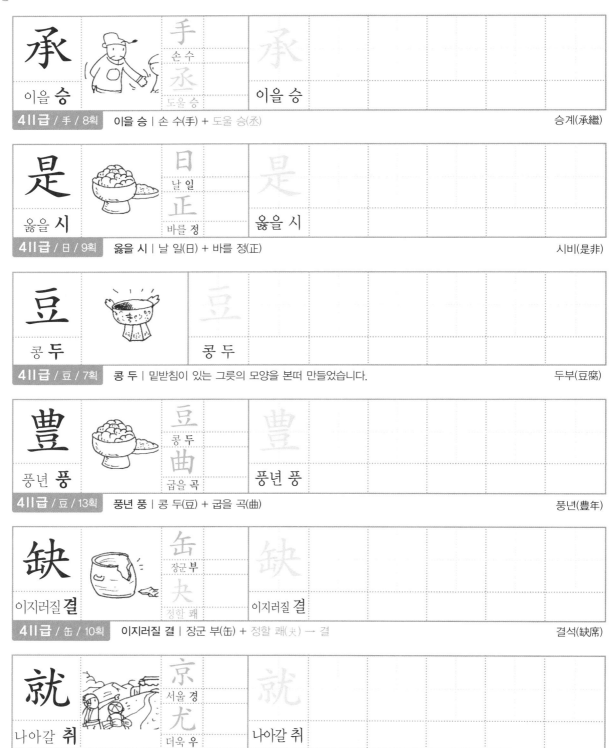

承		手 손 수 丞 도울 승	承 이을 승			
이을 **승**						

4II급 / 手 / 8획 　이을 승 | 손 수(手) + 도울 승(丞) 　　　　　　　　　　　　　　　　　승계(承繼)

是		日 날 일 正 바를 정	是 옳을 시			
옳을 **시**						

4II급 / 日 / 9획 　옳을 시 | 날 일(日) + 바를 정(正) 　　　　　　　　　　　　　　　　　시비(是非)

豆			豆 콩 두			
콩 **두**						

4II급 / 豆 / 7획 　콩 두 | 밑받침이 있는 그릇의 모양을 본떠 만들었습니다. 　　　　　　　두부(豆腐)

豊		豆 콩 두 曲 굽을 곡	豊 풍년 풍			
풍년 **풍**						

4II급 / 豆 / 13획 　풍년 풍 | 콩 두(豆) + 굽을 곡(曲) 　　　　　　　　　　　　　　　　　풍년(豊年)

缺		缶 장군 부 夬 정할 쾌	缺 이지러질 결			
이지러질 **결**						

4II급 / 缶 / 10획 　이지러질 결 | 장군 부(缶) + 정할 쾌(夬) → 결 　　　　　　　　　결석(缺席)

就		京 서울 경 尤 더욱 우	就 나아갈 취			
나아갈 **취**						

4급 / 尤 / 12획 　나아갈 취 | 서울 경(京) + 더욱 우(尤) 　　　　　　　　　　　　　　　취업(就業)

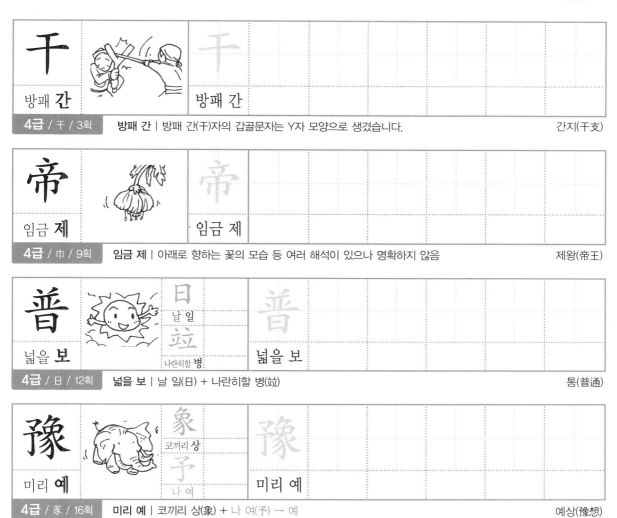

干
방패 **간**
4급 / 干 / 3획 | **방패 간** | 방패 간(干)자의 갑골문자는 Y자 모양으로 생겼습니다. | 간지(干支)
방패 간

帝
임금 **제**
4급 / 巾 / 9획 | **임금 제** | 아래로 향하는 꽃의 모습 등 여러 해석이 있으나 명확하지 않음 | 제왕(帝王)
임금 제

普
넓을 **보**
日 날 일
立 나란히할 병
4급 / 日 / 12획 | **넓을 보** | 날 일(日) + 나란히할 병(竝) | 통(普通)
넓을 보

豫
미리 **예**
象 코끼리 상
予 나 여
4급 / 豕 / 16획 | **미리 예** | 코끼리 상(象) + 나 여(予) → 예 | 예상(豫想)
미리 예

자세히 찾아보기